10,- Jesmalt, 20. Sept. 85
10,-

Ein kleiner Dank für meinen
lieben Freund, für alles was
es mir mitgegeben hat.

Christian

Peter Noll
Gedanken über Unruhe und Ordnung

Peter Noll

Gedanken über Unruhe und Ordnung

pendo

Auswahl und Anordnung: Alfred Kuoni

Umschlag und Typographie: Bernhard Moosbrugger
Satz: Fosaco AG, CH-8363 Bichelsee
Druck: Clausen & Bosse Leck
© copyright by pendo-verlag, Zürich 1985
ISBN 3 85842 101 4

Wie ist es möglich, dass immer wieder die sogenannte Ruhe mit Ordnung und Recht verwechselt wird? Was hat die Rechtswissenschaft während Jahrhunderten falsch gemacht? (141)

Macht und Zwang treten an die Stelle des Gewissens. Was für ein absurder Vorgang. Das Recht verliert seine kritische Funktion gegenüber der Macht. (190)

Der Ruf nach Ruhe und Ordnung ist in Wirklichkeit ein Verlangen danach, die Augen, Ohren, und Münder zu verschliessen angesichts der rasanten Entwicklungen, die von den letztlich ungesteuerten Systemen ausgehen und diese Erde zerstören. Man glaubt, wenn man nicht wissen will, was vorgeht, gehe nichts vor und alles bleibe so, wie es ist. (l9of.)

Ungerechtigkeit ist das Ursprüngliche, Gerechtigkeit müsste also heissen: Unungerechtigkeit. (231)

Wie ist die Effektivität des Rechts gegenüber der Macht herzustellen? Hier liegt das ganze Grundproblem, ganz besonders für die Praxis. (204)

Peter Noll, *Diktate über Sterben und Tod*

INHALT

Vorwort

I Apokalypse

12 Die letzten Menschen

II Feindesliebe

48 Jesus und das Gesetz
78 Ungehorsam

III Mitverantwortung

88 Die ethische Begründung der Strafe
110 Der Alternativentwurf
117 Das Verhältnis von Recht und Moral
130 Straflose Schwangerschaftsunterbrechung
141 Grenzen für das politische Strafrecht
155 Strafe ohne Metaphysik

IV Gleichberechtigung

162 Der Mensch und die Gesetze
170 Prinzipien der Gesetzgebungstechnik
172 Ideologie als Entwurf und Wertkritik
177 Freiheit und Gleichheit
179 Gesetzgebung

V zum Tage

198 Wir und die andern
202 Soll Völkermord verjähren
210 Gangstergeld in der Schweiz
215 Der Brief von Frau Axmann
223 Von der industriellen
zur wissenschaftlichen Zivilisation
230 Recht und Ruhe und Ordnung
234 Ist die Schweiz ein Rechtsstaat
256 Fernsehgespräch 1975
261 Das geheime Gewissen
263 Marx contra Hegel
265 Damen mit Unterleib
267 Mechanismen der Freiheitszerstörung
270 Skeptische und naive Fragen
272 Terror von unten, Terror von oben
275 Legende Schweiz
303 Rechtsphilosophische Aspekte
der Sterbehilfe
314 Attacke auf Johannes Gutenberg

*

318 Nachweise

VORWORT

Ehe Peter Noll durch seine »Diktate über Sterben und Tod» in der Leute Mund kam, war er bekannt durch seine Oeffentlichkeitsarbeit in den Medien: am Fernsehen als »Spielverderber» in Grossdiskussionen, in der Presse insbesondere durch seine grossen Beiträge im »Tages-Anzeiger Magazin» ; ihnen waren Artikel zu Tagesfragen in der «Weltwoche» und im «Sonntags-Journal» vorausgegangen. Davon möchte dieses Lesebuch bewahren, was über den Tag hinaus Interesse verdient (V).
Bei solchen Gelegenheiten wurde Peter Noll vor allem als Rechtsgelehrter angesprochen, und als solcher soll er auch hier in seiner Eigenart zu Worte kommen: mit den Brennpunkten »Gesetzgebungslehre» in seinen Zürcher Jahren (IV) und Alternativ-Entwurf zu einem deutschen «Strafgesetz»-Buch in Mainz (III).
Als treibende Kraft wirkte in diesem engagierten Denken das Erbe der Herkunft aus einem reformierten Pfarrhaus: «Jesus und das Gesetz» — «Jesus und der Ungehorsam» sind Titel, die Jahre denkerischer und politischer Anstrengung einschliessen (II).
Ermutigt durch den Umstand, dass Peter Noll ausdrücklich gewünscht hat, sein Drama «Jericho» solle als Anhang die «Diktate» ergänzen, wird dem Band die einzige veröffentlichte Erzählung vorangestellt; sie exponiert in Umkehrung ein Lebensthema Peter Nolls: Mut gegen Macht (I).

Es ist nicht der Ehrgeiz dieses Buches, einen Beitrag zur juristischen Fachliteratur zu leisten; vielmehr möchte es ein geistiges Porträt Peter Nolls vermitteln, die Leidenschaftlichkeit und den Stil seines Denkens erkennen lassen. Wenn daher einige seiner Positionen dank der Entwicklung der Rechtspflege überholt sein sollten, tut das dem eigentlichen Anliegen der Textauswahl keinen Abbruch.

Die Anordnung der Beiträge ist im allgemeinen chronologisch/thematisch. Beiläufig sollten auch die verschiedensten literarischen Gattungen belegt werden: Erzählung, Essay, Predigt, Referat, Brief, Vorlesung, Vortrag, Artikel, Gespräch.
Fussnoten wurden vereinzelt zwischen Klammern in den Text eingeschoben. Für die übrigen sei auf die Originalausgaben verwiesen.
Auslassungen sind durch ... kenntlich gemacht.
Zu danken ist Rebekka und Sibylle Noll für ihre Einwilligung im ganzen und für drei bisher unveröffentlichte Beiträge aus dem Nachlass; den Bibliographen, besonders Louise Naef, für ihre Vorarbeit; Heidi und Daniel Affolter-Eijsten für Rat bei Auswahl und Disposition; Bernhard Moosbrugger für Gewährenlassen und Geduld.

Alfred Kuoni

I
Apokalypse

DIE LETZTEN MENSCHEN

Ich erwachte, als eine Ratte quer über mein Bett sprang. Wie lange ich in diesem traumlosen Schlaf gelegen hatte, konnte ich jetzt, da ich verwirrt daraus auftauchte und meine Augen mühsam an die Welt zurückgewöhnte, die ich zu verlassen geglaubt hatte, nicht ermessen. Ich lag immer noch auf dem eisernen Bettgestell und starrte an die weisse Gipsdecke, deren Sprüngen ich im Fieber mit den Blicken oft stundenlang nachgefahren war. Nur die Ratten, die ich jetzt bemerkte, waren nicht dagewesen. Hin und wieder lief eine über den Fussboden, einige balgten sich quiekend auf dem Bett meines Nachbarn. Ungewöhnlich viele Fliegen, so schien es mir, liefen an den geschlossenen Fenstern hoch.

Noch halb im Schlummer berührte es mich seltsam, dass Ratten in einem modernen Spital geduldet würden, und als mir der Gedanke bewusster wurde, erschrak ich so, dass alle Müdigkeit von mir fiel. Ich drückte auf die Klingel. «Warum jagen Sie denn die garstigen Viecher nicht weg?» fragte ich meinen Nachbarn, von dessen Bett ich nur das Fussende erblicken konnte, über welches eben wieder zwei sich verfolgende Ratten polternd zu Boden sprangen. Ich erhielt keine Antwort, und niemand erschien auf mein Läuten; so betätigte ich erneut dreimal und nachdrücklich die Glocke und legte mich ärgerlich auf die Seite. Draussen lag fahler Nebel; wie immer sah ich durch das Fenster die schmutzige Backsteinmauer des schräg gegenüberliegenden Hauses mit dem kümmerlichen Baum daneben. Ob es Morgen oder Abend war, konnte ich nicht erkennen.

Vom Durst gepeinigt, erhob ich mich schliesslich, nahm das Glas, das auf dem Nachttisch umgestürzt war, und ging zum Hahn, um es mit Wasser zu füllen.

Die Luft war so dumpf, dass mir schwindelte. In gierigen Zügen leerte ich mehrmals das Glas. Da ich mich frischer fühlte, nahm ich an, dass diese Ratten wohl bloss die Geschöpfe meiner Einbildung seien, und wandte mich erleichtert wieder meinem Bett zu. Als ich auf das Lager meines Zimmergenossen blickte, den ich schlafend wähnte, schrie ich auf: auf dem Kopfe des Mannes sass eine Ratte. Erschreckt sprang sie zu Boden und verschwand. Nun sah ich, dass ich neben einem Toten gelegen hatte, einem von den Ratten an Nase und Händen angenagten Kadaver mit ausgehöhlten Augen, dessen Verwesung schon weit vorgeschritten sein musste, denn der unerträgliche Leichengeruch drohte mir die Besinnung zu rauben. Ich sprang ans Fenster und riss es auf, obwohl es sich über dem Kopfende des Bettes befand, in dem die Leiche lag, und ich mich dazu über das tote Gesicht beugen musste. «Unbegreiflich, zuerst die Ratten, dann diese Leiche, die offenbar schon seit einigen Tagen hier liegt», sagte ich, indem ich, das Kinn auf den in Kopfeshöhe gelegenen Sims gestützt, die einströmende Luft einsaugte und ängstlich vermied, einen Blick auf den unter mir liegenden Kadaver zu werfen. Draussen ging ein leichter Regen nieder; vom Spitalhof drang kein Laut zu mir. Meine Uhr war stehen geblieben, ich musste, der Stille nach zu urteilen, annehmen, es sei früher Morgen. Hinter den Fenstern des gegenüberliegenden Flügels bewegte sich nichts; auch waren sie alle geschlossen.

Die frische Luft hatte meine Kopfschmerzen gelindert, nur eine leichte Benommenheit war zurückgeblieben. Ich kehrte zu meinem Lager zurück und schüttelte den Rattenkot von den Tüchern, bevor ich mich auf den Bettrand setzte. Ich warf einen ängstlichen Blick zur Seite; die Leiche lag immer noch da, nur sassen jetzt zwei Ratten auf ihr, indes die dritte an einer herabhängenden Decke emporzuklettern versuchte. Durch ein Loch, das sie über der Schwelle in die Tür genagt hatten, gingen die Tiere aus und ein, knapp an meinen Füssen vorbei. Als sich eine besonders dicke Ratte durch die Öffnung zwängte, warf ich das Glas, das ich noch in der Hand hatte, nach ihr, traf sie, dass sie schreiend den Wänden entlangrannte und mit ihrem Lärm die andern aufscheuchte. In wenigen Augenblicken waren sie verschwunden. Jetzt war alles wieder still.

Ich wischte mit dem Fuss die Splitter des zerbrochenen Glases unter das Bett und entschloss mich, den Arzt zu holen, oder wenigstens die Oberschwester — die Klingel funktionierte wohl nicht —, damit man den Leichnam und die Ratten aus meinem Zimmer schaffe. Ich warf mir den Schlafrock über mein Nachtgewand und öffnete die Tür zum Korridor.

Mehrere Gänge durchschritt ich, ohne jemandem zu begegnen, was mir umso absonderlicher erschien, als die Uhr im Treppenhaus halb eins zeigte. Ich wusste nicht, wo sich das Büro der Oberschwester befand, und verirrte mich im Gewirr der dunklen Korridore, die heute nicht, wie sonst, künstlich erleuchtet waren. Bald schien es mir, dass ich immer wieder an den gleichen Türen vorbeikäme, und erschöpft setzte ich mich schliesslich auf eine Stufe, die zu einem etwas tiefer gelegenen Gang führte. Neben mir tropfte Wasser von der Decke; der Schatten einer Ratte glitt an der Wand vorbei. Die Luft war feucht und kalt, und es roch nach Verwesung. Aus Furcht, hier entdeckt zu werden, stand ich auf und ging weiter, bis ich zu einer Tür kam, an der ein Schild hing, mit der Aufschrift «Anmeldung». Ich vermutete, dass hier das Abteilungsbüro der Oberschwester sei, und klopfte an, zuerst schüchtern, dann vernehmlicher, worauf sich etwas im Raume rührte, wie aufgeschreckt; aber niemand öffnete. «Oberschwester, ich sollte Sie dringend sprechen», sagte ich, «meine Klingel funktioniert nicht, man bringt mir die Medikamente nicht, man lässt mich da oben liegen, man lässt mich einfach liegen, neben einer Leiche, verstehen Sie das: neben einer Leiche, auf der die Ratten sitzen.

Alles ist voll von Ratten, überall Ratten, Ratten, Ratten ... » Erschöpft und erschreckt über meine eigene Erregung hielt ich inne.

Die Tür war nicht, wie ich vermutet hatte, verschlossen. Im Zimmer war alles in bester Ordnung, die Papiere lagen auf dem Schreibtisch, säuberlich aufeinandergeschichtet, und im Glaskasten die Instrumente, geputzt und aufgeräumt. Alles machte den Eindruck, als hätte man Ordnung gemacht, um die Dinge längere Zeit unberührt zu lassen. Am Fenster stand auf einem kleinen Tisch eine Vase mit ein paar verwelkten Nelken, daneben schwamm, in einem runden Wasserglas, ein toter Goldfisch. Ich öffnete das Fenster und blickte auf die Strasse, eine der belebtesten sonst, die heute ganz ausgestorben schien; irgendwo bellte ein Hund, sonst war alles still. Auch in den gegenüberliegenden Häusern regte sich nichts.

Teils aus Erschöpfung, teils um mich zu sammeln, setzte ich mich in den Bürostuhl und lehnte mich unschlüssig zurück. Auf dem Schreibtisch stand eine Photographie im Glasrahmen, das treuherzige Gesicht eines alten Mannes. Gedankenlos zog ich eine der Schubladen, in denen mit Kartotheken über die numerierten Insassen des Spitals Buch geführt wurde. Auf manchen von den roten Karten war neben einem Kreuzchen Tag und Stunde des Todes vermerkt, die Rubrik der Krankheitsdiagnose und Todesursache aber war, was mich besonders verwunderte, meistens leergelassen. Da ich meine eigene Karte nicht finden konnte, kam mir der Gedanke, ich sei vielleicht deswegen in meinem Zimmer vergessen worden, eine Erklärung, die ich indessen sogleich wieder verwarf. Die Seuche hatte wohl weiter um sich gegriffen, so dass die Spitäler mit deren Opfern überfüllt waren, und die Krankenpflege, der ganze Gesundheits- und Begräbnisdienst, den riesigen Anforderungen nicht mehr genügen konnte.

Als ich mich dabei ertappte, wie ich beinahe eingeschlafen wäre, raffte ich mich auf und ging ans Fenster. Draussen heulte ein Hund, diesmal ganz nahe, ohne dass ich ihn erblicken konnte. Ich beugte mich über den Sims und suchte die Strasse ab, konnte aber kein Lebewesen entdecken. Vielleicht hatte man die ganze Stadt evakuiert und mich einfach zurückgelassen, durchfuhr es mich plötzlich. Wieder hörte ich das Geheul des Hundes, es tönte leiser und entfernte sich immer weiter, bis es schliesslich, während ich atemlos lauschte, irgendwo hinter den Häusern verhallte. Dann schloss ich das Fenster und rückte den Stuhl zurecht.

Der nebenanliegende Operationssaal war voll von Ratten. Die Tiere waren so frech, dass sie sich nicht um mein Eintreten kümmerten und erst vom Operationstisch sprangen, als ich sie mit einer Stange, die in der Ecke stand, herunterstiess. Auf dem Tisch lagen die unkenntlichen Reste einer Leiche, fast bis auf das Skelett abgefressen. Die Tücher, welche den Körper bedeckt hatten, hingen in blutverklebten Fetzen herunter. Dicke Fliegen sassen fast unbeweglich auf dem verfaulten Fleisch. Ohne mich weiter zu besinnen, öffnete ich die Tür zum Empfangsraum des Oberarztes. Dieser lag tot am Boden, auch er der Krankheit erlegen, die er zu besiegen gedacht hatte. Offenbar war er von einem plötzlichen Schwindel erfasst worden, hingesunken und ohne Hilfe gestorben. Seltsamerweise hatten die Ratten die Leiche nicht berührt. Erst jetzt fielen die Tiere, durch die offene Tür aus dem Operationssaal kommend, über den Körper her und begannen, während ich fassungslos zuschaute, ihm das Fleisch von Händen und Gesicht zu reissen. Auf dem Tisch lagen Tabellen aufgestapelt, wie sie, nur in grösserem Massstab, auch an der Wand hingen, in denen mit rotem Stift teils zu Ende geführte, teils plötzlich abbrechende Fieberkurven aufgezeichnet waren, deren regellose Schwankungen und hohe Ausschläge mich in Erstaunen versetzten.

Obgleich es nun offenbar war, dass sich in diesem Hause ausser mir kein lebender Mensch mehr aufhielt, eilte ich, um völlige Gewissheit darüber zu erhalten, in den Korridor hinaus und rief so laut ich konnte: «Hallo! Ist niemand da?» Nur meine eigene Stimme schallte mir vom andern Ende des Ganges entgegen, so dass mich die ringsum herrschende Leere wie ein Schauer anfasste. Dem Ausgang zueilend, öffnete ich im Vorbeigehen wahllos ein paar Zimmertüren. Einige Betten waren leer, mit aufgeschlagenen Tüchern, als wären sie eben verlassen worden, in den andern lagen die Leichen der Dahingerafften; überall herrschten die Ratten. Sie hatten sich, wie ich bemerkte, in den Betten ihre Nester eingerichtet.

Taumelnd floh ich dem Ausgang zu, nur um mein kaum gerettetes Leben besorgt, das ich hier von allen Seiten bedroht sah. Der Fäulnisgestank wurde von Schritt zu Schritt unerträglicher. Nur die letzte Anstrengung und die Hoffnung, binnen kurzem ins Freie zu gelangen, hielten mich aufrecht. Die Ratten rannten mir jetzt, da ich die Treppe zum Hauptportal erreichte, in schwarzen Scharen entgegen, oft mit Fleischstücken im Maul, die sie in die Nester ihrer Jungen schleppten. In wenigen Sprüngen war ich am untern Ende der Treppe und erkannte im Halbdunkel vor der geschlossenen Eisentür des Hauptportals eine Menge auf- und nebeneinanderliegender Leichen, teils in Nachtgewändern, teils notdürftig bekleidet. Ihre Stellungen — der Tod hatte das letzte Aufbäumen der Verzweiflung festgehalten — liessen erraten, dass diese Menschen, wie ich, versucht hatten, aus dem verderblichen Gefängnis zu entkommen, dass sie aber, weil das Tor von aussen verrammelt war, vergeblich ihre letzten Kräfte dazu verwendet hatten, die eisernen Flügel aufzustossen. Die Körper lagen in wirrer Fülle durcheinander, manche knieten noch wie im Gebet, andere standen, gegen die Tür gestemmt, mit hängenden Armen da, als hätte man sie zum Spott so aufgestellt; die meisten aber lagen hingeworfen am Boden.

Da die Türen verschlossen, die Fenster des Erdgeschosses vergittert waren, kletterte ich an einem aus

Bettlaken geknüpften Seil von einem der oberen Fenster wie ein Dieb auf die Strasse hinunter.

Auch hier umgab mich der süssliche Geruch verfaulender Leiber, und ich ahnte, dass in dieser Stadt Ungeheuerliches geschehen war. Der Hunger erinnerte mich daran, dass ich noch lebte. Der Regen hatte aufgehört; zwischen den grauen Häuserfassaden wurden Fetzen grauen Himmels sichtbar, bald wieder von den Wolken verschlungen. Hin und wieder leuchtete rötliches Abendlicht an den Mauern auf. An meiner Sorglosigkeit, in welcher ich mich im Nachtgewand, mit nackten Füssen, auf der Strasse zeigte, gewahrte ich, dass ich hier kaum noch mit einer menschlichen Begegnung rechnete. Dem Fluss zueilend, stiess ich da und dort auf einen Toten, der in der Gosse lag, mit den offenen Augen gegen den Himmel, sonst aber waren die Strassen sauber, wenn ich von den zahlreich umherlaufenden Ratten absah, die ich kaum mehr bemerkte.

Vom Hunger getrieben, brach ich in einen Gemüseladen ein, indem ich das Schaufenster mit einem schweren Stein zertrümmerte. Gierig biss ich, ohne sie zu schälen, in eine Apfelsine. Sie war faul. Voller Ekel spie ich den stinkenden Saft aus meinem Mund und warf die Frucht weg.

Als ich weiterging, begann es heftig zu regnen. Das Wasser sprang auf dem Pflaster hoch, platschte mit grossem Geräusch von den Dächern nieder und überschwemmte die Strassen. Ich nahm einem Toten den Mantel ab und warf mir ihn über die Schultern, war aber dennoch binnen kurzem bis auf die Haut durchnässt. So floh ich durch die leeren Strassen, den Stadthügel hinan, zur Altstadt, wo ich vor meiner Krankheit ein Zimmer bewohnt hatte. Unterwegs rannte mir ein Hund entgegen; heulend und winselnd liess er sich nicht mehr vertreiben und blieb mein Begleiter.

Das Haus meiner Zimmervermieterin war verschlossen. Ich drückte ein Fenster ein und stieg in das zu ebener Erde liegende Wohnzimmer. Der Hund bellte und winselte auf der Strasse, so dass ich, aus Mitleid und Ärger, die Haustür öffnete und ihn hereinliess; in freudiger Aufregung sprang er an mir hoch. Obwohl er mir lästig war, empfand ich es als wohltuend, etwas Lebendiges vor Augen zu haben. Meine Zimmervermieterin lag, ein Kruzifix in den gefalteten Händen, tot in ihrem Bett. Die Ratten hatten den Leichnam nicht berührt. Der Hund, der den Leichengeruch nicht ertragen konnte, winselte jämmerlich und war auch durch einen Fusstritt nicht zum Schweigen zu bringen. Ich stieg, an die Gesellschaft des Tieres bereits gewöhnt, in mein Zimmer hinauf und fand es so vor, wie ich mich erinnerte, es verlassen zu haben. Unschlüssig und betreten stand ich zwischen den Überresten meiner früheren Existenz, brach dann, froh wenigstens meines Hungers in diesem Augenblick gewiss zu sein, einige Konserven auf, die ich im Schrank noch vorfand, ass etwas Fleisch und Fische und überliess den Rest dem Hunde. Ohne Bedauern liess ich, nachdem ich Kleider und Schuhe angezogen hatte, alles liegen wie es war, auch Bücher und Briefe, warf mir den Mantel um und ging hinaus.

Die Menschen waren zumeist in ihren Betten gestorben. Wenn ich da und dort in einen dunklen Hausflur trat und zitternd vor ängstlicher Neugierde fremde Türen öffnete, halb von der Hoffnung bewegt, doch noch einen Übriggebliebenen zu finden, stiess ich überall nur auf Leichen und Ratten. Ausbruch und Höhepunkt der Seuche waren fast zusammengefallen, unversehens, so dass der Tod sich schneller eingestellt hatte als die Angst. Die unheimliche Krankheit, deren Keim jeder von Anfang an in sich getragen haben musste, war beinahe unbemerkt geblieben, von den meisten Ärzten, selbst nach den ersten Todesfällen, verharmlost oder überhaupt abgeleugnet. Als später das Gerücht von der unbekannten Krankheit, die mich und andere Insassen des Spitals befallen hatte, aufgetaucht war, wurde es von den öffentlichen Stellen in Abrede gestellt und fand bei der Bevölkerung keinen Glauben, umso mehr, als es sogar Ärzte gab, die, in Streitschriften und Zeitungsartikeln, behaupteten, die einzige Krankheit sei, dass man von einer solchen überhaupt rede. So waren die Menschen, als sie über Nacht alle niedergeworfen wurden, ganz unauffällig aus der Welt gegangen. Wohl mochten einige, die, in den letzten Augenblicken ihres Lebens, ihre Angehörigen und Nachbarn ringsum sterben sahen, die Ausmasse des Unheils ahnend, von plötzlichem Schrecken erfasst worden sein; doch liess ihnen der Tod keine Zeit, auf Hilfe oder eigene Rettung zu sinnen. Sie lagen neben ihren hastig in Koffern zusammengerafften Sachen oder sassen noch am Telephon, im Versuche, einen Arzt zu rufen, unterbrochen.

Inzwischen war die Dämmerung hereingebrochen, in den engen Gassen herrschte Dunkelheit und atemlose Stille. Ein kalter Lufthauch zog zwischen den Häusern durch und machte mich frösteln. Hoch am Himmel schwamm schon der gelbe Mond in den Wolken. Ich hatte in dieser Stadt eigentlich nichts mehr zu suchen. Indessen fehlte mir immer noch die völlige Gewissheit meines Alleinseins, und während ich durch die Strassen lief, überlegte ich mir, wie ich jemanden auffinden könnte, dem es vielleicht in gleicher Weise wie mir ergangen wäre. So gelangte ich auf den Marktplatz und trat ins Rathaus, in der Absicht, vom Turm aus den Blick über die ganze Stadt zu gewinnen. Langsam tastete ich mich, während der Hund mir leise folgte, durch die dunklen Gänge, stiess oft an verschlossene Türen, einmal stolperte ich über einen quer am Boden liegenden Körper, doch fand ich nach langem Suchen eine Steintreppe, die in schmalen Windungen emporführte. Ich musste aber den richtigen Weg verfehlt haben, denn ich gelangte schliesslich nicht auf die Zinnen des Turms, sondern auf einen niedrigen, schmutzigen Dachboden. Auf dem Bauche kriechend durchquerte ich ihn, leuchtete den Raum mit einigen Streichhölzern ab, fand aber keinen Aufgang, der weiter führte. Ich löste einige Ziegel des Daches und blickte über die Stadt. Alles war überaus still, ich hörte nur die Atemzüge des Hundes, der sich dicht an mich drängte. Die roten Wolken standen unbeweglich über den Hochhäusern. Nirgends bemerkte ich auf den dunklen Strassen und Plätzen unter mir ein Zeichen menschlichen Lebens, kein Licht, keine Bewegung. Ich wollte um Hilfe schreien, aber die Kehle war mir verschnürt, ich wagte nicht, die beklemmende Stille zu zerbrechen. Eilends verliess ich den Dachboden, sprang die Treppe hinunter und gelangte atemlos auf den Platz. In den Strassen wimmelten die Ratten, von der Dunkelheit hervorgelockt, zahllos durcheinander. Die Stadt war mir fremd und unheimlich geworden, ich hatte Angst, zwischen den dunklen Häusermassen erdrückt zu werden und floh wie ein Mörder aus ihrem Bereich, irgendwo in die Nacht hinaus, bis ich, von der Müdigkeit übermannt, zu Boden sank.

Als ich, nach Tagen ziellosen Umherstreifens, wieder in die Stadt zurückkehrte, wie um da, wo ich immer gelebt hatte, endlich auch meinen Tod zu finden, gab es nur noch wenige Ratten. Sie hatten zuerst die Leichen aufgefressen, dann sich selber, und mussten schliesslich zum grössten Teil, wie die Menschen, von denen sie gelebt hatten, verendet sein.

Ich richtete mich mit meinem Hunde im Palast ein, von wo ich, auf dem Stadthügel über dem Fluss, mein Reich überblicken konnte, die teils eingeäscherten, teils der Verwitterung unaufhaltsam anheimfallenden Häuser, in deren Mauerritzen Gras und kleine Sträucher wuchsen. Immer wieder entfachte sich Feuer in den Häusern und breitete sich, weil niemand ihm wehrte, mühelos aus, bis es an breiten Strassen und Plätzen oder am Fluss von selber zum Stillstand kam. Ich lebte darum in ständiger Unruhe, obgleich die Flammen hier, in den grossen Steinhäusern um den

Palast, kaum Nahrung gefunden hätten. Allein schon Rauch und Russ, vom Wind von allen Seiten herbeigeweht, waren lästig genug, und ich pflegte einen ledernen Mantel zu tragen, um gegen etwa herabfallende Gluten und gegen die Witterung, von der ich allein noch abhängig war, besser geschützt zu sein. Die Stadt wurde nach und nach von überall hervorbrechenden Kräften verwüstet. In den tieferen Vierteln, gegen den Fluss hin gelegen, sammelte sich, da die Abläufe verschüttet, die Kloaken aufgebrochen waren, in Kellern und Abzugsgräben stinkendes Wasser und überschwemmte zuweilen die Strassen. An den Häusern, die langsam im Kot ertranken, wuchs Schlamm, Schimmel und feuchtes Moos, und es schien, als würden selbst die Steine verfaulen. Überall schwamm und kroch das Ungeziefer.

Ich vertrieb mir die Zeit so gut es ging, mit den Ratten von den Vorräten lebend, die in den Lagerhäusern der Stadt aufgestapelt waren. In alle Wohnungen konnte ich eindringen, und die Geheimnisse der einst Lebenden, ihr Elend und ihre Ohnmacht, lagen mir wie offene Wunden zutage. Einige Zeit trug ich mich mit dem Gedanken, das Gesehene aufzuzeichnen und über meine eintönigen und doch ausserordentlichen Erlebnisse und Begegnungen im Totenreich Buch zu führen, besann mich aber sogleich eines Besseren, hatte ich doch niemandem etwas mitzuteilen und gewann selber die Wirklichkeit nur von Augenblick zu Augenblick.

Dann beschäftigte ich mich damit, meine Wohnstätte mit den schönsten Gemälden auszuschmücken, welche ich in den Museen sammelte und in den Palast brachte. Den Wänden nach reihte ich sie aneinander, stellte sie in verschiedenster Weise zusammen, trug sie hierhin und dorthin und wechselte sie gegeneinander aus. Wenn mir eines verleidet war, so drehte ich es gegen die Wand. Sehr bald kam ich aber auch von dieser Tätigkeit ab und liess die Bilder stehen, ohne sie weiter zu betrachten. Stattdessen versuchte ich eine Ratte zu zähmen. Sie kam allabendlich, wenn ich meine Mahlzeit einnahm und stellte sich zuweilen auf die Hinterfüsse, wenn ich ihr etwas hinhielt. Ich gab ihr von meiner Speise, und sie wurde fett. Eines Abends blieb sie aus und kam nicht wieder. Ich schaute mich nach anderen Zeitvertreiben um.

Zuweilen besuchte ich wie früher die öffentliche Bibliothek; es belustigte mich, die aufgestapelten Schriften zur Hand zu nehmen und mir bewusst zu werden, in welch hohem Masse diese Dinge auf mich angewiesen waren. Aus reiner Neugierde blätterte ich zu meiner Zerstreuung in seltenen Büchern und Handschriften, während der Hund vor mir auf dem Teppich lag und der Regen durch das Dach tropfte. Anfänglich stellte ich, aus einem sonderbaren Pflichtgefühl heraus, die Bände jeweils wieder an den Platz, den der emsig einteilende Geist ihnen zugewiesen hatte, später liess ich sie liegen, wo sie gerade aufhörten, mich zu fesseln.

Im Palast sammelte sich der Staub, hin und wieder fielen Gipsstücke von den Decken. Dicke Spinnen hängten in den Ecken ihre Netze auf, aus allen Winkeln und Ritzen kroch Ungeziefer aller Art, dessen ich mich kaum erwehren konnte. Ich hatte längst aufgehört, die Räume zu fegen und zu reinigen, und liess den Dingen ihren Lauf. An der Einrichtung änderte ich nichts. Nur die vielen Spiegel, die mir stets mein Bild vorhielten, entfernte ich, um nicht dem Wahnsinn zu verfallen. So schritt ich Tag für Tag, mich oft mit lauten Selbstgesprächen unterhaltend, auf kostbaren Teppichen, über Marmortreppen und durch leere Prunksäle. Ich trank den Wein aus goldenen Pokalen und venezianischen Gläsern, allein ich gewann, da alles mein war, kein Verhältnis zu den Dingen und keine Freude an ihrem Genuss. Ich liess die Türen offen, verweilte nirgends länger und legte mich, wenn ich müde war, bald in diesem, bald in jenem Zimmer zur Ruhe. Oft schlief ich auch nur, weil ich nichts anderes zu tun wusste.

Die Zeit zerrann mir wie Luft zwischen den Fingern, ich bewegte mich im Leeren und ermangelte der festen Ereignisse, an welchen die Erinnerung ihren Halt findet, und zuweilen beneidete ich meinen Hund, wenn er am Fluss Wasser lappte, während ich mich wusch. Immerhin lebte ich weiter. Doch beschlich mich manchmal, so wenn ich auf dem Rande des ausgetrockneten Marktbrunnens sass, mittags, zwischen den ausgestorbenen Häusern, unter der sengenden Sonne, die Angst. Jeder Laut, etwa von einem herunterfallenden Ziegel oder zwei sich verfolgenden Ratten hervorgerufen, schreckte mich auf, und langsam fühlte ich, wie diese unbeschreibliche Angst durch meinen Körper drang, mir bis zum Halse stieg, dass ich schreien mochte und mich nur mühsam bezwingen konnte, aus Furcht vor meinem eigenen Schrei, der mir vielleicht fremdartig verwandelt von den Mauern entgegengellen könnte und nicht mehr verstummen würde. Vorsichtig schaute ich mich dann um, kaum wagte ich den Kopf zu wenden, und schlich leise davon.

Nachdem ich mich längst mit dem ungeheuerlichen Gedanken, allein auf der Welt zu sein, abgefunden hatte, glaubte ich eines Abends, als ich betrunken durch die Stadt irrte, aus dem Innern des Palastes den Laut von Schüssen wahrzunehmen. Aufgeregt eilte ich dahin, so schnell ich vermochte, durch den Hof, die Treppe hinauf, in der Richtung, aus der die Schüsse in regelmässigen Abständen an mein Ohr drangen. Die Tür zum Thronsaal stand weit offen. In der Mitte des Raumes gewahrte ich einen Mann, elegant gekleidet, von sehr gepflegtem Aussehen, der mir den Rücken zukehrte und, eine Pistole in der Hand, lässig der Reihe nach auf die an den Wänden hängenden Bildnisse der Könige und berühmten Minister schoss. Mit Geschick traf er jedesmal Augen und Mund der abgebildeten Häupter. Als mein Hund, der mir zögernd gefolgt war, von den Schüssen erschreckt, zu bellen anfing, wandte sich der Unbekannte plötzlich um und richtete die Waffe langsam gegen mich. In meiner leichten Benommenheit hielt ich mich mit der Rechten am Türpfosten fest.

Eine Weile standen wir uns schweigend gegenüber.

«Nun», sagte ich endlich, «schiessen Sie doch!»

Diese Worte schienen ihn unmässig zu erheitern, er lachte plötzlich aus vollem Halse, dass ich unwillkürlich zusammenfuhr.

«Ach du bist ja betrunken», sagte er, noch von einzelnen Stössen seines Gelächters unterbrochen, und schob die Pistole in die Rocktasche; er blieb aber, wie ich bemerkte, mit der Hand am Griff und zielte im Verborgenen auf mich, so dass ich nicht näherzutreten wagte.

«Verzeihen Sie», stammelte ich, «ich hätte mich natürlich nicht betrunken, wenn ich geahnt hätte, dass ich Ihnen begegnen werde. Seit vielen Tagen lebe ich allein hier, in der Hölle sozusagen.»

Mit einer Handbewegung wehrte er meine weiteren Entschuldigungen ab:

«Ich habe längst bemerkt, dass du in dieser Stadt bist, und beobachte dich schon seit einigen Tagen, indem ich deinen Schritten folge. Da du in deiner Gedankenlosigkeit meiner nicht gewahr werden wolltest, obgleich ich, mit Absicht, verschiedene deutliche Zeichen meiner Anwesenheit in deinen Weg legte, habe ich dich hier aufgesucht und diese Schüsse abgegeben, um deine Aufmerksamkeit zu wecken.»

Nach diesen Worten liess er sich, in der Mitte des Saales, auf den Thron nieder, den linken Arm lässig über die Lehne gelegt, und bedeutete mir, als wäre er hier zu Hause, auf einem der Stühle an der Wand Platz zu nehmen. Er war mittleren Alters, von etwas schmächtiger Gestalt, trug einen makellosen Gesellschaftsanzug, an den Fingern kostbare Ringe. Seine Gesichtszüge erschienen mir unbedeutend und unverdächtig, nur die glanzlosen Augen flössten mir ein unerklärliches Missbehagen ein.

«Du hast dich wohl schon länger in dieser Stadt eingerichtet?» sagte er. «Eine sehr angenehme, sehr geräumige Stadt; ich gedenke, mich hier niederzulassen.»

Über die halbe Länge des Saales hin entspann sich unser Gespräch. Halb zum Hunde gewendet, der leise knurrte und sich erst durch mein Streicheln beruhigte, begann ich, kreuz und quer in der Erinnerung umherschweifend, von meinen Erlebnissen in der Stadt zu berichten. Als ich aber sah, wie ich bald in eine zu vertrauliche Redseligkeit geriet, hielt ich inne und erwartete, in seinen Mienen forschend, ein Zeichen der Zustimmung oder Teilnahme. Es wäre natürlich gewesen, wenn er nun mit einigen Worten sein eigenes Schicksal gestreift hätte. Stattdessen zündete er sich eine Zigarette an und sagte, indem er dem Rauch nachschaute, den er in Ringen gegen die Decke blies:

«Die Sache scheint dir in der Tat zugesetzt zu haben. Übrigens ist unsere Vergangenheit belanglos. Wir haben uns hier gefunden wie zwei Füchse in der Polarnacht. Unser Leben hat jetzt und hier begonnen, die Geschichte der Menschheit hat aufgehört. Wir geben uns unsere Gesetze, und wir schaffen uns unsere Welt.»

«Warum haben Sie mich dann gefragt, wie lange ich schon hier sei, und mich tagelang beobachtet, wenn es doch belanglos ist, was wir vorher getan haben?» Obschon sie mit seiner Bemerkung in keinem Zusammenhang stand, stellte ich diese sehr offene Frage, weil ich ihm eine Erklärung für sein absonderliches Verhalten entlocken wollte.

«Wie konnte ich wissen, ob du mir gefährlich werden könntest, bevor ich gesehen hatte, wie du den Tag zu verbringen pflegst? Nun habe ich freilich erkannt, dass du die ungeheuerlichen Möglichkeiten, die sich uns bieten, nicht begriffen hast und mir daher auch nie zum Gegner werden kannst, den ich zu fürchten hätte. Da ich selber ein gutherziger und verträglicher Mensch bin, sofern man mich nicht herausfordert, kannst du mir auch deinerseits ruhig vertrauen.»

Wie zum Zeichen, dass er das Gespräch für beendet halte, erhob er sich und schenkte mir keine weitere Beachtung mehr, so dass ich, aus Furcht, ihm lästig zu sein, es unterliess, ihn zu fragen, worin er denn unsere ungeheuerlichen Möglichkeiten erblicke. Sehr sonderbar war mir auch erschienen, dass er sich eine Welt schaffen wollte, während ich schon zufrieden war, in der vorhandenen gerade so hinzuleben.

Der Hund war bei der Bewegung des Unbekannten unruhig geworden und knurrte laut. Dieser wandte sich ärgerlich zu mir: «Willst du das Tier nicht hinausschaffen?» Obgleich der Ton seiner Anrede mich zum Widerspruch reizte, verkniff ich die Frage, ob er sich hier schon ganz zu Hause fühle, und sperrte den Hund vor die Tür. Inzwischen betrachtete der andere mit grosser Aufmerksamkeit die Gemälde, die ich den Wänden entlang am Boden aufgestellt hatte. Ich schaute ihm ängstlich zu, fürchtete, er möchte seinem Missfallen über diese Art von Liebhaberei, die mir nun selber in mancher Hinsicht fragwürdig vorkam, Ausdruck verleihen; um seinen Einwänden vorzubeugen, erklärte ich wie beiläufig, dass ich die Bilder in Tagen der Langeweile gesammelt hätte, welche Beschäftigung einer Lebenshaltung entspräche, die ich heute längst nicht mehr einnähme.

«Du musst dich nicht entschuldigen», entgegnete er, ohne sich umzuwenden, «verzeihliche Kindereien», und ging mit einem Achselzucken langsam weiter. Plötzlich lachte er auf: «Natürlich auch eine Venus, eine splitternackte Venus aus rotem Fleisch!» Sein Benehmen ärgerte mich.

«Ich muss gestehen», sagte ich, «dass ich die Gemälde gerne betrachtet habe, hat doch ihr Anblick meine Gedanken von meinem eintönigen Dasein zeitweilig abzulenken vermocht. Freilich ist zuzugeben, dass ihnen nicht mehr die Bedeutung zukommt, die sie früher beanspruchen durften.»

Beim Anhören meiner Worte entdeckte ich, dass meine vorsichtige Antwort im andern den Eindruck erwecken konnte, ich fürchtete mich vor ihm, indem ich ihm nicht zu widersprechen wagte, ein Gedanke, der mir so ärgerlich war, dass ich beifügte:

«Jedenfalls sind mir diese Bilder so wertvoll, dass ich sie nicht aus meinem Hause zu entfernen wünsche.»

«Aus *deinem Hause?*» Er zog mit spöttischem Erstaunen die Brauen hoch. «Du warst wohl König?»

Wir schwiegen beide. Ich warf mir meine Ungeschicklichkeit vor und sagte:

«Sie müssen mich recht verstehen: natürlich können Sie hier bleiben, ich bin sogar froh darüber und könnte es Ihnen auch gar nicht verbieten. Wir haben ja viele Häuser, die ganze Stadt für uns, die ganze Langeweile ...»

«Und die Ratten», sagte er, während er eine, die sich nicht weit von mir auf einem Stuhl zu schaffen machte, aufmerksam beobachtete und dann mit einem Pistolenschuss so traf, dass sie aufkreischend zu Boden fiel und verendete. «Übrigens kannst du mich ruhig mit Du anreden, wir brauchen uns ja nichts mehr vorzumachen; es ist niemand mehr da, nur wir, zwischen einem leeren Himmel und einer leeren Welt. Nur bei uns selber können wir Hilfe suchen, und es hängt alles davon ab, dass wir in einer Lage, in der wir uns selber unser Daseinsrecht von Schritt zu Schritt beweisen müssen, das Richtige tun.»

Dann wandte er seine Aufmerksamkeit wieder den Bildern zu, spottete über die wahllose Zusammenstellung: da eine Landschaft mit Häusern und Menschen, dort ein Pferd, eine Madonna, daneben das Stilleben eines aufgeschnittenen Fisches auf goldenem Teller, Blumen, nackte Männer und Weiber. Hin und wieder streifte er im Vorbeigehen ein Bild, warf es dabei um oder drückte mit dem Fuss die Leinwand ein:

«Wie tot das alles ist! Es riecht nach Verwesung. Und du berauschst dich daran, begibst dich blind in die Fallstricke, die die Toten dir legen. Siehst du nicht, wie verloren du bist zwischen diesen Dingen, mit denen du spielst, betrunken wie du bist, als wäre das unsere Aufgabe?»

Ich fand keine Antwort auf seine Worte.

«Du kannst dich nun zur Ruhe legen; wir werden uns wohl noch aneinander gewöhnen», sagte er, das lähmende Schweigen brechend, nachdem er eine Weile am Fenster gestanden und in die Dämmerung hinausgeblickt hatte. Mit der Laterne leuchtete ich durch die Gänge und zeigte ihm ein Zimmer nach dem andern. Schliesslich entschloss er sich, im königlichen Schlafgemach zu bleiben. Mir bedeutete er, mich im nebenanliegenden Raume schlafen zu legen. Als ich sein Zimmer wortlos verlassen hatte, hörte ich, wie er es verriegelte.

Ich legte mich nieder, fand jedoch, von Gedanken und Ängsten gequält, keinen Schlaf. Ich hatte mir die ersehnte Begegnung, wenn nicht geradezu rührend, so doch einfacher und herzlicher, keineswegs aber so ungewöhnlich, so unmenschlich vorgestellt. Dass der Unbekannte sich hier niedergelassen, oder besser, eingenistet hatte, konnte ich hinnehmen. Ich hatte ja auch kein Recht auf den Palast. Immerhin war ich zuerst gekommen. Es wäre eine Geste gewesen, kein Entgegenkommen, eine blosse Höflichkeit, wenn er mich wenigstens gefragt hätte — er wusste ja, dass ich es ihm nicht abschlagen würde —, ob er hier wohnen dürfe, mir die Gelegenheit gegeben hätte, meine Freude über sein Erscheinen auszudrükken, ihn willkommen zu heissen. Dass er mich aber stattdessen bedrohte und verhöhnte, mir Belehrungen erteilte in Dingen, über die jeder seine Ansicht haben kann, darüber durfte ich mit Recht empört sein. Was wollte er von mir? Was bedeuteten seine sonderbaren Anwandlungen und Erklärungen? Warum schob er immer wieder, fast unwillkürlich, seine Hand in die Tasche, in welcher sich die Pistole befand, dieser Unbekannte, von dem ich nicht einmal wusste, woher er kam, weil ich fürchtete, ihn danach zu fragen?

Um meiner Unruhe ein Ende zu machen, erhob ich mich mitten in der Nacht, verliess den Palast in aller Stille, eilte durch die mondbeschienenen Strassen der Stadt und bereitete mir, in einem der leeren Häuser ein notdürftiges Lager, wo mich alsbald die Müdigkeit überwältigte. Anderntags bereute ich meinen unbedachten Entschluss, der mich nicht nur wieder in die Einsamkeit zurückgeworfen, sondern auch in höchste Lebensgefahr gebracht hatte: nun hatte der andere Angst vor mir, er würde mir überall nachstöbern; ich konnte keinen Augenblick sicher sein, ob er nicht schon auf meiner Spur sei. Durch meinen törichten Schritt hatte ich erreicht, dass nun jeder den andern zugleich fliehen und verfolgen musste; und wenn wir uns gefunden hätten, dann würde vielleicht nicht sofort der Kampf auf Leben und Tod beginnen, aber wir müssten einander unentwegt beobachten, keiner dürfte dem andern den Rücken kehren, keiner eine Speise aus der Hand des andern empfangen, keiner schlafen, wenn der andere wachte, und schliesslich müssten wir doch, aus lauter Angst, zum Kampfe gegeneinander antreten, Auge in Auge; denn die Welt hat nicht Raum genug für zwei Menschen.

Ich dachte zurückzukehren. Ich würde ihm offen meine Befürchtungen erklären, mich entschuldigen und seine Eigenheiten inskünftig geduldig in Kauf nehmen, war er auch nicht so, wie ich mir ihn auslesen würde, wenn ich die Wahl hätte. Man würde sich die Hände schütteln und den peinlichen Vorfall durch stillschweigende Übereinkunft vergessen. Aber dafür war es jetzt zu spät. Er konnte mir, nach allem was geschehen war, keinen Glauben mehr schenken, auch meinen aufrichtigsten Versicherungen nicht, hatte ich doch selber die Brücke des Vertrauens zwischen uns abgebrochen. Er müsste, ganz im Gegenteil, hinter meinem reumütigen Gebaren einen argen Schlich vermuten, weit gefährlicher als offene Feindschaft, und er wäre noch gewissermassen im Recht, wenn er mir, kurz entschlossen, eine Kugel durch den Kopf jagte.

Und schliesslich: warum sollte ich mich an ihn binden? Ich konnte gehen, wohin mir gefiel; ich war frei.

Ich wagte nicht, auf die Strasse zu treten. Vielleicht war er mit dem Hund meiner Spur gefolgt (warum war ich auch so unvorsichtig gewesen, den Hund zurückzulassen?) und stand schon neben der Haustür, um mich, wenn ich ahnungslos herauskäme, von hinten zu packen. Vielleicht beobachtete er mich auch von einem Fenster des gegenüberliegenden Gebäudes, hinter den Vorhängen verborgen, oder er war ins Haus geschlichen und lauschte an der Tür meines Zimmers. Ich duckte mich zu Boden und horchte. Es war still, verdächtig still. Lieber wäre mir gewesen, er hätte sich irgendwo lärmend herumbewegt, auf Bilder oder Ratten geschossen. Ich öffnete die Tür und trat rasch zur Seite. Er war nicht da. Dann schlich ich leise die Treppe hinunter, öffnete vorsichtig ein zu ebener Erde liegendes Fenster des Hinterhauses und sprang in den Hof. Ich ging noch durch zwei der gegenüberliegenden Häuser, verschloss jede Tür hinter mir und gelangte auf die Strasse. Der Gedanke, dass der andere immer noch vor meinem Nachtquartier lauerte, machte mich lachen. Freilich hatte ich allen Grund, vorsichtig zu bleiben; er könnte meinen Plan durchschaut haben und an der nächsten Strassenecke auf mich warten. Es war aber auch möglich, dass er sich überhaupt nicht um mich kümmerte und sich im Palast vergnügte, froh, dass ich ihm nicht mehr im Wege war.

Ich musste mir eine Wohnstätte suchen, in der ich vor ihm sicher war und von wo ich ihn zugleich von ferne im Auge halten konnte, um so seine Pläne zu durchkreuzen, bevor es zu spät war. Diesem Zweck hätte ein Haus jenseits des Flusses wohl am besten gedient; von da hätte ich die Brücke beobachten können und ihn von weitem gesehen, wenn er sich mir genähert hätte. Wie aber konnte ich, ohne von ihm selber bemerkt zu werden, über den Fluss gelangen? Auch war es ja unmöglich, die Brücke Tag und Nacht zu beobachten, und wenn er bei Dunkelheit gekommen wäre, hätte ich ihn nicht einmal gesehen. Ich verwarf auch den Gedanken, ein alleinstehendes Haus so zu befestigen, dass es uneinnehmbar wäre. Wie leicht hätte die Festung zur Falle werden können, vor der er mich belagern würde, bis ich gezwungen wäre, herauszukommen und mich zu ergeben, zumal er mich da, wegen der auffälligen Vorrichtungen, sogleich entdecken müsste! Der einzige Schutz, schloss ich, war meine Vorsicht und Wachsamkeit.

So lebte ich in immerwährender Alarmbereitschaft, versteckte mich an unzugänglichen Orten, zeigte mich selten und nur nachts auf der Strasse, verwischte sorgfältig meine Spuren und schlief wenig und immer wieder in andern Häusern.

Dieser Zustand beständiger Flucht begann mir bald zur Qual zu werden; ich wurde zuletzt so verwirrt, dass eingebildete Geräusche mich zusammenfahren liessen, wenn ich nächtelang, zitternd vor Angst, in Schweiss gebadet, schlaflos lag. Um nicht den Verstand zu verlieren, beschloss ich, dem andern zuvorzukommen, mit einer Maschinenpistole, die ich gefunden hatte, in den Palast zu dringen und den Unbekannten, damit er mir nicht dasselbe täte, im Schlafe zu erschiessen. Indessen konnte ich nicht wissen, in welchem Raum er gerade weilte, wenn er überhaupt noch im Palast wohnte. Er würde mich, während ich ihn, die Waffe in der Hand, in Zimmern und Gängen suchte, zuerst entdecken, zumal mich der Hund sofort verriete, und mich mit vollem Recht von hinten niederstrecken. Vor allem musste ich mir aber sagen, dass er mir zu meinem geplanten Verbrechen, das ich mir ein Leben lang vorwerfen müsste, nicht den geringsten Anlass gegeben hatte. Er hatte mich, so überlegte ich während einer unruhigen

Nacht, wahrscheinlich nicht einmal verfolgt, wartete wohl nur auf meine Rückkehr, um mich erfreut willkommen zu heissen, und so beschloss ich, an mir selber irre geworden, am andern Morgen in den Palast zurückzukehren, um der Verfolgung ein Ende zu bereiten, und schlief erleichtert ein.

Anderntags wurde ich vom Gebell meines Hundes geweckt. Der Unbekannte stand lächelnd hinter ihm, die Hände in den Rocktaschen, und mass mich mit seinen Blicken, während ich nackt, in Decken gehüllt, vor ihm lag.

«Er hat dich verraten», sagte er, indem er auf den Hund deutete, der sich freudig winselnd an mich drängte und mir die Hände leckte. Zwischen Schlummer und Wachsein und doch im Bewusstsein meiner peinlichen, ja gefährlichen Lage, blickte ich mich hilflos um. Ich bat ihn, das Zimmer zu verlassen, weil ich mich ankleiden wolle. Ohne meine Worte zu beachten, sagte er:

«Ich habe dich lange vermisst.»

«Ich wollte Ihnen nicht im Wege sein», erwiderte ich, ohne ihn anzublicken, und drehte mich gegen die Wand.

«Willst du damit sagen, dass ich dir in die Quere gekommen bin?»

«Im Gegenteil; wenn Sie nicht selbst in den Palast gekommen wären, hätte ich Sie dazu eingeladen.»

«Du wirfst mir also vor, dass ich in deinen Palast eingedrungen sei, ohne auf deine Einladung zu warten?» Er war dicht an mein Bett getreten.

«Das habe ich nicht gesagt.»

«Warum hast du dich denn, wenn du mich doch selber einladen wolltest, in dieser heimlichen, höchst verdächtigen und ausserdem unhöflichen Weise von deinem Gast entfernt, wo ich dir doch nicht im geringsten andeutete, dass du mir lästig seist?»

«Bin ich Ihnen wirklich Rechenschaft schuldig, mein Herr?» rief ich, indem ich mich umwandte, zitternd vor Wut, alle Vorsicht vergessend.

«Nun gut», fuhr er unbeirrt fort, «ich kann mir diese Erklärung selber geben. Sie liegt», er stiess mit der Spitze des Schuhs an die am Boden liegende Maschinenpistole, «hier am Boden. Mit einem Wort: du hast Angst, nackte Angst. Und da eine Natur wie du nur in der Angst zu Taten fähig ist, denen ich vorbeugen muss, solange ich das Leben dem Tod vorziehe, blieb mir keine andere Wahl, als dich aufzusuchen. Meinst du, wir könnten einander entrinnen? So werden wir uns nie mehr trennen können, aneinandergekettet, weil wir uns begegnet sind.»

«Wir brauchen einander», setzte er nach einer Pause hinzu; «wir sind die beiden letzten Menschen.»

Wie zum Zeichen einer Versöhnung setzte er sich auf den Rand meines Bettes nieder und fuhr, nachdem er sich eine Zigarette angezündet hatte, fort:

«Aus diesen Gründen muss dir daran gelegen sein, dir meine Freundschaft zu erhalten, und es hängt einzig von deinem guten Willen ab, ob es dir gelingt. Ich habe mich deinen Eigenheiten gegenüber sehr nachsichtig gezeigt und glaube nicht, dass du so verstockt sein wirst, dies zu verkennen. Und welch offensichtlicheren Beweis meiner Bereitschaft zum erspriesslichen Zusammenleben kannst du verlangen als die Tatsache, dass ich dich, während du schlafend zu meinen Füssen lagst, nicht kurzerhand umbrachte, wie du es mit mir vorhattest? Dass ich es nicht jetzt tue?» Dabei hob er die Maschinenpistole auf und wog sie lächelnd in der Hand. «Nicht, dass ich etwa Angst hätte, Blut zu vergiessen; aber es liegt mir viel daran, dass du lebst, und darauf gründet sich deine Sicherheit. Du kannst mir so rückhaltlos vertrauen, wie ich dir vertraue.»

Bei diesen Worten warf er mir die Pistole zu, erhob sich langsam und trat, mir sorglos den Rücken kehrend, ans Fenster.

«Steh auf und kleide dich an!» sagte er, ohne sich umzuwenden. Ich liess die Waffe liegen; so leicht hatte er mich bezwungen.

Die drückende Gegenwart des Unbekannten, lähmte meine Gedanken und Entschlüsse, so dass ich unbeweglich liegen blieb. Ich hoffte, er werde sich entfernen, wagte aber nicht, ihn dazu geradeheraus aufzufordern.

«Worauf wartest du noch?» fragte er nach einer Weile und blickte mich erstaunt an. «Steh auf und sei guter Dinge, ich will mir heute einen vergnüglichen Tag machen.»

Vor seinen schamlosen Blicken kroch ich aus den Decken und stürzte mich in meine Kleider.

Dann führte er mich, offenbar in einer festen Absicht, auf einen Hügel vor die Stadt, von wo wir sie mit *einem* Blick umfassten, wie sie sich im blendenden Licht mit ihren Türmen, Kirchen und Palästen hinter dem Fluss erhob, von einem grossen Himmel umspannt, in dem die weissen Wolken hingen.

«Welch eine Fatamorgana!» rief der Unbekannte und schreckte mich aus meinem Staunen auf. «Eine Stadt und keine Menschen! Wenn wir dort, in einer der unzähligen Strassen, zwischen Häusern, Türmen, Bogengängen, zwecklosem Gemäuer, von den Toten für die Toten gebaut, gefangen, kleiner als Ameisen umherirren, so könnten wir, von den Sternen gesehen, meinen, wir seien nicht vorhanden, so viel Stein ist um uns herumgemauert. Ich will mir aber den Raum schaffen, dem ich entgegenwachse!»

Der Anblick schien ihn gewaltig aufzuregen und zu erbittern. Er wandte sich eilends zur Stadt zurück, dass ich ihm kaum zu folgen vermochte, und legte dort an mehreren Stellen Feuer, doch so, dass es sich, nach der Windrichtung zu urteilen, vom Palast entfernen musste. Bald stand, mit manchen Häusern, in denen ich gelebt hatte, die halbe Stadt in Flammen, woran sich der Fremde sehr erbaute, obschon wir uns vor der entsetzlichen Hitze zurückziehen mussten.

Erst am Abend, als das Feuer ermattet war, kehrten wir in den Palast zurück. Dort hatte der andere während meiner Abwesenheit die Bilder aus dem

Thronsaal entfernt, die Tapisserien von den Wänden gerissen und die Statuetten in den Fensternischen teils zerbrochen, teils nur umgeworfen; auch die Stühle hatte er weggeschafft und nur den Thron in der Mitte stehengelassen. Der Saal war, seines Schmuckes entkleidet, wüst und leer, zumal nun in der Ecke ein hässlicher alter Feuerherd stand. Darauf kochte sich der Fremde nun eine reichliche Mahlzeit, wobei er mir die kleinen Handreichungen befahl. Soweit hatte mich seine Unbegreiflichkeit schon eingeschüchtert, dass ich ihn, während er auf dem Thron sass, stehend nach seinen Weisungen bediente, ihm schweigend Teller und Gläser reichte und mich alsdann mit den Resten seines Mahles bescheidete. Vom Schnaps erwärmt, den er sich aus einer grossbauchigen Flasche in mächtigen Schlücken zu Gemüte führte, begann er mit fortschreitender Stunde gesprächig zu werden und erging sich in breiten Schilderungen der Werke des vergangenen Tages; zählte, als wäre ich selber nicht dabei gewesen, alle Beobachtungen auf, die er angesichts der brennenden Stadt gemacht hatte: wie die Flammen von Haus zu Haus gesprungen seien, wie die Türme sich im Feuer erst zur Seite geneigt hätten, um dann in sich zusammenzustürzen, wie die Funken in prächtigem Regen gestoben, wie ganze Dächer mit dem Zug der Flammen in die Luft geflogen seien und wie herrlich ihn das Bad im Flammenmeer erquickt habe. Dann sprach er, nach und nach lauter, mehr zu sich selber als zu mir, in grossen Worten von einem nun angebrochenen Reiche, das es zu vollenden gelte. Zuletzt warf er die Flasche, noch bevor er sie ausgetrunken, mit einem Fluch an die Wand, erhob sich vom Thron und verliess, wie von einem plötzlichen Einfall gepackt, ohne zu schwanken, den Saal.

Bevor ich Zeit fand, mir die Flucht zu überlegen, kam er zurück und stand, nach dem Eindruck forschend, den er auf mich machte, unter der Tür: Er hatte sich einen Purpurmantel umgelegt, viel zu lang für seine Gestalt, die bunte Schärpe eines Gesandten um den Bauch geschlungen, in der einen Hand trug er einen Offiziersdegen, in der andern die funkelnde Königskrone.

«Nun Mundschenk», begann er, auf mich zutretend, «denn kraft meines Rechts als König der Welt ernenne ich dich zu meinem Mundschenk und hoffe, dass du dich dieser höchsten Ehre würdig erweisen wirst, lasset uns zur Krönung schreiten!» Dabei schlug er mir mit dem Degen, zum Zeichen meiner Ernennung, auf die Schulter und fuhr fort: «In der Erkenntnis, dass der gesetzlose Zustand unerträglich geworden ist, setze ich mich, um ihm ein Ende zu bereiten, zum König ein und gebe dir das Gesetz, das dich aus Angst, Ungewissheit und Hoffnungslosigkeit erlöst: das einzige Verbrechen ist Ungehorsam, die einzige Strafe der Tod.» Mit diesen Worten setzte er sich die Krone auf — sie sank ihm bis über die Ohren ins Gesicht — und liess sich auf den Thron nieder.

«Ich bin nun», fuhr er fort, «der mächtigste Mann der Welt und freue mich über die beinahe vollkommene Menschenlosigkeit, wie nur der Stärkste sich angesichts der Einöde wohlfühlt, weil er sich selber und seinen Umkreis mit sich auszufüllen vermag. Am Tage meiner Krönung, an dem eine neue Jahreszählung beginnt, habe ich mich endlich an jenen Ort gestellt, wo mir nichts mehr in den Weg kommt, weil nichts mehr da ist. So ist das Wirrsal menschlicher Beziehungen schon beinahe auf einen Punkt zusammengeschrumpft, und ich sehe der Zeit entgegen, wo ich die Genugtuung des völligen Alleinseins auskosten werde.»

Die lächerliche Szene beunruhigte mich angesichts seiner mit tödlichem Ernst gesprochenen Worte mehr, als dass sie mich belustigte, seine Gegenwart wurde mir immer unbehaglicher, und ich wollte, um mich nicht weiter seinen unberechenbaren Einfällen auszusetzen, den Saal verlassen, mit der Bemerkung, ich gedächte mich zur Ruhe zu legen. Er rief mich aber zurück, verbot mir, irgend etwas zu unternehmen, was er mir nicht ausdrücklich erlaubt habe, und hiess mich auf einem Teppich sitzen, der zu Füssen des Thrones lag.

Nachdem wir einige belanglose Worte gewechselt hatten, fragte er mich unvermittelt: «Wie konntest du, schwächlich und kränklich wie du bist, die Seuche überstehen?»

«Ich hatte», sagte ich leichthin, durch seine Neugierde belustigt, «ein Mittel.»

«Ein Mittel?» Das Erstaunen, das sich auf seinem Gesicht abzeichnete, glich der Bestürzung.

«Ein Mittel, das mich gerettet hat.»

«Und nur du allein hattest dieses Mittel?»

«Ob nur ich es besass oder ob es nur mir allein geholfen hat, ob es überhaupt das Mittel war, was mich genesen liess, und nicht der reine Zufall, könnte ich nicht mit Bestimmtheit sagen.»

«Ein so gewöhnlicher Mensch wie du kann nur zufällig übriggeblieben sein», sagte er ärgerlich und brach das Gespräch ab, erhob sich, warf den Königsmantel, in dem er sich erhitzt hatte, über den Thron und schickte mich zu Bett. Vor dem Zimmer, das er mir für die Nacht anwies, begann er nochmals:

«Übrigens, das Mittel, von dem du gerade geflunkert hast —»

«Geh schlafen!» unterbrach er sich sofort, stiess mich ins Zimmer und verriegelte hinter mir die Tür, so dass an ein Entrinnen wegen der vergitterten Fenster nicht zu denken war.

Am andern Morgen weckte er mich früh. Er trug ein Arbeitsgewand; von seinem gestrigen Aufputz hatte er nur die Krone behalten und mit einer unter dem Kinn durchgehenden Schnur auf dem Kopfe festgebunden. Während wir durch die Stadt gingen, betrachtete er prüfend einzelne Häuser und legte schliesslich in einem der schönsten mehrere schwere Minen, die er, schwitzend vor Eifer, aus einem Zeughaus geholt und mit meiner Hilfe herbeigeschleppt hatte. Als er sie mit viel Kunst und Verständnis entzündet, das Haus durch eine gewaltige Explosion von der Stelle gefegt hatte, warf er mir, auf meine Frage nach dem Zweck seines Treibens, statt einer Antwort die Bemerkung hin: «Pass auf, es ist nicht das letzte fliegende Haus, das du siehst», und jagte in der Tat sogleich noch einige weitere Gebäude, die der Brand verschont hatte, in die Luft.

Die folgenden Tage füllten wir mit der gleichen Zerstörungsarbeit aus. Der andere ging in diesem Unternehmen ganz auf, liess mich aber trotz seinem Arbeitseifer nie aus den Augen, und ich bemerkte, wie er mich oftmals, heimlich, mit blasser Furcht betrachtete. Indessen hatte ich, solange noch Häuser in der Stadt standen, die in Schutt gelegt werden mussten, nichts zu fürchten, nicht nur, weil er mich als willigen Helfer benötigte, sondern vor allem auch, weil ihn diese Arbeit so sehr in Anspruch nahm, dass er nicht zugleich seine ganze Aufmerksamkeit dem Problem zuwenden konnte, das ich für ihn darstellte.

Bei der Aufräumungsarbeit, wie er das sinnlose Zerstörungswerk nannte, geschah es einmal, dass ein weggeschleuderter Stein den Hund, welchen er vor der Explosion in der Nähe der Häuser, die er zu sprengen im Begriffe war, anzuketten pflegte, traf und am Vorderbein verletzte. Als ich die Wunde des heulenden Tiers verbinden wollte, streckte er es, mit der höhnischen Bemerkung, es sei ihm an *einem* Hunde genug, mit einem Pistolenschuss vor meinen Augen nieder.

Inzwischen nahte der Winter. Allmählich sanken die letzten Teile der Stadt in Schutt und Asche, auch vom Dom lagen nur noch die Trümmer auf dem Platze, während sich, alles Leben erstickend, dicker Staub über die Ruinen legte.

Die Bäume waren abgestorben. Wir lebten in einer seltsamen Landschaft, aus der nur noch die verbogenen Stahlgerippe der zerstörten Hochhäuser in den

Himmel ragten; ausser den wenigen Ratten regte sich nichts in den Steinhaufen und Kellerlöchern. Wir mussten uns, bei unsern Gängen durch die Stadt, den Weg über ein Gewirr von zerbrochenen Mauern, durch Eisengestänge zerstörter Werkhallen, zwischen Schutthügeln und Gräben suchen, wobei wir Sorge trugen, dass wir nicht in die aufgerissenen Kanalisationsschächte stürzten. Die Trümmer waren von Hausrat durchsetzt; umgestürzte Tramwagen, Autos und Maschinen rosteten im Regen. Die elektrischen Drähte lagen am Boden oder hingen von den Mauern herunter, während von den Stadtbefestigungen, die wir mit grosser Mühe zertrümmert hatten, nur das Stangennetz des Betons übriggeblieben war. Der Bahnhof war ein riesiges Areal von kreuz und quer übereinandergefallenen Eisenträgern, zwischen denen neben verkrümmten Schienen die Überreste der Wagen und Lokomotiven in zerfetzten Teilen umherlagen. Die Zerstörung war, so schien es mir, grösser als das Vorhandene je gewesen.

Der andere hatte mich zu seinem willenlosen Geschöpf gemacht. Stumm seinen Befehlen, ja seinen blossen Winken gehorchend, kam ich, wenn er mir pfiff, redete ihn, wie er es verlangte, mit dem Majestätstitel an und schreckte nicht vor den niedrigsten Diensten zurück. Es gelang mir freilich nicht, ihn dadurch zu besänftigen, meine Geduld schien ihn, im Gegenteil, zu immer unerträglicheren Herausforderungen hinzureissen: Er sperrte mich tagelang in einem kleinen Zimmer ein, mit der Begründung, mein Gesicht sei ihm verleidet; er verlangte, dass ich ihm die Schuhe auszöge, oder er befahl mir, ihm, damit er etwas zu lachen habe, ein Lied vorzusingen. Oft musste ich mich abwenden, wenn mir die Tränen der Wut in die Augen traten.

Endlich stand nur noch der Palast. Als wir eines Abends, wie es sich der andere zur Gewohnheit gemacht hatte, um zu sehen, wie weit sein Werk gediehen sei und welche Stadtteile anderntags zerstört werden sollten, uns wieder auf jenen Hügel vor der Stadt begaben, bot sich uns, so weit wir sehen konnten, ringsum der Anblick von Mauerresten und Schutthaufen dar, vom roten Licht eines frühen Regenabends beschienen, während der Winter über die öden Gefilde wehte und den Königsmantel des Unbekannten wie eine blutige Fahne am Himmel bewegte. Wie immer stand der andere, während ich in diesen Anblick versunken war, schweigend hinter mir. Der Linie des Horizontes von einem Ende des Trümmerfeldes zum andern nachblickend, wandte ich mich langsam um. Der andere sah, die Rechte auf seine im Gürtel steckende Pistole gestützt, neben mir vorbei, wie in Gedanken verloren, über das tote Gesicht der Landschaft, hinter der sich die schwarzen Wolken erhoben. Sie kamen näher und verdunkelten die Sonne. Der Fluss glänzte wie Blei und schob sich zwischen den fernen Hügeln hindurch und lief ins Dunkle. Über uns flackerte am Himmel ein gelber Stern. Der Fremde drehte sich mehrmals, ein verzücktes Lächeln auf den Lippen, um sich selber, als könnte er sich am trostlosen Anblick nicht sattsehen.

«Du brauchst dich nicht zu fürchten, Mundschenk», sagte er, «ich bin dir heute gnädig gesinnt.»

Wir gingen schweigend den Hügel hinunter, wie Schatten zwischen den Wolken, die schwarze Erde zu unseren Füssen.

Am gleichen Abend sassen wir im Thronsaal beieinander und verzehrten die letzten Reste unserer Vorräte. Die Nacht war kalt und sternenlos. Durch die Fenster, deren Gläser die Macht der Explosionen längst zerbrochen hatte, wehte von den endlosen Trümmerfeldern her der Wind, so dass wir uns, tief in unsere Mäntel gehüllt, nahe ans Kaminfeuer drängten. Schon seit Tagen nährten wir dieses mit den Trümmern von Schränken und Tischen, die wir zu diesem Zweck in allen Räumen des Palasts nach und nach in Stücke geschlagen hatten. Die Flammen warfen unsere Schatten an der zersprungenen Decke flackernd hin und her.

Während wir, Wärme suchend, uns an die einzige lichte Stelle drängten, die auf der Welt noch war, befiel mich eine plötzliche Trauer. Ich brach das Schweigen, das uns, seit wir vom Stadtrand zurückgekehrt waren, nicht mehr verlassen hatte.

«Es ist kalt», sagte ich, ohne aufzublicken, «wir sollten neue Fenster einsetzen.»

«Ich werde nicht mehr lange in diesem Hause sein», antwortete er nach einer Pause des Schweigens. «Übrigens, Mundschenk», fuhr er fort, indem er mich drohend anblickte, «seit wann gestattest du dir, mich anzusprechen, bevor ich das Wort an dich zu richten geruht habe, und mir die Anrede zu versagen, die mir als König zukommt, indem du eine Vertraulichkeit einrichten willst, die es zwischen uns nicht geben kann?»

Unser ganzes Elend fasste mich bei diesen Worten an. Ich fühlte alle Kräfte, die Hass und Wut in mir gesammelt hatten, schwinden, und, von einer tiefen Mutlosigkeit ergriffen, wünschte ich mir vor allem nur ein rasches Ende. Da erhob sich der andere plötzlich aufstöhnend von seinem Sitze, schien erregt nach Worten zu ringen und sank im gleichen Augenblick, von einer seltsamen Schwäche heimgesucht, zu Boden, so dass der Gedanke an die Krankheit, der wir entronnen zu sein glaubten, unwillkürlich in mir aufstieg. Wie er so zu meinen Füssen lag, beugte ich mich, neue Hoffnung schöpfend, zu ihm nieder und versuchte, indem ich ihm den Königsmantel, in welchen er sich verwickelt hatte, abnehmen wollte, ihn aufzuheben und auf den Sessel zu legen. Er stiess mich aber zurück und sagte:

«Lass das, Mundschenk, ich will nicht, dass du mir den Purpur nimmst, und bedarf deiner Hilfe nicht.»

Damit erhob er sich, stand eine Weile schwankend und gewann mühsam seine gebieterische Haltung zurück, die ihn so schmählich verlassen hatte. Während er sich die Haare aus dem Gesicht strich, die Krone aufsetzte, die ihm vom Haupt gefallen war, und den Mantel wieder in Falten legte, betrachtete er mich mit hasserfülltem Blick, und ich erkannte, dass er mir nie verzeihen werde, Zeuge seiner Schwäche gewesen zu sein. Zu meiner Überraschung legte er jetzt, nachdem er in seine überlegene Rolle, wenn auch mit Anstrengung, zurückgekehrt war, Degen, Mantel und auch die Krone nieder. Seine Stimme klang, als er mich anredete, unsicher, und ich sah, wie sein Herrschertum unaufhaltsam von ihm abbröckelte.

«Ich bin nun, Mundschenk», sagte er, «lange genug König gewesen und habe das Werk, das ich in dieser Welt zu vollenden hatte, vollendet. Mit diesem Mantel streife ich das Menschliche ab, das meine wahre Gestalt verhüllt hat, und sage und offenbare dir heute, dass ich Gott bin: denn wer wollte sonst Gott sein?»

«In der Tat bin ich Gott», setzte er nach einer verlegenen Pause, wie um sich besser davon zu überzeugen, grinsend hinzu, «ich bin Gott, der Allmächtige.»

Als er sah, wie ich, vor so viel Ruchlosigkeit erschreckt, gelähmt an der Wand stand, brach er in lautes Gelächter aus und rief:

«Das hättest du, Schwächling, nicht gedacht, dass ein Gott so aussieht: mit einer Haut wie ein Mensch, mit einer Stimme wie ein Mensch und mit einem Bauch wie ein Mensch, und dennoch ein Gott ist. Aber du fürchtest mich, wie man nur Götter fürchtet, und es drängt dich, mich dankbar anzubeten. Denn du lebst aus meiner Hand, und ich zeige dir deinen Weg. Wie wärest du sonst hilflos im Raume verloren!»

Dann warf er, die alte Geschäftigkeit entfaltend, seine Kleidungsstücke eines nach dem andern von sich, erklomm nackt den Tisch und rief mir wie im Rausche zu:

«Da die Götter, wie du wissen musst, nackt sind, habe ich mich ausgezogen, damit du mich in meiner wahren Gestalt verehren kannst. Um diesen Tisch, auf dem ich stehe, kreisen die Geschicke der Welt und ihrer Gestirne, denen ich mit einem Winke meiner Hand ihre Wege weise.»

Angeekelt starrte ich während seiner Rede auf seine jämmerliche Nacktheit, den mit Gänsehaut überzogenen, schlotternden Körper, die behaarten Beine und die schmale Brust, die sich in der Aufregung des Irrsinnigen hob und senkte, während die Arme, von der Kälte, welche ungehindert durch die Fenster wehte, binnen kurzem blau gefroren, in lächerlichen Bewegungen durch die Luft fuhren. Die ganze Gestalt musste mir, hätte sie sich nicht in dieser empörenden Anmassung aufgeworfen, Mitleid einflössen. Indessen liess er mir, durch Drohungen, die er unaufhörlich ausstiess, zu versöhnlicheren Gefühlen keine Gelegenheit und erweckte in mir jene Wachsamkeit wieder, deren ich in dieser äussersten Gefahr bedurfte.

Er begann nun, nachdem er mich versichert hatte, dass ihn nicht friere, weil er selber Feuer sei, auf dem Tische umherzuspringen, indem er ausrief, er sei der auf der Weltkugel tanzende Gott. Indessen hielt er bald erschöpft inne, klammerte sich schwankend mit der Linken an den erloschenen Kronleuchter und streckte die Rechte, vergeblich nach Worten ringend, weit von sich. Das Licht der Flammen goss seinen Schatten, wie die Gestalt eines am Rade hängenden Verbrechers, gross an die Decke des Saals.

«Mensch», sagte er nach einer Weile keuchenden Atemholens, «ich will, dass du mich anbetest. Nimm dort die goldene Schale und wasche deinem Gott die Füsse!»

Da ich nichts erwiderte, eine goldene Schale war nirgends zu erblicken, und mich trotz seiner drohenden Haltung nicht von der Stelle rührte, wo ich an der Wand stand, im Bewusstsein, dass in diesem Augenblick die ganze Verantwortung der dahingegangenen Menschheit auf mir ruhte, erfasste ihn, als ich in offener Empörung einen vor mir liegenden Feuerhaken ergriff, besinnungslose Wut, und mit den Worten, er werde mich mit seinen Blitzen erschlagen, tat er einen Schritt, wie um vom Tische auf mich loszuspringen, worauf sich aber der schwere Kronleuchter, an dem er sich festhielt, löste und klirrend auf ihn niederstürzte, so dass er, von der Wucht des Schlages getroffen, kopfüber vom Tische fiel und mit gebrochenem Genick, zu meinen Füssen verröchelnd, wie der elendeste der Menschen starb.

Alles hatte sich, wie im Traume, in wenigen Augenblicken ereignet. Unschlüssig stand ich vor dem nackten Leichnam, ergriff endlich, als ich zur Besinnung kam, den am Boden liegenden Königsmantel und umhüllte damit den toten Körper. Im Kamin flackerte das Feuer noch aus den letzten Gluten, vom Wind angefacht, der in Stössen von wachsender Wucht durch die Fensterlöcher wehte. Ich zündete eine Sturmlaterne an und stellte sie zu Häupten des Toten auf den Tisch. Dann trat ich ans Fenster und blickte ratlos über die Trümmer einer Landschaft, wie sie nach dem Weltuntergang übriggeblieben war, vom Mond beleuchtet, der manchmal durch die Wolken tauchte. Der Wind, dessen Brausen im Raume der einzige Laut war, warf mir Schauer körnigen Schnees ins Gesicht, indes seine Kälte mir unmerklich durch die Glieder drang.

An Geist und Körper müde, entschloss ich mich endlich, den Leichnam aus dem Hause zu schaffen, hob ihn auf den Rücken, indem ich den Mantel, in welchem er lag, mit beiden Händen anpackte, und ging hinaus, um den Toten in den Fluss zu werfen. Kaum hatte ich mich eine kurze Strecke vom Palast entfernt, geschah hinter mir eine Explosion, deren Gewalt mich fortschleuderte und mir für kurze Zeit die Besinnung raubte. Als ich mich wieder erhob, war hinter mir der Palast zusammengestürzt und hatte unter seinen Trümmern die Leiche des andern begraben. Da mein Fuss durch einen herabstürzenden Stein zerdrückt worden war, schleppte und tastete ich mich nun, während das Blut aus der Wunde floss, von

Schmerzen und Kälte durchdrungen, durch das Dunkel, ungewiss, wo ich mich vor dem heftigen Sturm verkriechen könne. Endlich fand ich zwischen den Ruinen im Gewölbe eines halbverschütteten Kellers Unterschlupf und Schutz vor dem Schnee und Wind.

So waren wir gescheitert, und wie ich, zwischen Schutt und Steinen in einer feuchten Ecke liegend, meine selbstgewählte Vernichtung erkannte, vermochte ich die Genugtuung darüber, dass der andere, ohne mich unterwerfen zu können, vor mir umgekommen war, kaum zu empfinden.

Doch wollte ich jetzt vor der nahenden Leere nicht in den Tod fliehen, vielmehr gedachte ich die Verzweiflung, der ich mich verschrieben hatte, gefasst über mich kommen zu lassen, und versuchte, mein Hemd in Streifen zerreissend, den Blutstrom einzudämmen, welcher aus meinem zermalmten Fusse drang. Mühsam gelang es mir, mit gefrorenen Händen, die Wunde zu verbinden; als ich aber aufstehen wollte, verliessen mich die Kräfte, so dass ich, kaum auf die Knie erhoben, vornüber aufs Gesicht fiel und, unfähig, mich ohne Hilfe zu bewegen, liegen blieb. Von der Kälte nach und nach betäubt, fühlte ich keinen Schmerz. So lag ich, auf den Tod wartend, dem ich gleichgültig ins Auge blickte. Die Ratten kamen schon aus ihren Winkeln hervor, indes, durch ein Loch in der geborstenen Decke, der Morgen herandämmerte.

II
Feindesliebe

JESUS UND DAS GESETZ
Rechtliche Analyse der Normenkritik
in der Lehre Jesu

Die folgenden Ausführungen enthalten nichts weniger als die Behauptung und den versuchten Nachweis, dass die Aussagen Jesu zu den Geboten der Tora rechtstheoretische Erkenntnisse, insbesondere über die Funktion von Normen, vermitteln, die von der Rechtswissenschaft bis heute noch nicht eingeholt und auch in der theologischen und philosophischen Ethik in ihrer ganzen Tragweite teils nicht gesehen, teils absichtlich verdunkelt worden sind. Jesu grundlegende Normen- und Sanktionenkritik ist auf jede rechtliche, ethische und soziale Ordnung anwendbar und muss sich in der geschichtlichen Dimension durch ihr radikales Infragestellen als Impuls zu permanenter Reform gegebener Ordnungen auswirken. Darin liegt auch die Erklärung dafür, dass es über blosse Machtkämpfe hinausgehende Rechts- und Sozialkritik und Rechts- und Sozialreform nur im Raum der jüdisch-christlichen Tradition gegeben hat.

Um Missverständnissen vorzubeugen, sind drei Voraussetzungen hervorzuheben, die dem folgenden Gedankengang zugrunde liegen.

a) Jesus war nicht Jurist und hat nicht als Rechtsgelehrter gesprochen. Er hat die «Juridik» sogar ausdrücklich relativiert und in enge Grenzen gewiesen. Er war nicht normenfreundlich (anders als die sogenannte Ordnungstheologie), sondern normenkritisch eingestellt. Ihn interessierte die Ausnahme mehr als die Regel, der Einzelne mehr als die Gesellschaft. Gerade dadurch aber bekommen seine Aussagen eine rechtstheoretische und sozialethische Relevanz, deren geschichtliche Wirksamkeit nicht zu übersehen ist. Es könnte auch dem theologischen Interpreten Gewinn bringen, diese Seite der Verkündigung Jesu und ihren weltlichen Folgenreichtum zu sehen. Es könnte ihn vor einer Art religiöser Rede und Beschwichtigung bewahren, die sich von aller einzelmenschlichen und sozialen Realität fernhält und diese und die Zuhörer unberührt lässt.

b) Das Anliegen Jesu war individualethischer Natur. Es ging ihm um das Verhältnis des Einzelnen zu Gott und den Mitmenschen. Die Absicht, eine Gesamtordnung zu entwerfen und von daher einzelne Normen zu postulieren oder zu kritisieren, lag ihm fern. Wir finden bei ihm denn auch keine Aussagen zum Tun des Staates und seiner Repräsentanten, ein Umstand, der nicht zuletzt dazu beigetragen haben mag, dass, nachdem die christliche die herrschende Lehre geworden war, mit der Bibel stets die gerade bestehenden Ordnungen gerechtfertigt wurden (vor allem durch das ominöse 13. Kapitel des Römerbriefes), da sie doch darin keine Kritik fanden.

Die individualethische Forderung hat aber, sofern sie das zwischenmenschliche Verhältnis betrifft, immer zugleich einen sozialethischen Aspekt, sobald viele oder alle Individuen sich nach ihr richten. Somit ist der objektive Sinn der Aussagen Jesu auch sozialethisch, selbst wenn sie subjektiv nur individualethisch gemeint sein mögen.

c) Die überlieferten Aussagen Jesu werden im folgenden nicht historisch nach dem Kriterium der Echtheit gesiebt. Denn einmal sind nicht Echtheit, sondern nur Richtigkeit und Relevanz für den Wert einer Aussage entscheidend, und zum zweiten haben die entscheidenden Aussagen des Neuen Testamentes unabhängig von ihrer textkritischen Bewährung normative Bestimmungsfunktion übernommen und sind damit geschichtliche Wirklichkeit geworden.

1. Die Ethik Jesu ist anthropozentrisch.

«Der Sabbat ist um des Menschen willen gemacht, und nicht der Mensch um des Sabbats willen. So ist des Menschen Sohn ein Herr auch über den Sabbat.» (Mk. 2, 27. 28. Alle Bibelzitate sind der 1956 revidierten Luther-Übersetzung entnommen.) In den häufigen Stellungnahmen Jesu zum Gebot der Sabbatruhe wird ein fundamentales Prinzip der Ethik und vor allem des Rechts sichtbar: Normen sind um des Menschen willen gesetzt. Nach dem Urtext ist zwar die Annahme ausgeschlossen, dass Jesus die gesetzlichen, sozialen und ethischen Normen schlechthin als Menschenwerk betrachtete, worauf Luthers Übersetzung («gemacht») hindeuten könnte, denn im Griechischen steht dafür das Wort «egeneto», woraus sich wie aus vielen anderen Aussagen ergibt, dass er die Normen des mosaischen Gesetzes zunächst als von Gott gegeben hinnimmt; dies ändert aber nichts an seiner normenkritischen Grundposition, welche darin besonders deutlich wird, dass des Menschen Sohn als ein Herr auch des Sabbats bezeichnet wird. Jesus begnügt sich also nicht damit, die geltenden Normen, wie noch zu zeigen sein wird, teleologisch, nach ihrem vernünftigen Sinn und Zweck, auszulegen und ihren Anwendungsbereich auf das Mass dessen zu beschränken, was für die Entfaltung des Menschen und ein gedeihliches Zusammenleben erforderlich ist, er bestreitet ihre Existenzberechtigung überhaupt, wenn sie solchen Zwecken nicht dienen. Besonders eindrücklich zeigt sich dies in Matthäus 15, 11 ff.: «Was zum Munde eingeht, das macht den Menschen nicht unrein; sondern was zum Munde ausgeht, das macht den Menschen unrein. . . . Merkt ihr noch nicht, dass alles, was zum Munde eingeht, das geht in den Bauch und wird durch den natürlichen Gang ausgeworfen? Was aber zum Munde herausgeht, das kommt aus dem Herzen, und das macht den Menschen unrein. Denn aus dem Herzen kommen arge Gedanken, Mord, Ehebruch, Unzucht, Dieberei, falsch Zeugnis, Lästerung. Das sind die Stücke, die den Menschen unrein machen. Aber mit ungewaschenen Händen essen macht den Menschen nicht unrein.»

Jesus bestreitet an dieser Stelle die Existenzberechtigung von Essvorschriften, weil sie Konventionen und Tabus darstellen, die mangels eines Bezuges auf die Zwischenmenschlichkeit mit der Unterscheidung von Gut und Böse nichts zu tun haben. Von ihrer möglichen hygienischen Funktion, die selten vorhanden ist und damals jedenfalls nicht bekannt war, sieht er ab, zumal der mögliche Sozialbezug einer blossen Selbstgefährdung erst mit der Entdeckkung der Genese ansteckender Krankheiten bekannt geworden ist. Den Tabus, den zwecklosen reinen Verhaltensnormen, die ein Verhalten um seiner selbst willen, ungeachtet seiner sozialen Auswirkungen, gebieten oder verbieten, stellt Jesus die Delikte des Mordes, Ehebruchs, der Unzucht, der Dieberei, des falschen Zeugnisses und der Lästerung entgegen, die allesamt einen offensichtlichen Sozialbezug aufweisen, entweder, wie man in der heutigen Strafrechtslehre sagen würde, Rechtsgüterverletzungen darstellen oder doch Äusserungen von krassem Egoismus.

Primitive Rechts- und Gesellschaftsordnungen enthalten eine Fülle von Tabus, Zwangsvorschriften und Ritualen, die keinen ersichtlichen Schutzzweck verfolgen, der Entfaltung des Einzelnen und der Gesellschaft nicht förderlich sind, sondern im Gegenteil nur schädliche Auswirkungen zeitigen und unter Umständen sogar die Existenz der nach ihnen lebenden Gesellschaft bedrohen. Als bekanntestes Beispiel sei hier nur die Heiligkeit der Kühe nach der hinduistischen Religion erwähnt. Die Rationalisierung der Rechtsordnung, ihre Befreiung von Normen, die mehr schaden als nützen, mehr Freiheit zerstören als Freiheit schaffen, und ihre Ersetzung durch Normen, die die optimale Entfaltung des Einzelnen und der Gesellschaft ermöglichen, indem sie nur reale Rechtsgüter wie Leben, Gesundheit, Freiheit, Eigentum usw. schützen, ist die wichtigste Aufgabe der Rechtswissenschaft. Da jede Norm einen Zwang bedeutet, ist ihre Setzung nur berechtigt, wenn das Gut, das sie schützt, wertvoller ist als die Freiheit, zu tun oder zu unterlassen, was sie verbietet oder gebietet. Einer von der Wissenschaft beeinflussten Rechtsentwicklung liegt immer diese Erkenntnis zugrunde. Sie führt zu einem Abbau sinnloser Zwangsvorschriften oder dazu, dass ursprünglich irrationalen Normen ein rationaler Sinn unterschoben wird und dass sie entsprechend umgestaltet werden. So hat etwa das Strafrecht sich im Laufe der Zeit mehr und mehr von den ursprünglichen Gedanken des Opfers, der Rache und der Vergeltung entfernt und die strafrechtlichen Sanktionen auf die Zwecke der Resozialisierung, der Sicherung und der Abschreckung ausgerichtet.

Die Einsicht, Normierungen um der Freiheit willen auf das vom Zweck her Notwendige zu beschränken, hat ihren klassischen Ausdruck in Art. 5 der Erklärung der Menschenrechte von 1789 gefunden: «Das Gesetz hat nur das Recht, Handlungen zu verbieten, die der Gesellschaft schädlich sind.» Es kann wohl nicht mit Grund bestritten werden, dass es Jesus bei seiner Auseinandersetzung mit der pharisäischen Gesetzlichkeit zumindest *auch* um die Befreiung des Menschen von einem dichten und starren Geflecht von Normen ging, die seine Spontaneität ersticken und seine Entfaltung verhindern.

Erst der sozialethisch von seiner Aufgabe als Organisator der frühen christlichen Gemeinden notwendigerweise engagierte Paulus hat freilich ein normatives Problem gesehen, das immer auftaucht, wenn rationale Normenkritik sich gegen Vorschriften richtet, die zwar zwecklos, aber im traditionsgläubigen allgemeinen Bewusstsein so fest verankert sind, dass ihre Übertretung bei Menschen, die sich ihnen verpflichtet fühlen, Anstoss und Ärgernis erregt. Ist um des Rechtsfriedens willen auch bei rationaler Überlegung ein normativer Schutz vor Anstoss und Ärgernis zu gewähren und damit ein gewisser Konformismus von Rechts wegen zu erzwingen, dem Toleranten in gewissen Grenzen ein Nachgeben gegenüber dem Intoleranten zuzumuten? Auch die modernen Rechts- und Sozialordnungen hegen tatsächlich keine Bedenken, einen «minimalen Konformismus» zu erzwingen. Wer nackt durch die Strassen geht, wird rasch in polizeilichen Gewahrsam genommen, obwohl er niemand schädigt als bei entsprechender Witterung sich selbst. Das polizeiliche Verhalten ist lediglich symptomatisch für das Bewusstsein der Gesellschaft, auch indem es beispielsweise dazu neigt, seinen Zwang nach rein optisch abweichenden äusserlichen Merkmalen wie Beatlefrisur und Existenzialistenbart auszurichten. Hier freilich ist die Grenze des Bereiches gerechtfertigten konformistischen Zwangs weit überschritten.

Paulus sah deutlich, dass Essvorschriften keinen moralischen Bezug haben und dass daher die Aufhebung des kultischen Zwangs um der Freiheit willen zu fordern ist. Es ist somit den Christen auch nicht verboten, Götzenopferfleisch zu essen: «Essen wir nicht, so werden wir darum nichts weniger sein; essen wir, so werden wir darum nicht besser sein» (1. Kor. 8,8). Erst wenn die Tabuvorschrift in der zwischenmenschlichen Beziehung relevant wird, kann ihre Beachtung gefordert sein: «Sehet aber zu, dass diese eure Freiheit nicht gerate zu einem Anstoss für die Schwachen!... Darum, wenn die Speise meinen Bruder zur Sünde verführt, wollte ich nimmermehr Fleisch essen, auf dass ich meinen Bruder nicht verführe» (1. Kor. 8,9.13). Paulus geht also zutreffend davon aus, dass Essvorschriften, da sie keine Schutzfunktion haben, nach dem Freiheitsprinzip unverbindlich sind: «Alles, was feil ist auf dem Fleischmarkt, das esset und forschet nicht nach, auf dass ihr das Gewissen nicht beschweret» (1. Kor. 10,25). Nur wenn der «Schwache» dadurch in seinem Glauben unsicher gemacht würde, soll man das Essen von Götzenopferfleisch unterlassen. Paulus behandelt in seiner Kasuistik noch einen weiteren Fall, der besonders tief und in höchst aktueller Weise in die Problematik des Verhältnisses zwischen dem Freiheitssatz und gesellschaftlichem oder rechtlichem Konformitätsdruck hineinführt: «Wenn jemand von den Ungläubigen euch einladet und ihr wollt hingehen, so esset alles, was euch vorgesetzt wird, und forschet nicht nach, auf dass ihr das Gewissen nicht beschweret. Wenn aber jemand würde zu euch sagen: ‹Das ist Opferfleisch›, so esset nicht, um des willen, der es euch anzeigte, auf dass ihr das Gewissen nicht beschweret. Ich rede aber vom Gewissen, nicht deinem eigenen, sondern von dem des andern. Denn warum sollte ich über meine Freiheit lassen urteilen von eines anderen Gewissen?» (1. Kor. 10,27 bis 29. Bemerkenswert ist, wie stark hier Paulus die Gewissensfreiheit betont. Ähnlich schon Sokrates in der Apologie.) Das bedeutet: wenn der Ungläubige dem Verzehr von Götzenopferfleisch bewusst demonstrative Bedeutung beimisst, soll der Christ das Fleisch nicht essen, obwohl er es sonst dürfte.

Der normative Konflikt, den Paulus zu lösen versucht, ist nahe verwandt mit zwei Rechtsfragen, die in der letzten Zeit die Gerichte und die Öffentlichkeit stark beschäftigt haben: die Zulässigkeit des Schulgebetes und die Verbindlichkeit des Verbotes der Sonntagsarbeit. Der hessische Staatsgerichtshof hat in seinem Urteil vom 27. 10. 1965 das Schulgebet als verfassungswidrig erklärt, «wenn dadurch ein Schüler gezwungen würde, entweder gegen seinen Willen am Gebet teilzunehmen oder seine abweichende Überzeugung täglich offen zu bekunden, indem er erst nach dem Gebet das Klassenzimmer betritt.» Noch entschiedener hatte der im hessischen Urteil zitierte US-Supreme-Court am 25. 6. 1962, allerdings von einer anderen verfassungsrechtlichen Grundlage aus, diesen Standpunkt vertreten. Beide Urteile sind bekanntlich auf heftige Kritik gestossen. Uns interessieren in diesem Zusammenhang weniger die juristischen Überlegungen, die zu diesen Entscheidungen geführt haben, als die Parallelen, die sich aus den

Ratschlägen des Paulus ergeben. Für Paulus ist die Gewissensfreiheit der ganz zentrale Gedanke, von dem aus er logischerweise zum Toleranzgebot gelangt. Die an sich wertindifferente Handlung — der Verzehr von Götzenopferfleisch — soll unterlassen werden, wenn ihr von anderer Seite, vom «schwachen» Mitchristen, den sie in Versuchung führt, oder vom Andersgläubigen, der dem Christen ein Ärgernis bereiten will, Bekenntnischarakter beigelegt wird. Weil niemand Herr über ein fremdes Gewissen sein kann, soll sich der Christ und sicher auch der Nichtchrist keine mit seinem Glauben im Widerspruch stehende Bekenntnishandlung abnötigen lassen. Die liberalen Verfassungen gehen noch wesentlich weiter, indem sie schon den Zwang zur blossen Anwesenheit bei einer religiösen Handlung verbieten. Nach Paulus darf der Christ bei kultischen Handlungen Andersgläubiger anwesend sein und sie tolerieren; er darf sogar «zu Tische sitzen im Götzenhause» (1. Kor. 8,10), wenn nicht dadurch ein anderer Christ in Gewissenskonflikte geführt wird. Nur mitvollziehen soll er die kultische Handlung nicht. Gewiss wäre Paulus nie auf den Gedanken gekommen, von Andersgläubigen zu verlangen, dass sie ihre kultischen Handlungen in Anwesenheit von Christen unterlassen. Insofern war er wesentlich toleranter und auch gelassener als die ideologisch überempfindlichen Kläger, die verlangen, dass in der Schule nicht gebetet werde. Andererseits ist ein von Staats wegen verordnetes Beten von der Position des Paulus her auch nicht zu rechtfertigen, da ja kultische Handlungen nach seiner Meinung nur Sinn haben, wenn das individuelle Gewissen sich spontan und voll mit ihnen identifiziert.

Analog wäre nach paulinischen Überlegungen wohl auch das Gebot der Sonntagsheiligung zu beurteilen. Seine formalistische Einhaltung, die Jesus, insofern radikaler als Paulus, abgelehnt hat, würde Paulus wohl dann vom Christen fordern, wenn der «schwache» Mitchrist durch seine Verletzung in seinem Glauben unsicher würde. Darüber, was der Christ vom Nichtchristen zu fordern habe, hat sich Paulus freilich nicht ausgesprochen; sicher aber war für ihn eine Situation unvorstellbar, in der Christen über Nichtchristen Bekenntniszwang ausüben würden, wie es in der Folgezeit üblich wurde.

(Dass Paulus Toleranz auch gegenüber den Andersgläubigen forderte, ergibt sich aus 1. Kor. 10,32: «Gebet kein Ärgernis weder den Juden noch den Griechen noch der Gemeinde Gottes.»)

Auch war der Anstoss, auf den Rücksicht zu nehmen Paulus empfiehlt, ein wirklicher Gewissenskonflikt des Mitchristen und nicht das blosse Konformitätsbewusstsein, das heute beispielsweise die Anzeigen wegen Übertretung der Vorschrift der Sonntagsruhe meistens hervorruft. Die entsprechenden Ländergesetze schützen hier freilich vor dem rein formalen Anstossnehmenmüssen, indem sie massgeblich nicht etwa auf die Ruhestörung abstellen, sondern auf die öffentliche Sichtbarkeit des sonntäglichen Tuns. Die verfassungsrechtliche Zulässigkeit solcher Vorschriften ist bisher höchstrichterlich nicht überprüft worden.

2. Jesus bedient sich der Tora gegenüber einer freien, teleologischen, situationsgerechten Auslegungsmethode.

Aus der Erkenntnis der Funktionen der Normen gewinnt Jesus seine grundsätzlich normenkritische Haltung. Wenn die Normen nur bezogen auf den Menschen und den Mitmenschen sinnvoll sein können, müssen sie auch auf diese Beziehung hin interpretiert werden. Wiederum sind die das Gebot der Sabbatheiligung betreffenden Argumentationen in Matthäus 12 für die juristische Methodenlehre sehr instruktiv. Jesus stellt die Vorschrift zunächst in einen historischen und systematischen Zusammenhang, indem er daran erinnert, dass David — und darin ist natürlich auch das argumentum ad auctoritatem sichtbar — ein noch wichtigeres Gebot brach, als er die den Priestern vorbehaltenen Schaubrote im Gotteshaus ass, da ihn hungerte. Alsdann verweist er darauf, dass auch die Priester im Tempel den Sabbat brechen, dass also vom Verbot begründete Ausnahmen bestehen, und erst danach stellt er die Norm überhaupt in Frage. Dass die pharisäische Auslegung formalistisch, sinnwidrig und unpraktikabel ist, zeigt Jesus schliesslich in Matthäus 12,11 und 12: «Welcher ist unter euch, wenn er ein einziges Schaf hat, das ihm am Sabbat in eine Grube fällt, der es nicht ergreife und ihm heraushelfe? Wieviel mehr ist nun ein Mensch als ein Schaf! Darum darf man wohl am Sabbat Gutes tun.» Jesus verwendet hier die in der Rechtsdogmatik, insbesondere in der strafrechtlichen, als Güterabwägungsprinzip bekannte Rechtsfigur, die im Strafrecht z. B. dem übergesetzlichen Notstand, aber auch anderen Rechtfertigungsgründen zugrunde liegt. Wer ein geringerwertiges Rechtsgut verletzt, um ein höherwertiges zu schützen, handelt rechtmässig. Je höherwertig das geschützte Rechtsgut und je niedriger der Rang der verletzten Norm, desto zweifelsfreier die Rechtfertigung. Wenn es erlaubt ist, unter Verletzung des Sabbatgebotes ein Tier zu retten, ist es um so eher erlaubt, am Sabbat einen Menschen zu heilen.

3. Jesus stellt die Kasuistik des Gesetzes unter die Generalklausel des Liebesgebotes.

«Du sollst lieben Gott, deinen Herrn, von ganzem Herzen, von ganzer Seele und von ganzem Gemüte. Dieses ist das vornehmste und grösste Gebot. Das andere aber ist dem gleich: Du sollst deinen Nächsten lieben wie dich selbst. In diesen zwei Geboten hängt das ganze Gesetz und die Propheten.» (Mt. 22,37 ff.)

«Alles nun, was ihr wollt, dass euch die Leute tun sollen, das tut ihr ihnen auch! Das ist das Gesetz und die Propheten.» (Mt. 7,12)

Das Problem der Spannung zwischen Generalklausel und Kasuistik wird in der Rechtslehre seit langem diskutiert. Die Ergebnisse der Erörterungen sind etwa folgende: Die Kasuistik, die in einer detaillierten Regelung zum Ausdruck kommt, ist genauer, lässt die Entscheidungen sicherer voraussehen, verwirklicht also grössere Rechtssicherheit als die Generalklausel; zugleich ist sie aber auch starrer, weniger anpassungsfähig, sie kann zu widersprüchlichen und ungerechten Ergebnissen führen und veraltet schnell. Die Generalklausel vermeidet diese Nachteile, sie ermöglicht individualisierende Gerechtigkeit, zugleich aber auch Willkür und Rechtsunsicherheit. Die Spannung zwischen den beiden methodischen Prinzipien ist letztlich unaufhebbar, doch gibt es Methoden, sie durch eine sinnvolle Verbindung der beiden Prinzipien zu mildern. Die bewährteste davon ist diejenige, die das Bundesverfassungsgericht anwendet und die ganz offensichtlich auch Jesus vorschwebte. Die Kasuistik wird nicht einfach aufgelöst und durch die Generalklausel ersetzt, wohl aber ist die Generalklausel höherrangig, indem die Einzelnormen und das Ergebnis ihrer Anwendung unter dem Aspekt der Generalklausel zu überprüfen und zu verwerfen sind, wenn sie mit ihr im Widerspruch stehen. So hat das Bundesverfassungsgericht erklärt, dass die Normen der einfachen Gesetze im Lichte der Grundrechte zu interpretieren seien auch dann, wenn sie in zulässiger Weise in Grundrechte eingreifen. Grundsätzlich sind zwar Eingriffe in Grundrechte durch Vorschriften einfacher Gesetze zulässig, doch dürfen sie den Kernbereich des Grundrechts nicht berühren, und weiterhin kann das durch die gesetzliche Norm eingeschränkte Grundrecht seinerseits die Einschränkung des einfachen Gesetzes verlangen. «Die gegenseitige Beziehung zwischen Grundrecht und ‹allgemeinem Gesetz› ist also nicht als einseitige Beschränkung der Geltungskraft des Grundrechts durch die ‹allgemeinen Gesetze› aufzufassen; es findet vielmehr eine Wechselwirkung in dem Sinne statt, dass die ‹allgemeinen Gesetze› zwar dem Wortlaut nach dem Grundrecht Schranken setzen, ihrerseits aber aus der Erkenntnis der wertsetzenden Bedeutung dieses Grundrechts im freiheitlichen demokratischen Staat ausgelegt und so in ihrer das Grundrecht begrenzenden Wirkung selbst wieder eingeschränkt werden müssen.» So kann beispielsweise eine beleidigende Schrift aufgrund des Rechts der freien Meinungsäusserung trotz des gesetzlichen Verbots der Beleidigung rechtmässig sein, wenn sie «einen Beitrag zum geistigen Meinungskampf in einer die Öffentlichkeit wesentlich berührenden Frage durch einen dazu Legitimierten» darstellt. Eine ähnliche Rechtstechnik verwendet der Entwurf 1962 zu einem Strafgesetzbuch, indem er etwa besonders schwere Fälle aufzählt, in denen die Strafe erhöht wird, zugleich aber dem Richter gestattet, von der erhöhten Strafe abzusehen, wenn Unrecht und Schuld nicht über das Normalmass erhöht sind, obwohl formal der Tatbestand des schweren Falles erfüllt ist. Auch Jesus wollte offenbar die gesamte Kasuistik des mosaischen Gesetzes mit dem Liebesgebot jeweils auf den Sinn seiner Anwendung hin überprüfen.

Das Liebesgebot ermöglicht im Bereiche der Individualethik eine Ersetzung der Normativität durch trotzdem nicht ungebundene schöpferische Spontaneität: Dilige et fac quod vis (Augustin). Im Bereiche des Rechts ist freilich das Liebesgebot keine schlechthin praktikable Norm, und die Versuche, ein Recht der Nächstenliebe und dergleichen zu entwerfen, müssen fehlschlagen, weil das Liebesgebot taugliche Richtschnur nur für denjenigen sein kann, der zwischen sich und anderen, nicht für denjenigen, der ausschliesslich zwischen anderen teilen muss, also nicht für Gesetzgeber und Richter. Lieben kann in diesem Bereich nicht Nachgeben und Verzichten heissen, sondern nur: human und gerecht Urteilen. Ausserdem kann das Liebesgebot auch nicht die rein koordinierende Funktion des Rechts übernehmen: Auch wenn alle Menschen gut wären und stets aus Liebe handelten, bedürfte es der Verkehrsregeln und der Fahrpläne. Insofern ist das Gesetz nicht im Liebesgebot enthalten und das Recht gegenüber der Sittlichkeit ein eigenständiger Bereich. Dies bedeutet nicht, dass das Liebesgebot in der Sozialethik ohne Relevanz und Wirkung wäre. Es erweist sich vielmehr als eine starke Kraft der sozialen Entwicklung, da es sich nicht nur gegen Einzelegoismen, sondern auch gegen Gruppenegoismen richtet und von sozialen Klassen, Schichten und sonstigen Gruppierungen verlangt, dass sie auf Forderungen und Privilegien verzichten. Die Gruppenegoismen sind aber die stärksten Kräfte der sozialen Entwicklung. Werden sie durch eine gegenläufige Norm geschwächt, nimmt die Geschichte einen anderen Verlauf, als wenn nur Normen bestehen, die den Gruppenegoismen entgegenkommen und sie bestätigen. Sobald es aber wieder um die Entscheidung *zwischen* den Gruppen geht, also um die gesetzgeberische und richterliche Funktion, mündet das Liebesgebot in das Gerechtigkeitsgebot ein. Um der potentiellen Opfer willen darf der Richter dem Verbrecher nicht einfach verzeihen; aus Liebe muss er vielmehr gerecht sein, muss er beispielsweise Weisse und Schwarze gleichbehandeln, muss der Gesetzgeber Rechtsgleichheit herstellen, unbegründete Privilegien verwerfen, muss er Leistungen belohnen, Bedürfnissen Rechnung tragen, jedem, auch dem Leistungsunfähigen, ein Existenzminimum garantieren. Je mehr sich die Gerechtigkeit wie etwa in der Sozialgesetzgebung auf das Bedürfnisprinzip statt auf das Leistungsprinzip stützt, desto mehr nähert sie sich dem Liebesgebot. Auch Jesus stand häufig in der richterlichen Situation. Er trat dann nach dem Gleichheitssatz stets für die Unterprivilegierten, Diffamierten und Diskriminierten ein, dann freilich notwendigerweise immer auf Kosten der Privilegierten, der Diffamierenden und Diskriminierenden (Lk. 6,24 ff.).

4. Jesus begrenzt und relativiert die Nächstenliebe durch ihre Universalisierung im Gebot der Feindesliebe.

Im Liebesgebot wird eine sachlich begründete Grenze zwischen Recht und Ethik sichtbar, die nicht etwa auf die unzulässige Trennung zwischen Staatsmoral und Individualmoral gründet. Vielmehr kann das Recht insoweit sich nicht nach dem Liebesgebot richten, als es zwischen Gegnern, die das Liebesgebot missachten, entscheiden, Konflikte schlichten, im Widerspruch zum Liebesgebot stattfindende Aggressionen präventiv verhüten oder repressiv im Ergebnis wiedergutmachen muss. Dagegen richtet sich das Liebesgebot selbstverständlich auch an Gruppen, insbesondere auch an Staaten, indem es ihnen die Aggression untersagt. Jesus hat die verschiedenen Funktionen von Recht und Sittlichkeit sehr klar und viel deutlicher als Paulus und vor allem die spätere Theologie gesehen. Die Ethik kann sich damit begnügen, Sollensforderungen aufzustellen; das Recht muss zugleich bestimmen, wie zu entscheiden ist, wenn die Forderungen nicht erfüllt, wenn die Normen verletzt werden. Recht und Ethik sind an dem Ideal des «Guten» orientiert; das Recht muss ausserdem mit dem «Bösen» rechnen und Sanktionen aufstellen, die es präventiv eindämmen. Darin ist das Recht auch humaner und wohltätiger als das Sittengesetz, als es mit der Unvollkommenheit der Menschen rechnet und eine Ordnung, in der einigermassen gedeihliches Zusammenleben möglich ist, auch für diejenigen bereithält, die den reinen Sollensforderungen sittlicher oder rechtlicher Natur nicht nachkommen. Dieses von der Rechtstheorie und der philosophischen Ethik bis heute noch nicht richtig erfasste Verhältnis zwischen Sollensnormen einerseits und Präventions- und Reparationsnormen andererseits hat Jesus in seiner mit den Pharisäern geführten Diskussion um die Ehescheidung in verblüffend einfacher und klarer Gedankenführung und Diktion klargelegt. Zunächst stellte er die sittliche und rechtliche Sollensforderung auf: «Was nun Gott zusammengefügt hat, das soll der Mensch nicht scheiden» (Mt. 19,6). Auf den Einwand der Pharisäer, dass das Gesetz Mose die Scheidung gestatte, antwortet er mit dem Hinweis auf den Reparationsnormencharakter der Scheidungserlaubnis: «Mose hat euch erlaubt zu scheiden von euren Weibern um eures Herzens Härtigkeit wegen; von Anbeginn aber ist es nicht also gewesen» (Mt. 19,8). Die katholische Kirche wollte oder konnte im Gegensatz zu allen von ihr unabhängigen Gesetzgebern der zivilisierten Länder diesen weisen Gedankengang nicht mitvollziehen. Zumal in Anbetracht der Dispenspraxis des Vatikans drängt sich der Verdacht auf, dass das Missverständnis gewollt ist und zu anderen Absichten als zur Herstellung der Sittlichkeit gehandhabt wird. Jesus meinte folgendes: Die Ehegatten schulden einander Liebe, Treue und Beistand bis ans Ende des Lebens, wie es auch in den heute geltenden Gesetzbüchern gefordert ist. Wenn sie aber wegen ihres «Herzens Härtigkeit» diese Forderungen nicht erfüllen können, dann sollen sie nicht zur Strafe lebenslang in einen Käfig von gegenseitiger Abneigung und Unausstehlichkeit eingesperrt werden, sondern dann können sie sündig, aber legal auseinandergehen. Ins Rechtliche übertragen sagt Jesus nicht: sie *können* nicht scheiden; sondern nur: sie *sollen* nicht scheiden. Jesus billigt zwar die Scheidung nicht, er hält sie vielmehr für eine dem Ehebruch gleichstehende Sünde (Lk. 16,18); aber ganz offensichtlich spricht er ausschliesslich den einzelnen an, nicht den staatlichen Gesetzgeber, dem sich die Frage stellt, ob er die Scheidung gesetzlich zulassen soll oder nicht. Höchst bemerkenswert ist, dass die Jünger nach Jesu Worten auf die präventive Funktion eines gesetzlichen Scheidungsverbotes hinweisen: «Steht die Sache eines Mannes mit seinem Weibe also, so ist's nicht gut, ehelich zu werden» (Mt. 19,10). Sie setzten dabei allerdings einen Weitblick voraus, der im Augenblick der Eheschliessung selten vorhanden ist.

Mit dem Gebot der Feindesliebe ist Jesus weit über die bisherigen Morallehren des Judentums und auch der aufgeklärten Antike hinausgegangen, und zugleich hat er sich damit in einen relativen Gegensatz zum Gebot der Nächstenliebe gesetzt. Denn je unbedingter, je schrankenloser, bedenkenloser und unkritischer man den Nächsten, die Familie, die Klasse, die Nation liebt, desto leichter fällt die Rechtfertigung des Hasses und des Kampfes gegen deren Feinde. Ein in seinem personellen Anwendungsbereich begrenztes Liebesgebot führt zur Integration der betreffenden Gruppe und zugleich zur Aggression gegenüber anderen Gruppen. So führen denn die Gläubigen immer wieder heilige Kriege gegen die Ungläubigen, wobei, was immer wieder übersehen wird, hinsichtlich dieser Wirkung es unerheblich ist, ob das Objekt des die Gemeinschaft zusammenhaltenden Glaubens eine Religion, eine Nation, eine Rasse, eine Hautfarbe oder irgendein anderer Bekenntnisgegenstand ist. Das Gebot der Feindesliebe enthält demgegenüber zunächst ein Element des Gleichheitssatzes: Jeder ist der Nächste — womit zugleich die überaus schwierige Frage, wieweit der Kreis der Nächsten zu ziehen sei, sich einleuchtend erledigt, was auch immer die moderne Ethik zugunsten der Beschränkung des Liebesgebotes auf den anschaulicheren Kreis der Nahestehenden vorbringen mag. Deutlich legt Jesus dar, dass Nächstenliebe kein sonderliches moralisches Verdienst enthält, weil sie natürlich ist und weitgehend mit Gruppenegoismus identisch: «Denn so ihr liebet, die euch lieben, was werdet ihr für Lohn haben? Tun nicht dasselbe auch die Zöllner? Und so ihr euch zu euren Brüdern freundlich tut, was tut ihr Sonderliches? Tun nicht die Zöllner auch also?» (Mt. 5,46 f.) Das Gebot der Feindesliebe mag als Radikalisierung des Gebotes der Nächstenliebe von Jesus gemeint gewesen sein; durch die Universalisierung wird aber das Gebot der Nächstenliebe zugleich begrenzt, relativiert und teilweise aufgehoben. Die Identifikation mit Familie, Freundeskreis, Vaterland, Kulturkreis usw. wird fragwürdig. Die Norm der Feindesliebe hat zunächst desintegrierende, «zersetzende» Funktion. Ihr Adressat muss sich von der Gruppe und den Trieben, die ihn an sie binden, distanzieren; er wird sich sofort den Vorwurf eines Verräters zuziehen, weil er auch der gegnerischen Gruppe Verständnis entgegenzubringen bemüht sein muss, und er wird beim Handeln und Entscheiden nicht darum herumkommen, eine sachliche, neutrale, gewissermassen richterliche Position einzunehmen. Der Adressat des Gebotes der Feindesliebe muss alle, die Nahen und die Fernen, gleich lieben und ist ganz einfach gezwungen, sich Gedanken über Gleichheit und damit auch Gerechtigkeit zu machen. Wer dagegen nur seine Nächsten liebt, liebt bloss in sublimierterer Form sich selber und bleibt, als Familienvater oder als Verbandssekretär, stets nur Interessenvertreter, mag er auch nicht seine persönlichen Interessen vertreten, diese sogar bis zur Selbstaufopferung verleugnen.

Es ist fast müssig, auf die durch die Geschichte bewiesene Richtigkeit und heute drastisch gegebene Aktualität des Gebotes der Feindesliebe hinzuweisen. Sie ergeben sich aus der dauernd sich vervollkommnenden Technik der Kommunikation einerseits und der Aggression andererseits. Um so verdienstlicher ist es, dass schon ohne diesen Sachzwang die Jünger Jesu, geleitet vom Missionsbefehl, die Universalisierung des Liebesgebotes verwirklichen, wenn auch nicht ohne Diskussionen, wie die in der Apostelgeschichte beschriebene Kontroverse zwischen Petrus und Paulus über die Gleichstellung der Heidentaufe mit der Judentaufe beweist. Es kann Jesus nicht entgangen sein, dass das Gebot der Feindesliebe zugleich eine Begrenzung des Gebotes der Nächstenliebe darstellt: nur auf eigene Kosten, nicht auf Kosten anderer soll der Nächste unbedingt geliebt werden. Die moderne Kommunikationstechnik, die alle Ereignisse auf der Welt, vor allem auch Kriegsereignisse, allgegenwärtig macht, hat die von Jesus schon deutlich gesehene Unhaltbarkeit der Umgrenzung eines Kreises von Nächsten auch für das Gefühl offengelegt. Nur dem Gefühllosen kann es noch möglich sein, seine Hilfsbereitschaft auf die Kriegsbeschädigten des einen Landes zu beschränken, wenn ihm die ununterscheidbaren Bilder der Opfer beider Seiten vor Augen geführt werden.

Stärker ist freilich die moralische Lektion, die die moderne Waffentechnik erteilt hat. Angesichts der unbeschränkten Zerstörungsmacht, über die die Grossmächte mit ihren Kernwaffen und dem unverletzbaren Angriffsapparat verfügen, kann mit Krieg nichts mehr gewonnen werden. Die Aussicht auf Gewinn war aber allemal das Motiv für Angriffskriege. Somit ist, wenn nicht das Gebot der Feindesliebe, so doch das Verbot der Aggression des Feindes eine normative Notwendigkeit für das Überleben der Menschheit geworden. Der von der technischen Zerstörungsmacht ausgehende moralische Sachzwang geht aber noch weiter. Um nicht durch unvorhergesehene Zwischenfälle in einen Atomkrieg hineingezogen zu werden, sind die Grossmächte weltweit daran interessiert, internationale Spannungen und sonstige Krisenherde zu beseitigen. Dazu ist in erster Linie eine Verminderung des Gefälles zwischen reichen und armen, entwickelten und unentwickelten Staaten erforderlich, also tätige Feindesliebe. Dass die Norm nur unvollkommen und nur mit geringem Erfolg erfüllt wird, ändert nichts an ihrer rationalen Notwendigkeit und Gültigkeit.

Gewiss hat Jesus das Gebot der Feindesliebe zunächst nur individualethisch verstanden. Er hat es aber zweifellos nicht zuletzt deshalb aufgestellt, weil er die aggressive Kehrseite einer auf einen irgendwie umschriebenen Kreis von Nächsten beschränkten Liebe erkannte. Seine Position war insofern deutlich ideologiekritisch, gegen die mit jeder Religion oder Ideologie verbundene Funktion der Gruppenintegrierung und der Aggression zwischen den Gruppen und damit letztlich auf Gleichheit gerichtet. «Denn er lässt seine Sonne aufgehen über die Bösen und über die Guten und lässt regnen über Gerechte und Ungerechte (Mt. 5,45).» Es ist, als hätte er die späteren Religionskriege, die zu Unrecht in seinem Namen geführt wurden, vorausgesehen und vor ihnen gewarnt.

5. Der Grund für Jesu radikal normenkritische Haltung ist seine Einsicht in die privilegierende und diskriminierende Funktion der mit den Normen verbundenen Sanktionen.

Erst die moderne Soziologie hat die Erkenntnis erarbeitet, dass der «Ursprung der Ungleichheit zwischen den Menschen» (Rousseau) in den rechtlichen und gesellschaftlichen Normen und ihren belohnenden und zurücksetzenden Sanktionen zu suchen ist. Die Menschen unterliegen in ihrem Verhalten dauernd dem Urteil anderer Menschen und Instanzen, das sich nach bestimmten Normen richtet, und erfahren je nachdem Gewinn oder Verlust an Vermögen, Ansehen, gesellschaftlicher Stellung, Macht und Freiheit. Solcherart entstandene gesellschaftliche Positionen jeder Ranghöhe können sich, wiederum durch Normen geschützt, institutionell verfestigen und sogar vererblich sein, so der Name, die Staatsbürgerschaft und das Vermögen. Normen, selbst solche, die in jedem Einzelfall gerechte Urteile ermöglichen, zeitigen somit, soweit sie nach dem Leistungsprinzip ausgerichtet sind, langfristig und generell das Ergebnis ungerechtfertigter Ungleichheit, wenn sie nicht durch gegenläufige, nach dem Bedürfnisprinzip ausgerichtete Normen dauernd korrigiert werden. Gesellschaftliche Schichten-, Gruppen- und Kastenbildung, die Integration der Gruppen und die Aggression zwischen ihnen ist somit stets das Resultat von rechtlichen und gesellschaftlichen Normen und ihren Sanktionen.

Jesus hat diese Zusammenhänge so deutlich wie kein Sozialphilosoph vor und nach ihm erkannt und aus seiner Erkenntnis die Konsequenz einer Normen- und Sanktionenkritik von derartiger Radikalität gezogen, dass dem unbefangenen Leser der Evangelien das Faktum einer jahrhundertelangen Ordnungstheologie unbegreiflich scheint — es sei denn, dass diese sich selbst bewusst als grossinquisitorische Korrektur an Jesus auffassen wollte. Dies ist der von Herbert Braun vermisste übergeordnete Gesichtspunkt der Morallehre Jesu: die ordnungsliebende Gemüter beängstigende Normen- und Sanktionenfeindlichkeit, die totale, anarchistisch anmutende Ablehnung jeder metaphysischen Rechtfertigung von Gruppen-, Schichten-, Hierarchien- und Herrschaftsbildungen. Keiner soll über den andern richten, keiner sich über den anderen erheben, jeder trage des andern Last, die Ersten werden die Letzten sein, die Hohen werden erniedrigt werden. Die Universalisierung der Nächstenliebe relativiert auch die sozusagen natürlichen normativen Bindungen an die eigene Familie und das eigene Volk; denn diese sind nicht heiliger als die fremden Familien und die fremden Völker. Von dieser Grundposition Jesu her erklärt sich auch, dass er es im Unterschied zu den Essenern und anderen spätjüdischen Sekten ablehnte, seinen Jüngerkreis sektiererisch und esoterisch auf Eingeweihte zu begrenzen, was nicht zuletzt zum äusserlichen Erfolg des Christentums beigetragen haben dürfte. So sind auch die ständig wiederholten Aufrufe Jesu — wie schon der Propheten — zur Umkehr und zur Busse nicht einfach als Aufforderung zu verstehen, sich in die depressive Stimmung des Bewusstseins eigener Sündhaftigkeit zu versetzen, sondern als Hinweis auf die menschliche «Offenheit» und die Notwendigkeit dauernder kritischer Überprüfung eigener Strebungen, Handlungen und Positionen. Jesu Kritik richtet sich damit schlechthin gegen den Typ des rigorosen, aggressiven, intoleranten, autoritären, formalistischen, engstirnigen und engherzigen Dogmatisten, wie wir ihn in allen ideologischen Lagern, z. B. im Kommunismus so gut wie im Antikommunismus, antreffen können.

Jesus hat seine Kritik an der diskriminierenden und gruppen- und schichtenbildenden Funktion der Normen und Sanktionen demonstrativ vollzogen, indem er geradezu geflissentlich Ärgernis erregte, indem er die Gesellschaft der Diskriminierten, die die Normen schuldhaft oder schuldlos nicht erfüllten, aufsuchte, die Gesellschaft der Samariter, der Zöllner, Huren und Gammler, was ihm denn auch prompt von den Schriftgelehrten und anderen Gerechten vorgeworfen wurde (Mt. 9,11; 11,19; Mk. 2,16; Lk. 5,30; 7,34).

Die Argumentation Jesu, mit der er seine Forderung permanenter Reform des Einzelnen und der Gesellschaft stützt, hat drei Schwerpunkte: die Radikalisierung der anerkannten Normen der Tora, die Kritik der Selbstgerechtigkeit und die Behauptung der höchstinstanzlichen Willkür Gottes. Alle drei Überlegungen sind Mittel eines und desselben Angriffes gegen Positionen, die sich die Menschen vor Gott und den Mitmenschen aufbauen und absichern, indem sie sich auf die Erfüllung von Normen berufen.

Die bisherige Theologie hat die Radikalisierung der ethischen Forderungen in der Bergpredigt vorwiegend unter dem individualethischen Aspekt gesehen. Vor allem Luther erblickte in ihr einen Beweis für die nur durch Gottes Gnade auslöschliche Sündhaftigkeit des Menschen, für die Nichtigkeit der Werkgerechtigkeit und aller Hoffnung auf eine Gegenleistung im Himmel. Der Handel mit dem Himmel ist unmöglich, das Leistungsprinzip versagt hier völlig, anwendbar bleibt allenfalls noch das Bedürfnisprinzip, auf welches die Gnade fundiert ist. Freilich könnte man selbst Luther vorwerfen, dass auch er noch der Himmelsmechanik von Leistung und Gegenleistung verschrieben blieb, wenn er die Werke durch den Glauben — wie immer der Glaubensbegriff gefasst sei — ersetzte. Hier wird ein Dilemma jeder Heilslehre, jeder Theologie und jeder Kirche sichtbar. Ist Gott allmächtig und zugleich willkürlich, wie dies die Prädestinationslehre Calvins annimmt, dann ist jede Aussage über Gott unmöglich, und es hat vor allem auch keinen Sinn, dass der Mensch mit irgendeiner Anstrengung oder einem sonstigen Verhalten die Erwartung auf sein «Seelenheil» verbindet. Die Heilserwartung und das Bedürfnis nach Heilsgewissheit haben zumindest der Christenheit in ihrer Geschichte, einzeln und kollektiv, schwerste Umtriebe und Konflikte verursacht. Unzählige Menschen sind über der Frage umgekommen, welche Opfer Gott akzeptiert und welche er verwirft, welchen Glauben, welche Bekenntnisse, welche Werke, welche Rituale, welche Vereinsmitgliedschaft. Dem späten Betrachter erscheint es unfasslich, dass Jesu Aussagen, deren Sinn der Möglichkeit solchen Streites strikt zuwiderläuft, diese geschichtliche Wirkung haben konnten.

Die sozialethische Bedeutung der Radikalisierung der Gebote in der Bergpredigt ist mindestens so gross wie die individualethische. Die grundsätzliche Gegenposition Jesu zur pharisäischen Gesetzesgerechtigkeit, deren Unmöglichkeit er durch die Radikalisierung der Gebote nachweist, erschöpft sich nicht in der individualethischen Kritik der Selbstgerechtigkeit und der aus dieser Kritik folgenden Forderung, die völlige Angewiesenheit auf Gottes Gnade zu akzeptieren. Jesus sieht vielmehr auch die sozialethisch negative Wirkung des Normenkultes. Der Fromme und Gerechte, der peinlich auf Einhaltung der Normen Bedachte erwirbt Ansehen nicht nur vor sich selber, sondern auch vor den anderen, er gewinnt Machtpositionen und Privilegien, jedenfalls in derjenigen sozialen Umwelt, in der diese Normen für verbindlich gehalten werden. Jesus sieht sehr genau, dass Normen auch durchaus vernünftigen Inhalts, wenn ihre Ergebnisse nicht dauernd durch gegenläufige Normen und Entscheidungen korrigiert werden, ungerechtfertigte Ungleichheiten und verfestigte, unbegründete Privilegien zur Folge haben. Aus Protest gegen diese Schichten- und Gruppenbildung durch Normen, die wir auch im heutigen Alltag leicht beobachten können — durch bestimmtes Sprechen und Verhalten weist man sich als zu einer bestimmten Gesellschaftsschicht gehörig aus —, setzt sich Jesus mit den gesellschaftlich Ausgestossenen und Diffamierten ostentativ zusammen, mit den Zöllnern und Sündern, mit den Bettlern und Dirnen, und erregt dadurch vorsätzlich Anstoss und Ärgernis bei den Frommen. Jesu Entgegnung auf die Vorwürfe der Schriftgelehrten richtet sich individualethisch sowohl gegen die Sünder («Ich bin gekommen, zu rufen die Sünder zur Busse, und nicht die Gerechten» (Mk. 2,17).) als gegen die Selbstgerechten («Gehet hin und lernet, was das sei: Ich habe Wohlgefallen an Barmherzigkeit und nicht am Opfer» (Mt. 9,13).). Unverkennbar ist aber auch die kritische sozialethische Stellungnahme gegen die diskriminierende Funktion von Normen, gegen die gesellschaftliche Isolierung und Degradierung solcher Menschen und Gruppen, die das Normenziel nicht erreichen. (In die gleiche Richtung weist auch die deutliche Ablehnung der Annahme in Lk. 13,1 bis 5, dass Unglück als Gottes Strafe anzusehen sei, die soziale Degradierung somit eine Folge moralischer Minderwertigkeit darstelle. Diese Gleichsetzung hat sich leider auch in der Strafrechtsgeschichte ausgewirkt; sie kommt heute noch in der Strafbarkeit von Bettelei und Landstreicherei zum Ausdruck.) Selbstgerechtigkeit ist normativ gesehen nichts anderes als die mit der Erfüllung von Normen begründete Behauptung eines eigenen Privilegs, eines höheren Ranges, die sich in der blossen Vorstellung erschöpfen kann, besser und Gott wohlgefälliger zu sein als andere. Da sie sich damit aber selten begnügt, sondern zugleich sich in diskriminierenden Handlungsweisen anderen gegenüber ausdrückt, ist Jesu Angriff gegen die Selbstgerechtigkeit zugleich ein Angriff gegen die zugrundeliegenden rechtlichen und gesellschaftlichen Normen und Sanktionen, mithin zugleich Sozialkritik. Diese Sozialkritik ist auch geschichtlich wirksam geworden, obwohl sich, wie man leider sagen muss, die Kirchen jahrhundertelang dagegen gestemmt haben, indem sie seit Konstantin und Augustin jene ominöse schizophrene Trennung von Staatsmoral und Individualmoral vertraten. Die Bestrebungen zur Abschaffung der Sklaverei, der unmenschlichen Strafen, der Diskriminierung der unehelichen Mütter und Kinder, der wirtschaftlich Unterprivilegierten usw. sind sicher auch eine Folge jener Kritik, und es ist gewiss kein Zufall, dass beispielsweise die Abschaffung der Todesstrafe mit der Ausnahme von Israel überhaupt nur in Ländern mit christlicher Tradition diskutiert wurde und wird, obwohl die Theologen vor Karl Barth — mit der einsamen Ausnahme von Schleiermacher — zu den eifrigsten Befürwortern dieser unmenschlichen und kriminalpolitisch wirkungslosen Sanktion gehörten. Wie übrigens diese theologischen Begründungen der Todesstrafe um den Text von Johannes 8, der, selbst wenn er unecht sein sollte, doch jedenfalls bezeichnend ist für die Ethik Jesu, herumkommen, bleibt einem Juristen, der Präjudizien in Betracht zu ziehen gewöhnt ist, unverständlich. An dieser Stelle hat nämlich Jesus nicht nur die Todesstrafe abgelehnt, sondern sogar die Vollstreckung eines schon rechtskräftig verhängten Todesurteils verhindert und gewissermassen zur Bewährung ausgesetzt, indem er die Ehebrecherin mit den Worten entliess: «Gehe hin und sündige hinfort nicht mehr!» Trotzdem scheinen auch heute noch theologische Äusserungen wie diese möglich zu sein:

«Sühne ist die notwendige Reaktion der verletzten Gottesordnung auf das Zerstören dieser Ordnung. In einer sühnenden Strafe wird die unbedingte Rechtsgültigkeit der verletzten Ordnung aufgerichtet und wiederhergestellt. Die Tiefe der Verletzung der Ordnung entspricht der Radikalität der Beseitigung dessen, der sich an der Lebensordnung vergangen hat... Nur wenn das Gesetz Gottes auch für die Existenz des Staates als Grundlage anerkannt ist, besteht die Möglichkeit einer sachgemässen Begründung der Todesstrafe. Sühne kann es nur geben, wenn das geschichtliche Leben in Beziehung zu Gott gebracht wird und wenn Gottes Forderungen als verbindlich für diese Welt Anerkennung finden. Der Sühnecharakter der Todesstrafe weist also zutiefst von den Menschen weg hin auf das Richteramt Gottes selbst. So wird die Todesstrafe zu einem eschatologischen Vorzeichen im Raum der interimistischen und relativen Rechtsordnungen, ein Signum für die Verwerflichkeit des Bösen überhaupt, für den Frevel, sich gegen Gottes Willen zu empören... Im Sühneamt der Todesstrafe vollzieht Gott eine partielle Antizipation des Weltgerichts, das in dieser Vorwegnahme zugleich den Zug der göttlichen Barmherzigkeit trägt.»

Es ist begreiflich, dass angesichts dieses schrecklichen Plädoyers des Theologen Künneth für die Todesstrafe, in welchem die Hinrichtung als eine kultische Handlung, ja geradezu als ein Sakrament gepriesen wird, Senatspräsident Baldus in der Grossen Strafrechtskommission meinte, es werde ein Gott vorgestellt, der die Köpfe rollen sehen will, und man könne derartiges nur als eine völlige Erschöpfung jeglichen religiösen Impulses verstehen.

Wie Jesus die ethischen Normen bis zur Unerfüllbarkeit radikalisiert, ist auch unter normtechnischen Gesichtspunkten höchst instruktiv. Bei der Auslegung des fünften und des sechsten Gebotes verlegt Jesus in der Bergpredigt, wie man gesetzestechnisch sagen würde, die Strafbarkeit nach vorne: Nicht nur wer tötet, verletzt das fünfte Gebot, sondern auch derjenige, der seinem Bruder zürnt und ihm nicht verzeiht; das sechste Gebot verletzt nicht nur der Ehebrecher, sondern schon derjenige, der «ein Weib ansieht, ihrer zu begehren» (Mt. 5,21 ff.). Nach den geltenden Strafrechtsordnungen verläuft die Grenze der Strafbarkeit zwischen Vorbereitungshandlung und Versuch, sofern nicht auch der Versuch nach der gesetzlichen Regelung straflos bleibt. Jesus bezeichnet demgegenüber den Straftatbestand schon dann als erfüllt, wenn der Täter noch nicht einmal einen Vorsatz gefasst, sondern überhaupt erst Triebregungen erfahren hat, die nur unter seltenen Umständen zur Handlung führen. Während beim fünften Gebot die Rückzugsmöglichkeit der Versöhnung mit dem Gegner offenbleibt, ist die Verletzung des sechsten Gebotes endgültig. Offensichtlich kann kein normaler Mensch diese Forderung erfüllen; denn nicht die Entstehung der Triebe, erst ihre Beherrschung ist den Kontrollen von Bewusstsein und Wille zugänglich. Wenigstens erfüllbar, wenn auch nur unter grösster Anstrengung, sind die Gebote des Verzichtes auf Rache, der Feindesliebe, des Verzichtes auf Vermögenserwerb (Mt. 5,38 ff., 43 ff.; Mt. 6,19 ff.; 19,16 ff.; Mk. 10,17 ff.; Lk. 18,18 ff.).

Dem positiven Effekt der Radikalisierung der ethischen Forderungen — Erschütterung der Selbstgerechtigkeit und ihrer diskriminierenden Wirkung — steht, von Jesus wohl nicht beabsichtigt, aber schon von Paulus als notwendig und sogar erwünscht herausgestellt, eine zumindest fragwürdige Funktion gegenüber. Gerade diejenigen Menschen, die die Gebote ernstnehmen und sich ihre Unerfüllbarkeit bewusstmachen, werden in ein Schuldbewusstsein und eine Zerknirschung getrieben, die sie sehr leicht in die Abhängigkeit von weniger schuldbewussten Menschen und ihrer unheiligen Einrichtungen geraten lässt. Da die Erlösung ausschliesslich von der Gnade

Gottes abhängt und ein Bedürfnis nach Gewissheit derselben menschlich und nicht unerlaubt ist, bilden sich menschliche Einrichtungen, welche die Gnade gegen Leistungen verschiedenster Art und Grösse vermitteln. Jegliche Art von Angst, insbesondere auch die Angst vor Schuld und Strafe, ist ein vorzüglicher Nährboden für Terror und terroristische Systeme, die eine hochentwickelte Technik im Spiel mit Drohung und Besänftigung auszugestalten pflegen, die, mit Sakramenten und Absolution die Gnade verwaltend, eine höchst weltliche Macht aufbauen. Dass die katholische Kirche ihren Reichtum und Einfluss nicht zuletzt mit der Verwaltung der Gnade begründet hat, lässt sich nicht leugnen.

Die Frage bleibt, wieweit Jesus selbst durch seine Berufung auf die Willkür Gottes und durch seine zahlreichen, oft betont willkürlichen Androhungen von Höllenpein und ewiger Verdammnis diese ungute menschliche Reaktion gewollt oder ungewollt provoziert hat (Mt. 22,1-14; Lk. 17,1-3). Liegt das Gleichnis vom gleichen Lohn für alle Arbeiter, gleichgültig ob sie längere oder kürzere Zeit im Weinberg gearbeitet haben, noch auf der Linie seines generellen Angriffes gegen mit Normenerfüllung aufgerichtete Positionen, indem das Leistungsprinzip durch das Bedürfnisprinzip ersetzt wird, so gibt die Setzung des völlig unbestimmten und jeder Auslegung zugänglichen Tatbestandes der ewig unverzeihlichen Sünde wider den Heiligen Geist (Mt. 12,31; Mk. 3,29; Lk. 12,10) denjenigen, die zur authentischen Interpretation des Tatbestandes befugt zu sein behaupten, gegenüber denjenigen, die solche Autorität anerkennen und an die Sanktion ewiger Verdammnis glauben, ein leicht zu manipulierendes Machtinstrument in die Hand.

Während die anderen Sünden nie so schwer sein können, dass sie nicht von der noch stärkeren Gnade aufgehoben würden, während sonst also das Prinzip gilt, dass der Mensch auch im Schlechten zu klein ist,

um die Grenze der göttlichen Gnade zu erreichen, so
wie er im Guten zu klein ist, um ihrer nicht zu
bedürfen, durch welche Einsicht jede Verabsolutierung von Normen, ihrer Erfüllung und ihrer Übertretung, unmöglich wird, soll hier die Gnade plötzlich einen blinden Fleck aufweisen, dessen Ort zudem
überhaupt nicht feststellbar ist. Auch diese letzte und
totale Verunsicherung in der Willkür nicht nur der
Gnade, sondern auch der Ungnade glaubte Jesus als
Konsequenz seiner Normenkritik ziehen zu müssen.

6. Korrektur des Jesusbildes

Das Bild, das die bisherige Theologie von Jesus
erarbeitet hat, muss um einen nicht völlig unwesentlichen Zug ergänzt werden. Jesus hat die bestehenden
Morallehren und institutionellen Ordnungen staatlicher oder gesellschaftlicher Natur nicht hingenommen oder gar sanktioniert, sondern radikal in Frage
gestellt. Er besass mit analytischem Scharfsinn und
plastischer, meist polemischer Diktion herausgestellte Einsichten über die Zwiespältigkeit und Problematik normativen Verhaltens der Einzelnen und der
Gruppen, der Fragwürdigkeit der «Sozialen Kontrolle» und ihrer Sanktionen, wie sie erst die moderne
Sozialforschung wieder zu gewinnen beginnt. Insbesondere muss der unendliche Abstand gesehen werden, welcher Jesus von den antiken Ordnungsphilosophen Plato und Aristoteles mit ihrer ungeheuren
und letztlich unkritischen Überschätzung stabiler
Ordnungen und desgleichen von den späteren Ordnungstheologen von Thomas bis zu den Lutherepigonen trennt.

Die Ordnungstheologie mag sich auf eine alte und
ehrwürdige jüdische, heidnische und christliche Tradition stützen, auf Jesus kann sie sich nicht berufen.
Jesu Aussagen und seine hinter ihnen stehende Gestalt mussten in jahrhundertelanger Arbeit im Sinne

der jeweils herrschenden Mächte umgedeutet, korrigiert, zugedeckt oder doch verharmlost werden, um zu dem autoritären Normenschema zu gelangen, das der immer noch herrschenden imperativen Rechts- und Moralauffassung zugrunde liegt, nach welcher sämtliche Verhaltensnormen als absolute Befehle, nicht als freie Konventionen anzusehen sind und nach welcher folgerichtig der Gehorsam als solcher, Gegenstück zu einem ganz formalen kategorischen Imperativ, losgelöst vom Inhalt der Norm, als die höchste Tugend gilt. Da der Gehorsam gegenüber Gott schwerer zu definieren ist als der Gehorsam gegenüber kirchlicher oder staatlicher Autorität, hat diese Konzeption zusammen mit dem intensiv gepflegten Sündenkult allemal die bestehenden Machtpositionen gesichert. So gelang es nur selten, die Gehorsamspflicht gegenüber Gott erfolgreich gegen die Gehorsamspflicht gegenüber denjenigen zu setzen, die behaupten, jene zu definieren legitimiert zu sein. Es ist daher nicht erstaunlich, dass fast alle notwendige Rechts- und Sozialkritik und die ihr folgenden Reformen ohne und gegen das offizielle und organisierte Christentum zustande kamen. Gemessen an den Inhalten der traditionellen Ordnungstheologie ist aber auch Jesus selber, genau wie in den Augen der Pharisäer, ein Häretiker.

Anmerkung. «Der Unglaube führt zum *Ungehorsam* und insofern ist er die *Ursünde*» (Sperrungen im Text; Wilhelm Albert Hauck, «Sünde» und «Erbsünde» nach Calvin, Heidelberg 1938, S. 41). Hinter dieser durchaus nicht originellen, sondern ganz sowohl der katholischen als der reformatorischen Theologie entsprechenden Aussage steht das Bild Gottes als eines autoritären Patriarchen, der dauernd das Opfer der blinden Unterwerfung, aber auch nur dieses, fordert. Die Gehorsamspflicht als oberstes Prinzip einer Ethik ist nicht nur äusserst gefährlich, weil sie die Fähigkeit zu kritischer Einsicht und zur Selbststeuerung und das Bemühen darum ausschliesst und alles darauf ankommen lässt, wer den Befehl gibt oder auslegt, zudem den Befehlsempfänger von jeder Eigenverantwortung freispricht — die Gehorsamsethik widerspricht auch diametral der Haltung, die Jesus selber den damals geltenden Geboten der Tora gegenüber eingenommen hat. Jesus verlangte gerade nicht blinde Unterwerfung unter die gegebenen Normen, sondern freie, spontane und kritische Prüfung unter der Generalklausel des Liebesgebotes.

Repräsentativ sind auch die Ausführungen Emil Brunners (Der Mensch im Widerspruch, Berlin 1937, S. 501): «Der Urgrund und das Urwesen der Sünde ist die Emanzipation des Menschen von seinem Ursprung, vom liebenden, gnädig schenkenden Gotteswort, das ihn freimacht, indem es ihn bindet, das ihm das Leben gibt, indem es ihn für sich fordert. Diese Abhängigkeit leugnet der Mensch in seinem Autonomiewahnsinn. Die autonome Vernunft, der Mensch, der sich in seiner Vernunft autonom, zum Selbstherrn macht, diese Proklamation der Eigenherrlichkeit und Letztinstanzlichkeit der Vernunft, ist der eigentliche Sündenkern, der Herd des Widerspruchs im Menschenwesen. Denn tatsächlich ist eben die Vernunft nicht autonom, ist der Mensch auch in seiner Vernunft nicht gottgleich, ist er nicht sein eigener Schöpfer und Herr, und wird er am allerwenigsten frei dadurch, dass er sich vom Grund seiner Freiheit, vom Wort Gottes, emanzipiert. Diese Freiheit ist seine Lüge, und diese Lüge manifestiert sich im Widerspruch seines Wesens.» Es ist fast peinlich festzustellen, wie hier die Kritik der Vernunft sich mit der Hegelschen Identifikation von Gehorsam und Freiheit verbindet. Auch die Kritik der Vernunft hat ihre gute theologische Tradition. Sie wäre berechtigt, enthielte sie nur die Aufforderung zur sokratischen Einsicht in die Begrenztheit und Relativität der eigenen Fähigkeiten und Möglichkeiten und von daher das Gebot der Bescheidenheit, Nachsicht und Toleranz und nicht darüberhinaus die Aufforderung, die kritischen Fähigkeiten zurückzustellen und die Selbstverantwortung aufzugeben gegenüber einer Autorität und einem Normenkomplex, dem man sich ein für allemal unterwirft. Ihrer Diktion nach scheinen die Ausführungen Brunners, die man in ähnlicher Weise in vielen Predigten hören kann, hohe und schwer zu erfüllende Ansprüche an den Menschen zu stellen. In Wirklichkeit kommen sie einem elementaren Sicherheits- um nicht zu sagen Bequemlichkeitsbedürfnis entgegen. Anders wäre ihr äusserlicher Erfolg, der sich z. B. im Massenzustrom zeigt, den moderne Erweckungsprediger haben, nicht zu erklären. Ein Verzicht auf die Anstrengung vernünftigen Denkens ist eben leicht zu leisten. Jesus hat diesen Verzicht auch bei seinen Aufrufen zur Metanoia und Nachfolge nie gefordert, sondern er hat viel konkretere und schwerer erfüllbare Forderungen aufgestellt, die oftmals in geradezu skandalöser Weise ordnungsfeindlich waren, wie die Forderung, die Familie zu verlassen oder das gesamte Vermögen unter die Armen zu verteilen.

JESUS UND DER UNGEHORSAM
eine Predigt

Lassen Sie mich mit einer ganz naiven Frage beginnen: Was würde geschehen, wenn Jesus heute, hier lebte?

Ich bin mir wohl bewusst, dass die Frage aus theologischen wie aus historischen Gründen eigentlich gar nicht gestellt werden darf. Trotzdem scheint sie mir notwendig, die Frage nach dem Jesus im Diesseits. Denn dieser spricht uns ganz anders an als der in den Himmel entrückte, jenseitige und abstrakte, unsichtbare und unfassbare Jesus des Dreieinigkeitsdogmas, welchen man für alle möglichen Zwecke schon benützt hat.

Also, was würde Jesus hier und heute tun, und was würden die Menschen mit ihm tun?

Würde er zum Beispiel Militärdienst leisten, wenigstens bei uns in der Schweiz, bei uns, die wir doch niemanden angreifen? Würde er beispielsweise einer regelmässigen Arbeit nachgehen? Würde er überhaupt in geregelten Verhältnissen leben? Er hat es damals nicht getan. Würde er es jetzt tun? (Die heutigen Umstände sind natürlich von den damaligen ganz verschieden.)

Was würde geschehen, wenn Jesus heute aufträte, hier in Zürich zum Beispiel, und mit seinen Jüngern, gefolgt von einer riesigen Menge von Anhängern und Neugierigen, zum Hallenstadion ginge, um beispielsweise eine Zürichbergpredigt zu halten?

Wenn es eine zulässige Antwort gibt auf solcherlei unzulässige Fragen, so fällt sie wenigstens nicht schwer. Sicher würde es wieder Ärger geben mit Jesus, eher noch mehr als damals. Das Zusammenströmen einer so grossen Menschenmenge würde Verkehrsprobleme schaffen, vielleicht müsste man annehmen, dass es sich um eine nicht bewilligte Demonstration handle. Die Polizei müsste eingreifen, mindestens regelnd, eventuell hindernd. Wahrscheinlich würde Jesus mit unseren Gesetzen genauso in Konflikt geraten wie mit den damaligen Gesetzen.

Man würde heute Jesus wahrscheinlich nicht nur das Gesetzwidrige, sondern auch das Unchristliche seiner Verhaltensweise vorhalten. Denn inzwischen, das heisst, seit das Christentum staatlich anerkannt ist, ist es ja christlich geworden, der Obrigkeit unter fast allen Umständen zu gehorchen. Das 13. Kapitel des Römerbriefs, wo Paulus den Satz ausspricht, dass jedermann der Obrigkeit untertan sei, hat man zur wichtigsten Stelle der Bibel gemacht, was das staatsbürgerliche Verhalten anbetrifft. Die traditionelle christliche Ethik ist, das lässt sich nicht leugnen, in erster Linie eine Gehorsamsethik. Nirgends wird soviel Gehorsam gepredigt wie in der Kirche, im christlichen Elternhaus, im Religionsunterricht in der Schule.

So ganz selbstverständlich ist das nun doch nicht. Jedenfalls hat Jesus nie gesagt, man solle den staatlichen Geboten und Befehlen nachkommen und seine staatsbürgerlichen Pflichten erfüllen. Er hat auch nie gesagt, man solle arbeitsam, zuverlässig und pünktlich sein, gut für die Familie sorgen und etwas sparen für das Alter. Im Gegenteil: Seine Äusserungen zu diesen Fragen und Themen waren eher destruktiv und subversiv. Er verwies auf die Lilien auf dem Feld und die Vögel unter dem Himmel, die weder säen noch ernten, die sich keine Sorgen machen und für die doch gesorgt ist. Er forderte seine Jünger dazu auf, ihre Familien zu verlassen. Und es sind ihm sogar mehrere eindeutige Gesetzesbrüche nachgewiesen worden. Er hat die Sonntagsheiligung nicht eingehalten und sogar das entsprechende göttliche Gebot kritisiert, indem er sagte, der Sonntag sei für den Menschen da und nicht der Mensch für den Sonntag. Er hat die staatlich konzessionierten Gewerbetreibenden mit Brachialgewalt aus dem Tempel geworfen. (Dieses Beispiel ist nicht aktuell. Heute haben die Wechsler ihre eigenen Tempel und ihre eigenen Priester, die ihnen Public-Relations-Texte verfassen, wie es die Pharisäer nicht besser könnten. Heute wäre es Jesus, der aus dem Tempel hinauskomplimentiert würde.) Und schliesslich hat Jesus völlig eigenmächtig das Todesurteil gegen eine auf frischer Tat ertappte und rechtmässig angeklagte Verbrecherin verhindert und sie der verdienten Strafe entzogen, also den Straftatbestand der Begünstigung erfüllt. Er tat dies, indem er sagte, dass derjenige, der ohne Sünde sei, den ersten Stein werfen solle, das heisst: Er stellte die extreme und absurde Forderung auf, dass nur solche Personen an einem strafrechtlichen Urteil mitwirken dürften, die noch nie ein Delikt begangen hätten. Damit würde die ganze Strafrechtspflege lahmgelegt, denn die Kriminologie hat uns darüber belehrt, dass 100 Prozent der erwachsenen Bevölkerung schon einmal irgendein Delikt begangen haben, wenn auch meist unentdeckt. Jeder kann das bei sich selber feststellen. Jeder von uns hat mindestens einmal ein Strassenverkehrsdelikt, jeder mindestens einmal eine Ehrverletzung, einen mehr oder minder frommen Betrug begangen, die meisten einmal gestohlen oder einen Fund unterschlagen.

Jesu «Moral» (soweit von Moral überhaupt die Rede sein kann) war, wir kommen nicht darum herum, eine «Moral» des Ungehorsams, der Auflehnung, mindestens eine der Relativierung gegebener Ordnungen und Systeme. Man kann ihn für kein System und für keine Ideologie in Anspruch nehmen.

Was motivierte ihn, so zu denken und zu handeln? Er lebte die Einheit des Denkens und Handelns; alle seine Handlungen waren aussagekräftig und alle seine Aussagen handlungsbezogen. Das geläufige Rezept, Handlungen von minderer Qualität mit Gedanken von höherer Qualität zu rechtfertigen, zum Beispiel Waffenausfuhr mit Arbeitsplatzbeschaffung oder schnell sich amortisierende Investitionen mit Entwicklungshilfe, hat er gründlich durchschaut; die Diskussionen mit den Pharisäern zeigen es deutlich.

Es gibt, wenn ich richtig sehe, drei Gründe für seine Haltung:

1. Jesus war kritisch gegen alle Normen und Ordnungen, selbst gegen heilige Ordnungen und Normen, die ja als heilig erklärt wurden, damit man sie ausser Diskussion setzen konnte, weil er sah, dass diese Normen und Ordnungen mit ganz konkreter, ganz weltlicher Macht zusammenhingen, dass sie Macht verliehen, Zwang rechtfertigten. Denn wer nicht nach den Gesetzesvorschriften sich verhält, wer nicht angepasst ist, der verfällt den Sanktionen der Gesellschaft und steigt im sozialen Ansehen ab. Gegen diese soziologische Gesetzmässigkeit hat Jesus stets gekämpft. Immer ist er für die Machtlosen und Diskriminierten eingetreten, sogar für die Huren, für die Verwahrlosten, die Liederlichen und Arbeitsscheuen. Die Liebe zu den Machtlosen, zu den Gescheiterten, den Tunichtguten hat Jesus dazu gebracht, die Gesetze und Ordnungen der Mächtigen und der Machtdiener höchst kritisch und distanziert zu betrachten. Denn diese waren es, die auf dem Wagen sassen, unter dessen Räder die anderen kamen.

2. Die zweite Beobachtung, die er machte und kritisch verwertete, war die, dass die Menschen, die sich strikt an Normen halten, unfrei, unschöpferisch und schliesslich unglücklich werden. Wer zu sehr sich sorgt (und das ist ja derjenige, der sich den gängigen Normen unterzieht), wer Karriere machen, sozialen Status (oder wenigstens die Statussymbole) erreichen, Vermögen äufnen will — der geht am Leben vorbei, der verliert seine Spontaneität, sein schöpferisches Potential, seine Freiheit. Er wird Knecht seines eigenen Strebens, er muss ständig aufpassen, dass er sich richtig anpasst an die Erwartungen der andern. «Was würden denn die Leute sagen!» ist immer noch der wichtigste Leitsatz der herkömmlichen Erziehung.

3. Die radikale Kritik der Macht und die Freiheit ihr gegenüber hat Jesus nicht aus dem Nichts abgeleitet, sondern in der Berufung auf höchste Legitimation von einer ganz andern, umgekehrten Ordnung her: Die Ersten sind die Letzten und die Niedrigsten die Höchsten. Nur so konnte er die Macht, die er nicht einmal bekämpfte — er nahm sie einfach nicht ernst —, so grundtief verachten, wie er es tat. Er hat sich direkt auf Gott berufen. Er hat die unrealistische Behauptung aufgestellt, Gott stehe auf der Seite der Schwachen.

So, meinte Jesus, sollten wir leben: kritisch gegenüber der Macht, offen zur Freiheit, zum spontanen, nicht normierten, sondern nach dem Liebesgebot orientierten Handeln, bereit, wie es heisst, Gott mehr zu gehorchen als den Menschen, obwohl Gott gar nicht befiehlt, sondern höchstens fragt und in Frage stellt, fragt, ob unser Tun, ob unsere ganze Existenz richtig und verantwortbar sei.

Diese Frage ist lästig und auf sie zu hören viel schwerer, als Gesetzen und Befehlen zu gehorchen. Die menschlichen Normen, Ordnungen und Institutionen sind ja, wie die Anthropologen und Soziologen mit Recht feststellen, gerade dazu da, uns unsere persönlichen Entscheide zu erleichtern und die damit verbundene Unsicherheit abzunehmen. Wir müssen nicht immer wieder neu alles von Anfang an durchdenken und in Frage stellen. Wir können das übernehmen, was die Tradition uns bereitgestellt hat, und wir können uns dem anpassen; dann vermeiden wir das Risiko von Strafen und vor allem das Risiko der Unsicherheit und der Zweifel an uns selbst. Die Moral Jesu, oder besser: sein Vorbild (denn eine Moral im herkömmlichen Sinne als ein Gefüge von Vorschriften lässt sich aus seinem Sprechen und Handeln nicht ableiten), nimmt uns diese Zweifel und die Unsicherheit nicht ab.

Um so erstaunlicher ist es, dass sein Vorbild bis heute immer wieder einzelnen Menschen den Mut und die Fähigkeit gegeben hat, im Widerstand gegen die Macht und das Unrecht ganz allein zu sein, ohne Zustimmung, die wenigstens Sicherheit verleihen könnte, und die ärgsten körperlichen und seelischen Torturen auf sich zu nehmen. Es ist ja nicht so, dass die Märtyrer «für den Glauben» im Sinne irgendeines Dogmengebäudes, wie es das kirchliche Credo darstellt, sich haben foltern und hinrichten lassen, sondern sie haben es zum Beweis dafür getan, dass die Macht scheitert, wenn man sich ihr nicht beugt.
Jesus sagte (Matthäus 10,17 und 26):

«Macht euch keine Illusionen über die Mitmenschen: sie werden euch denunzieren; ihr werdet verhaftet und in die Polizeigefängnisse eingeliefert und gefoltert werden. Wenn sie euch aber verhören, so sorgt euch nicht um eure Aussagen. In dieser Situation wird es immer der Geist Gottes sein, der aus euch spricht.»

«Habt keine Angst vor ihnen. Lasst euch durch keine Drohungen und keinen Druck daran hindern, öffentlich zur Wahrheit zu stehen. Denn es ist unmöglich, mit der Macht und mit ihrer Zensur die Wahrheit zu unterdrücken. Darum fürchtet euch nicht vor denen, die den Leib töten, Geist und Seele aber nicht töten können.»

Wie die Technik insgesamt haben sich auch die Foltertechniken weiterentwickelt und weiter perfektioniert. Nach den Berichten von Amnesty International wird in mehr als 60 Staaten der Welt systematisch gefoltert. Wozu das? Es handelt sich offensichtlich um den Versuch der Macht, den Geist zu töten.

In besonderer Weise berührt dabei die Tatsache, dass die Macht, wo sie mit Hilfe von Folterern ihre massiven Ansprüche erhebt und durchsetzt, die Passion Jesu nachzeichnet und aktualisiert. Sie unterwirft sich damit ungewollt ihren Opfern. Sie schürt ungewollt den Verdacht, dass da eine Identität besteht zwischen dem damals Gefolterten und den heute Gefolterten. So halten die Gefolterten und die Folterer von heute die Erinnerung an den Gefolterten und die Folterer von damals lebendig. Und die Macht leistet selbst den Beweis für ihre Hinfälligkeit und für ihre Ohnmacht gegenüber dem Geist.

Die Extremsituationen, in denen die Leidensproben des Ungehorsams gegen die Macht bestanden werden müssen, bleiben uns hier in der Schweiz erspart. Fast scheint es, als wäre das schöne Wort Jesu «Meines Vaters Haus hat viele Wohnungen» eine Art Segensspruch, der über der Schweiz hängt: Toleranz, Freiheit, Föderalismus, bis hin zum Kanton Jura.

Hier in der Schweiz wäre wohl eher die von Jesus stets ausgehende Frage in Frage zu stellen. Denn hier ist das Infragestellen erlaubt, ja sogar geboten.

Natürlich wissen wir, dass es sich anders verhält. Das Gleichnis, das auf uns zutrifft, ist die Randgeschichte der Passion.

Als Jesus gefoltert und hingerichtet wurde, schwiegen alle. Es gab keine Zeugen zu seinen Gunsten, es gab nicht einmal Proteste. Seine vielen Anhänger waren plötzlich verschwunden. Sie schwiegen. Sie schwiegen aus Angst, oder sie hatten ihre Meinung geändert. Jedenfalls war es riskant geworden, zu seinen Anhängern zu zählen. Man war ängstlich geworden und versuchte sich zu beruhigen; man war unsicher geworden und suchte neue Sicherheit. Man sah nun ein, dass Jesus viele Fehler gemacht hatte; er war zu weit gegangen, er hatte den Staat herausgefordert, er war offenbar doch ein Extremist. Sogar im Prozess noch hatte er sich als Angeklagter ausgesprochen provozierend aufgeführt, indem er die Aussage verweigerte. Warum musste er bloss so verstockt sein? Er hätte doch ohne weiteres klarlegen können, dass er die Bevölkerung dazu aufrufen wollte, gut zu sein und Gutes zu tun, und wir alle sind doch für das Gute.

Der verstockte, schweigende Angeklagte mit den Personalien Jesus von Nazareth, Religion jüdisch, hat sich nicht so verteidigt. Er hat sich überhaupt nicht verteidigt. Wenn man die Prozessgeschichte des Falles Jesus von Nazareth liest, ergibt sich aus diesem verstockten Schweigen des Angeklagten eine Anklage gegen die Richter und gegen die Gesellschaft. So etwas kann nicht geduldet werden, auch heute nicht.

Es gibt eben Grenzen, die man nicht überschreiten soll. Eine gewisse minimale Anpassung ist einfach nötig und unvermeidlich. Die Anarchie, die Herrschaftslosigkeit, die Jesus lebte, ist keine reale Alternative.

Mindestens im liberalen, sozialen, humanen und gemässigt christlichen Rechtsstaat scheint also die alles in Frage stellende, kritische, rebellische und letztlich anarchistische Haltung Jesu nicht nur überflüssig, sondern sogar schädlich.

Dabei sollten wir aber nicht übersehen, dass die Anpassung kein Zustand ist, sondern ein Prozess. Je mehr man sich anpasst, desto mehr muss man sich weiter anpassen, desto kleiner wird der Freiheitsraum, desto weiter breitet sich ein Klima der Intoleranz aus. Schon braucht es auch bei uns Mut, für die Rechte von unpopulären oder gar verhassten Aussenseitern einzutreten, nicht besonders viel Mut, aber doch so viel, dass nur wenige ihn aufbringen. Man exponiert sich zum Beispiel schon ganz erheblich, wenn man sagt, dass Terroristen die gleichen Verteidigungsrechte haben wie jeder andere Angeklagte auch und dass Anwälte, die Terroristen verteidigen, die gleichen Rechte haben wie andere Anwälte auch. Schon ist es fast ein wenig gefährlich, dagegen aufzutreten, dass gegen Anwälte, die Terroristen verteidigt haben, Disziplinarverfahren eröffnet werden, obwohl sie nichts Strafbares getan haben. Der Bereich des Anpassungszwangs wird desto weiter ausgedehnt, je häufiger und je williger man sich anpasst. Es gibt ein Gefälle, das schliesslich zu Grenzwerten führt. Wenn diese erreicht sind, dann fragen alle: Wie konnte es dazu kommen? Weil sie nicht sahen, wie es dazu kam. Pfarrer Heinrich Albertz, früherer Bürgermeister von Berlin, sagte:

«Ich war 1933 19 Jahre alt. Ich trage noch heute daran, dass meine Väter geschwiegen haben, als sich die Katastrophe der Demokratie in Deutschland schon abzuzeichnen begann. Martin Niemöller, der zehn Jahre in einem KZ Hitlers war, hat das so formuliert: ‹Als die Kommunisten verhaftet wurden, habe ich geschwiegen; denn ich war ja kein Kommunist. Als die Sozialdemokraten ins Gefängnis gingen, habe ich geschwiegen; denn ich war ja kein Sozialdemokrat. Als die ersten Juden verschwanden, habe ich geschwiegen; denn ich war ja kein Jude. Als ich selbst abgeführt wurde, war niemand mehr da, der reden konnte.›»

(Und dann sprach Albertz zum Radikalenerlass, der in Deutschland zu einer neuen Art von Inquisition geführt hat.)

Das Gefälle der Anpassung und die Dynamik des Freiheitsverlustes ist eine soziologische Tatsache. Das Gegengewicht, das Jesus beispielhaft darstellte, lässt sich nur setzen in der Anerkennung der Rebellion zur Freiheit und in der sehr gewagten Berufung auf Gottes Freiheitsgebot. Wer sich unter dieses Freiheitsgebot stellt, wird keine Ruhe haben; er wird immer Aussenseiter sein, aber er wird eine Gelassenheit und Distanz erreichen, die es ihm ermöglicht, gegenüber allen anderen Mächten, gegenüber ihren Drohungen und ihren Verlockungen immun zu sein.

III
Mitverantwortung

DIE ETHISCHE BEGRÜNDUNG
DER STRAFE

I

Alles Handeln des Staates als Ausübung von Macht bedarf, in höherem Masse noch als das Handeln des einzelnen, ethischer Begründung. Macht an sich, Macht, die nicht für ein letztlich Gutes sich einsetzt, ist böse. Keinesfalls können wir dem Staat jenen Bereich freien Beliebens zubilligen, den wir mit Nachdruck für den einzelnen fordern. Ganz unentrinnbar wird die Frage nach der ethischen Rechtfertigung bei der Strafe; denn die Strafe ist von allen Machtmitteln, die dem Staate zu Gebote stehen und die den einzelnen als Entzug von Rechten oder Auferlegung von Pflichten treffen können, nicht nur das härteste, sie ist auch qualitativ von allen anderen staatlichen Eingriffen verschieden, indem sie über den Betroffenen dazu noch eine öffentliche Missbilligung ausspricht und ihn unweigerlich im allgemeinen Werturteil herabsetzt. Im Strafrecht erst eigentlich richtet und verurteilt der Staat.

Wie lässt sich diese ungeheure moralische Macht, die sich der Staat damit anmasst, moralisch auch rechtfertigen? (Die Frage nach der ethischen Begründung der Strafe stellen und beantworten, bedeutet also entgegen dem oft zu hörenden Vorwurf seitens der Vertreter eines rein präventiv orientierten Strafrechts nicht, dass die Strafrechtspflege zum Moralisieren aufgefordert, sondern nur, dass von ihr verlangt wird, dass sie selber vernünftig und gerecht sei.) Wie unvermeidlich diese Frage ist, erweist sich auch daran, dass sie schon sehr früh, nämlich sobald die Menschen anfingen, über menschliches und staatliches Verhalten rational zu denken, in ihrer klassischen Formulierung gestellt und in einem bestimmten Sinne beantwortet wurde. Bekannt ist der prägnante Satz, mit dem Seneca eine Argumentation des Protagoras über den Sinn der Strafe im platonischen Dialog übernimmt und zusammenfasst: «Nam, ut Plato ait, nemo prudens punit, quia peccatum est, sed ne peccetur.» (Denn wie Plato sagt, straft kein Einsichtiger, weil Unrecht geschehen ist, sondern damit Unrecht nicht wieder geschehe.) Die mit diesen Worten aufgezeigte *Antithese zwischen einem repressiven und einem präventiven Strafrecht* hat seither und bis heute jede Diskussion um den Sinn der Strafe und um die Aufgaben der Kriminalpolitik bestimmt.

Nach den sogenannten *absoluten* Theorien ist die Strafe ein Übel, das zur gerechten Vergeltung, m. a. W. zum gerechten Ausgleich der schuldhaften Verletzung des Rechts dem Übeltäter auferlegt wird. Dass die Vergeltungsidee in der deutschen Strafrechtslehre vom überwiegenden Teil der Autoren als die sicherste Begründung und Rechtfertigung der Strafe, als die einzige ethisch unanfechtbare, angesehen wird, ist zweifellos dem Einfluss der überragenden Autoritäten von Kant und Hegel zuzuschreiben. Seit den berühmten und vielzitierten Sätzen Kants besteht, philosophisch kaum angefochten, die Meinung, dass nur die Vergeltung der Strafe ein absolutes ethisches Fundament liefern könne, unabhängig von bloss relativen, aus beliebigen Zwecken hergeleiteten Begründungen. «Richterliche Strafe» kann nach Kant «niemals bloss als Mittel, ein anderes Gute zu befördern, für den Verbrecher selbst oder für die bürgerliche Gesellschaft, sondern muss jederzeit nur darum wider ihn verhängt werden, weil er verbrochen hat, denn der Mensch kann nie bloss als Mittel zu den Absichten eines anderen gehandhabt und unter die Gegenstände des Sachenrechts gemengt werden, wowider ihn seine angeborene Persönlichkeit schützt.»

Das Anliegen Kants, die Achtung vor der Würde der Person auch des Verbrechers, die nur gewahrt werde, wenn die Strafe zur Vergeltung der schuldhaften Tat verhängt wird, ist auch das Anliegen Hegels. Stand Kant in Reaktion zu den relativen Zwecktheorien der Aufklärung, wandte sich Hegel vor allem gegen die generalpräventive sogenannte psychologische Zwangstheorie Feuerbachs, der er mit dem bekannten Ausspruch entgegentrat, dass sie den Menschen behandle, «als wenn man gegen einen Hund den Stock erhebt». Für Hegel ist die Strafe in erster Linie Wiederherstellung des verletzten Rechtes: «Die positive Existenz der Verletzung ist nur als der besondere Wille des Verbrechers. Die Verletzung dieses als eines daseienden Willens also ist das Aufheben des Verbrechens, das sonst gelten würde, und ist die Wiederherstellung des Rechts.»

Sosehr wir Kant und Hegel darin folgen müssen, dass die Strafe in erster Linie gerecht zu sein, dass sie die Würde der Person zu respektieren hat und dass jemand zuvor strafbar befunden sein muss, ehe daran gedacht werden kann, aus der Strafe irgendwelchen Nutzen zu ziehen, so fragwürdig ist bei den rein idealistischen Begründungen die Idee einer unerbittlich daherwaltenden, über die Menschen hinwegschreitenden, selbst ohne die Menschen noch funktionierenden Mechanik der Gerechtigkeit, die die Verletzung der Ordnung gewissermassen automatisch ausgleicht, indem sie Gleiches mit Gleichem vergilt. (Bezeichnend hierfür die imposanten und ebenfalls durchwegs geläufigen Sätze Kants: «Denn wenn die Gerechtigkeit untergeht, so hat es keinen Wert mehr, dass Menschen auf Erden leben.» «Denn die Gerechtigkeit hört auf, eine zu sein, wenn sie sich für irgendeinen Preis weggibt.» Diese Sätze sind zweifellos wahr, und was soll man weiter über sie sagen als höchstens dies: dass wenn die Gerechtigkeit nicht als durch und durch menschliche Einrichtung (d. h. von Menschen gemacht und auf den Menschen bezogen) begriffen wird, sie ebenfalls aufhört, eine zu sein. Eine Gerechtigkeit ohne Menschen wäre eine irreale Hypothese.) Die idealistische Theorie vermag gerade ihrem eigenen Anliegen, dass die Strafe die Würde der Person achten solle, nicht gerecht zu werden:

denn der Mensch, der wirkliche Mensch, rückt nicht einmal in ihr Blickfeld. Namentlich aber bleibt die Frage, ob Vergeltung denn wirklich gut und gerecht sei, ohne Antwort.

Nach Max Scheler, dem die neuere philosophische Ethik ihre tiefsten Erkenntnisse verdankt, bedeutet es eine grobe Verkennung der Idee von Vergeltung und Strafe, wenn man sie aus den rein sittlichen Werten und Forderungen, insbesondere auch aus der Forderung der Gerechtigkeit herleiten will. «Vergeltung und Strafe rühmen sich einer rein sittlichen Wurzel ohne jedes innere Fundament», sie sind vielmehr «durchaus relativ auf den Wert der Wohlfahrt einer Gemeinschaft lebendiger Wesen». Vom rein Sittlichen her kann «die erblickte Tatsache des Bösen ... nur Trauer, und auf Grund des Prinzipes und Gefühles der sittlichen Solidarität aller mit allen das Bewusstsein eines jeden von seiner Mitverantwortung hervorrufen, niemals aber die Forderung und den Impuls zur Vergeltung. Diese sittliche Einsicht ist schon im Evangelium mit blendender Klarheit vorhanden.» Unser faktisches Strafsystem muss vielmehr nach Scheler «aus aussersittlichen Gründen als notwendig ... anerkannt werden».

Freilich hält auch Scheler letztlich an der Vergeltungsstrafe fest, weil er glaubt, dass sie allein die Möglichkeit der Wiederherstellung eines sittlichen Verhältnisses zwischen Schädiger und Geschädigtem enthalte, indem sie jenem Gelegenheit gebe «zur sittlichen Ausgleichung seines ihm anhaftenden Bösen durch den Akt der Reue» und diesem das Gefühl der befriedigten Sühneforderung vermittle und damit die Liebesfähigkeit zurückgebe. Die Frage ist aber, ob die Vergeltungsstrafe dies alles überhaupt hervorbringen kann, was Scheler ihr, wenn auch als blosse Möglichkeit, zuschreibt, ob sie dazu überhaupt geeignet ist und ob an ihr auch dann festgehalten werden darf, wenn die Erfahrung zeigen sollte, dass diese erhofften Wirkungen als Folgen gerade der Vergeltung überaus selten sind und im Gegenteil viel eher eintreten, wenn auf Vergeltung verzichtet wird.

In diesem Zusammenhang ist auch das *Missverständnis um den Begriff der Sühne* zu klären. Leider werden, ganz zu Unrecht, die beiden Bezeichnungen Sühne und Vergeltung in der strafrechtlichen Literatur fast durchwegs synonym gebraucht. Dabei ist Sühne ursprünglich, worauf in neuerer Zeit verschiedentlich hingewiesen worden ist, etwas ganz anderes und viel mehr als nur Vergeltung, nämlich Versöhnung des Verbrechers mit sich, mit der verletzten Ordnung, mit der Gemeinschaft. Sühne bedeutet auch nicht bloss, wie mitunter zu hören ist, die Kehrseite der Vergeltung, indem das, was von der Gesellschaft aus als Vergeltung erscheint, vom Täter aus eo ipso Sühne wäre. Vielmehr ereignet sich Sühne nur dort, wo der Schuldige freiwillig eine Leistung erbringt, die auch die Gesellschaft als Tilgung seiner Schuld anerkennt. Weil Sühne sich im innersten Kern der autonomen Person ereignet, kann sie nicht von Staates wegen erzwungen werden. Die Strafe bringt sie nicht notwendig hervor, und wie oft sie in der Wirklichkeit stattfindet, ist statistischer Erfahrung unzugänglich. Mit grösserer Gewissheit lässt sich auf der anderen Seite feststellen, dass die heutige Gesellschaft die Sühneleistung des bestraften Verbrechers, selbst wenn er sie erbringt, nicht als entsühnend anerkennt. Niemand bestreitet, dass die Strafe in der sozialen Wirklichkeit kaum entsühnende Wirkung hat. Der Bestrafte verlässt das Gefängnis in den Augen der Gesellschaft nicht als ein Entsühnter, sondern als ein Gebrandmarkter. Ohne diese Tatsache gäbe es das Problem der Strafentlassenen bei weitem nicht in der ganzen Schwere, in der es sich heute stellt. Erzwingen lässt sich Sühne nicht, weder auf seiten des Täters noch auf seiten der Gesellschaft. Das Gesetz könnte höchstens Bedingungen schaffen, unter denen sie am ehesten möglich würde. Die Vergeltungsstrafe schafft diese Bedingungen nicht.

Erstaunlicherweise war die Vergeltungsidee auch in der *theologischen Ethik,* in der katholischen wie in der protestantischen, bis in die neueste Zeit vorherrschend. Dabei ist doch gerade in den Evangelien die Forderung, nicht zu richten und nicht Böses mit Bösem, sondern Böses mit Gutem zu vergelten, unüberhörbar. Die biblische Basis, von der die Überlegungen der theologischen Vertreter eines auf der Vergeltungsidee fussenden Strafrechts ausgehen, ist denn auch überaus schmal. Ausser auf die bekannten Stellen im Alten Testament, in denen das Talionsprinzip zum Ausdruck kommt (1. Mose 9,6; 2. Mose 21,12 und 24 f.), stützen sie sich im wesentlichen auf zwei Argumente. Zum ersten sei die staatliche Gerechtigkeit Abbild der göttlichen, wie sie in Matth. 21,40 ff.; 22,13 und Matth. 25 beschrieben ist. Da die göttliche Gerechtigkeit vergeltende Gerechtigkeit ist, solle auch die staatliche Gerechtigkeit vergelten. Zum zweiten habe nach Römer 13,4 der Staat von Gott den Auftrag, das Böse zu rächen und dem Übeltäter zu vergelten.

Es bedurfte des überragenden Einflusses von Karl Barth, um dieses theologische Fundament der Vergeltungsstrafe ins Wanken zu bringen. Nach Barth kann die menschliche Gerechtigkeit nur höchst unvollkommenes Abbild der göttlichen sein, und sie soll darum gerade beim Strafen am allerwenigsten so tun, als ob sie eine göttliche wäre, eine Einsicht, die schon bei Thomas von Aquin zum Ausdruck kommt. Sühne ist nach Karl Barth keine menschliche Möglichkeit, sondern Gottes in Jesus Christus vollzogene Tat.

In Röm. 13 Vers 4 spricht Paulus von der exousia, d. h. der staatlichen Behörde, die das Schwert nicht umsonst trage, sondern als Gottes Dienerin, als stellvertretender Anwalt für den Zorn Gottes gegenüber dem, der Böses tut. Auf Röm. 13,1-7 ist lange Zeit in der Theologie eine ganze Staatstheorie und erst noch eine nach dem Vergeltungsprinzip ausgerichtete Straftheorie gegründet worden. Erst in neuester Zeit beginnt sich die Meinung durchzusetzen, dass die Paulusworte mit dieser Auslegung schlechterdings überfordert sind. Paulus sprach von der Haltung der Christen gegenüber dem Staat, und zwar in erster Linie der damaligen Christen gegenüber dem damaligen Staat, nicht vom Wesen des Staates und auch nicht davon, wie der Staat handeln und wie er strafen solle. Die Staatsmoral kann nach christlicher Ethik nicht von der Individualmoral verschieden sein. Wie der einzelne nicht vergelten soll, so soll auch der Staat nicht vergelten. Nicht die Moral, nur die Situation des Staates ist eine andere als die des einzelnen. Der Staat ist in der Lage eines Menschen, der nicht zwischen sich und anderen, sondern nur zwischen anderen teilen muss. Während der einzelne durch sein Verzeihen nur auf eigene Güter verzichtet, würde der Staat, wenn er dem Verbrecher verziehe, den anderen Menschen, die er nicht nur vor diesem Verbrecher, sondern vor Verbrechen überhaupt schützen muss, Unrecht tun. Der Staat soll aber nicht um der Vergeltung, sondern um der Ordnung willen strafen. Der Staat soll strafen, weil und wenn er strafen muss. Aber er soll nicht über dieses Müssen hinausgehen.

Den absoluten Theorien stehen die relativen, die *präventiven Theorien* gegenüber. Sie sehen die Rechtfertigung der Strafe nicht in ihrem Grund, nicht in der Schuld, sondern in dem, was sie bezweckt und bewirkt, in der Vorbeugung. Die Strafe soll vorbeugen, generell, indem sie alle potentiellen Rechtsbrecher von der Begehung strafbarer Taten abschreckt, speziell, indem sie den straffällig Gewordenen durch geeignete, vor allem erzieherische Beeinflussung wieder auf den richtigen Weg bringt. Die sogenannten relativen Straftheorien ermangeln nicht etwa der ethischen Begründung. Der Schutz der Gemeinschaft vor verbrecherischen Handlungen und die Besserung des Täters sind ethisch durchaus gerechtfertigte Zwecke. Aber es sind anderseits nicht Zwecke, die jedes Mittel rechtfertigen. Auch die Strafe muss immer angemessenes Mittel zu einem berechtigten Zweck sein, und nur aus der Abwägung der Werte der Einzelperson und der Gemeinschaft ergibt sich die notwendige, vernünftige und humane Begrenzung der Mittel zur Verfolgung des Schutz- wie auch des Besserungszwecks. Es ist vor allem dieses Prinzip, gegen welches gewisse moderne, rein präventive Theorien, wie sie etwa vom extremen Flügel der besonders in den romanischen Ländern verbreiteten Schule der *Défense sociale* vertreten werden, verstossen. Diese Theorien haben in jüngster Zeit in der wissenschaftlichen Diskussion wiederholt so eingehende und wohlfundierte Kritik erfahren, dass ich es mir ersparen kann, mich erneut mit ihnen auseinanderzusetzen. (Die Grundsatzerklärungen der Gesellschaft verwerfen den Vergeltungsgedanken und verlangen ein auf kriminologischen Erkenntnissen augebautes, überwiegend spezialpräventiv orientiertes Strafrecht, das die rechtsstaatlichen Grundsätze und die Persönlichkeit des Verurteilten respektiert. Diesen freilich sehr allgemein gehaltenen Erklärungen gegenüber wäre eine von vornherein und undifferenzierend ablehnende Kritik sicher nicht begründet. Nicht teilen kann ich den grundsätzlich skeptischen Standpunkt auch gemässigter Vertreter der Défense sociale gegenüber den «Ideen der Schuld und der strafrechtlichen Verantwortlichkeit», die an sich zu den «Postulaten der Kriminologie» im Widerspruch ständen. Freiheit, Schuld und Verantwortung sind nicht spekulativ erarbeitete Begriffe, sondern auch empirisch nachweisbare Realitäten der zwischenmenschlichen Beziehung.

II

Meine Ausführungen sind der Versuch, die Strafe ethisch am *Gedanken der Mitverantwortung* zu orientieren. Dieser Gedanke hat in der neueren philosophischen und theologischen Diskussion verschiedentlich aufgeleuchtet (bei Max Scheler, Nicolai Hartmann, Karl Barth), und es darf wohl gewagt werden, ihn auch in die praktische Diskussion um die Grundlagen und Ziele der Kriminalpolitik einzuführen.

Gehen wir aus von der Einsicht, dass die Strafe ein zwischenmenschliches Geschehen darstellt zwischen der Gesellschaft und dem Rechtsbrecher. Der Mensch ist nicht bloss Individuum, sondern im vorhinein auf die Mitmenschlichkeit angelegt, und er steht demnach nicht in erster Linie als je Vereinzelter einer abstrakten Ordnung, die als durch den Staat repräsentiert gedacht wird, gegenüber, sondern anderen Menschen. Nur in der konkreten mitmenschlichen Beziehung erklären sich im rechtlich-sozialen Bereich die Phänomene *Schuld und Verantwortung.* In der Vergeltungsidee wird diese Beziehung nicht sichtbar, sondern gerade verdeckt. Der Mensch wird durch sie zum passiven Objekt einer abstrakten Gerechtigkeit. Den gleichen Fehler begehen aber, noch deutlicher sichtbar, die rein präventiven Theorien, indem sie den Rechtsbrecher zum Objekt einer wie immer gearteten «zweckmässigen Behandlung» degradieren.

Für die Konzeption des Strafgeschehens aus dem Blickpunkt der Mitverantwortung spricht weiter das Argument der *Freiheit.* Mitverantwortung ist als Recht und Pflicht nicht nur die Kehrseite der Rechtsunterwerfung, sondern auch der Freiheit. Freiheit rechtfertigt sich, Freiheit erhält sich, Freiheit gewinnt überhaupt erst Inhalt und Wirklichkeit nur in der Verantwortung. Freiheit ist kein bloss passiv zu konsumierendes Gut, kein ausgesparter, sondern ein ausgefüllter Raum. Freiheitliche Demokratie ist nur möglich auf Grund der Mitverantwortung aller für alle, einer Verantwortung, die nicht nur unter der Ordnung, sondern auch für die Ordnung besteht. «Es ist also nicht an dem, dass der Staat dem Einzelnen irgendeine Verantwortlichkeit abnehmen würde. Es ist vielmehr so, dass eben der Staat auch in die volle

Verantwortlichkeit jedes Einzelnen fällt.» (Karl Barth) «L'état c'est moi» ist also ein Satz, der völlig richtig wird, wenn alle ihn sich zu eigen machen. Es gibt keine wirkliche Freiheit ohne Verantwortung, nur in der mitmenschlichen Bindung ist Freiheit möglich, und wenn heute nach Mitteln zum Schutz der ringsum bedrohten Freiheit des einzelnen gesucht wird, darf nicht vergessen bleiben: dass dieser Schutz unvollkommen und vielleicht überhaupt illusorisch ist, wenn er nicht von der Seite der Verantwortung durch einen verstärkten Appell an das Individuum und eine vermehrte Betrauung mit Aufgaben der Gemeinschaft verwirklicht wird. Jedenfalls dürfte es kaum möglich sein, in einer nur noch passiv konsumierenden Gesellschaft das Gedankengut der freiheitlichen Demokratie lebendig zu erhalten. Die Summe der atomisierten, bloss ungebundenen Individuen, mögen sie sich noch so frei fühlen, ergibt nur jene einsame und unglückliche Masse, die sehr schnell auch bereit sein wird, das Gut wieder zu verschenken, mit dem sie nichts anzufangen weiss (Riesman). Wir haben heute auch eine ausgeprägte Kriminalität, die eindeutig auf die Abnahme und Verarmung der mitmenschlichen Bindung zurückzuführen ist.

Drittens lässt sich der Aufweis, dass Strafe sinnvoll nur in der Mitverantwortung aller für alle begründet werden kann, auch *kriminalsoziologisch* führen. Jede Zeit, jede Gesellschaft hat ihre bestimmte Kriminalität, die sie wie ihr Schatten begleitet. Die Verbindung zwischen dieser Kriminalität und dem Zustand und Verhalten der Gesellschaft ist weder zufällig noch auch blind kausal, sondern im Verbrechen wird strafrechtlich nicht erfassbare Schuld der Gesellschaft manifest. Der Verbrecher delinquiert gewissermassen stellvertretend für die Gesellschaft. Dadurch wird er keineswegs entschuldigt — es gibt auch in dieser Hinsicht im Strafrecht keine Schuldkompensation —, wohl aber wird damit die Mitverantwortung der Gemeinschaft begründet. Als Beispiel erwähne ich nur die heutige Wohlstandskriminalität, die besonders in einer bestimmten Art von Jugendkriminalität zum Ausdruck kommt. Durch ihr öffentliches Genussstreben gibt die moderne Wohlstandsgesellschaft nicht nur ein schlechtes Beispiel, sie schafft auch dauernd Versuchungen für diejenigen, die sich von den vermeintlichen Wohltaten ausgeschlossen wähnen.

Der Gedanke der Mitverantwortung gibt der Strafe nicht nur einen Rahmen, er gibt ihr auch einen ethisch fundierten Inhalt und ist geeignet, die Diskussion über die Antithese «Repression oder Prävention» hinauszuführen. Mit der Beantwortung der Frage nämlich, ob Strafe Repression oder Prävention oder ob sie mehr das eine oder mehr das andere sei, ist ihre ethische Begründung noch keineswegs gegeben. Strafe ist immer und notwendig beides zugleich, und alles hängt davon ab, mit welchen Inhalten Repression und Prävention ausgefüllt werden. Strafe ist immer Reaktion auf etwas, sie hat immer abschreckende Wirkung auf potentielle Rechtsbrecher, und ebenso ursprünglich gehört zu ihrem Wesen der Besserungsgedanke, was sich namentlich bei der familienrechtlichen Erziehungsstrafe zeigt, von welcher die öffentliche Strafe weniger weit entfernt ist als die communis opinio annimmt. Es geht aber erst in zweiter Linie darum, wie diese Funktionen der Strafe gegeneinander abzugrenzen sind, in erster Linie vielmehr darum, von welchem ethischen Gedanken das ganze Geschehen der Strafe von der Untersuchung des Verbrechens bis nach der Verbüssung der Strafe in allen Stadien umklammert sein soll. Strafen und Massregeln sind ethisch begründet, insofern sie im Zeichen der Mitverantwortung in voller Respektierung der Person des Verurteilten als Mitmenschen verhängt und vollzogen werden. Die Strafe ist, um so auch das Postulat, das allem bisherigen rationalen Bemühen um die Strafe zugrunde liegt, auszudrükken, mit möglichst viel Sinn zu erfüllen für den Rechtsbrecher wie für die Gemeinschaft.

III

Von daher sind nun auch die *kriminalpolitischen Grundentscheidungen* zu treffen.

1. Gestraft wird in erster Linie aus der Verantwortung für die Gemeinschaftsordnung. Die Strafe ist zwar ein notwendiges Übel, aber nicht auch notwendig ein Übel. Sie muss unter Umständen aus generalpräventiven oder spezialpräventiven Gründen ein Übel zufügen; gerade ihr repressiver Charakter wird aber dadurch nicht bestimmt. Als Repression ist Strafe vielmehr ausdrückliche und öffentliche *Missbilligung* des Rechtsbruches und des Rechtsbrechers und damit *Manifestation des Rechts,* nicht Vergeltung des Üblen mit Üblem. Ein rein präventives Strafrecht, das den Rechtsbruch bagatellisiert, indem es über ihn hinweg in die Zukunft blickt, ausschliesslich darauf bedacht, was mit der Strafe Heilsames bewirkt werden könnte, ein Strafrecht, für welches das Verbrechen nur Symptom für eine sich in Zukunft auswirkende Gefährlichkeit des Täters darstellt, ein solches Strafrecht nimmt den Schutz der Rechtsordnung zu leicht und unterhöhlt seine eigenen Grundlagen. (Hinter der Auffassung der Strafe als reiner Vorbeugung steht ausgesprochen oder unausgesprochen die vom Bilde eines domestizierten Menschen beherrschte Meinung, die Delinquenten seien kranke oder doch abnormale Menschen und das Delikt sei bloss Symptom dieser Krankheit oder Anomalität. Das Verbrechen ist jedoch eine die Ordnung dauernd bedrohende Möglichkeit der menschlichen Natur. Dass gerade die grössten Verbrechen von völlig normalen Menschen begangen werden, haben die zahlreichen Kriegsverbrecherprozesse und jüngst besonders wieder der Prozess gegen Eichmann deutlich gezeigt. Das gleiche erweist sich in der Kriminalstatistik an der weit überwiegenden Zahl der nicht rückfälligen Verbrecher.) Durch ihren Missbilligungscharakter unterscheidet sich die Strafe von allen ande-

ren Zwangsmassnahmen der Staatsgewalt, und nur wenn der repressive Charakter der Strafe in diesem Merkmal gesehen wird, lässt sich verstehen und rechtfertigen, dass es auf der einen Seite Reaktionen auf das Verbrechen gibt und geben darf, die, wie die zur Bewährung ausgesetzte Strafe, keine Übelszufügungen darstellen und doch echte Strafen sind, und dass es auf der anderen Seite rein generalpräventive Übelzufügungen gibt und geben darf, wie die für Ordnungswidrigkeiten verhängte Geldbusse, die keine echten Strafen mehr sind, weil ihnen keine sozialethische Missbilligung anhaftet.

(Dass ein nach dem Vergeltungsprinzip ausgerichteter Straf*vollzug* sinnlos und entwürdigend ist, sowohl für den Verurteilten als für die Vollzugsorgane, wird mehr und mehr anerkannt. Es ist wohl auch kein Zufall, dass, wie in den kriminalpolitischen Diskussionen immer wieder festzustellen ist, der Vergeltungsgedanke auf seiten der Praktiker wohl von Staatsanwälten und Richtern, kaum je aber von Beamten des Strafvollzuges betont wird. Diese stellen vielmehr durchwegs die Spezialprävention, vor allem den Erziehungsgedanken, in den Vordergrund. Darin scheint sich mir eine echte Funktionenteilung im Sinne meiner eigenen Strafkonzeption zu zeigen: Die Repression, die Missbilligung des Rechtsbruches und des Rechtsbrechers und Manifestation des Rechts, ist Sache des Richters; der Vollzug wird sich fast zwangsläufig auf den Gedanken der Prävention, namentlich durch erzieherische Beeinflussung des Täters, ausrichten. Die Gegensätzlichkeit der Meinungen über den Sinn der Strafe erklärt sich gewiss zum Teil auch aus einer Verschiedenheit der konkreten menschlichen Beziehung zum Verbrechen und Verbrecher. Der Richter hat vor allem die Tat vor Augen, die er verurteilen muss. Die Vollzugsorgane sind auf mehr oder weniger lange Zeit hinaus mit dem Täter befasst und müssen diese Zeit möglichst sinnvoll ausfüllen. Vergeltung aber gibt dem Vollzug keinen

Sinn, und es ist auch psychisch nicht zu ertragen, einem Menschen, mit dem man täglich konfrontiert ist, unter Umständen jahrelang seine Tat zu vergelten.)

Mit der Manifestation des Rechts durch Missbilligung des Rechtsbruches und des Rechtsbrechers ist die repressive Funktion der Strafe erfüllt. Jeder weitere Inhalt der Strafe wird von der Prävention bestimmt. Rein vergeltende, diskriminatorische Strafen wie etwa die Aberkennung der bürgerlichen Ehrenrechte sind durch nichts gerechtfertigt, und der Kriminalpolitiker muss entschieden für ihre Abschaffung eintreten.

Ich brauche kaum besonders zu betonen, dass mir auch für die *Todesstrafe,* jedenfalls in der Ordnung des innerstaatlichen Strafrechts, kein Platz gegeben zu sein scheint. Die Todesstrafe bedeutet die radikalste Desolidarisierung der Gemeinschaft gegenüber dem Verbrecher. Dazu hat die Gemeinschaft kein Recht. Sie hat dieses Recht allenfalls gegenüber solchen wirklich und radikal bösen Verbrechern, die sich selber ausserhalb der Gemeinschaft und über ihre Ordnung stellen, indem sie die staatliche Macht selbst zur Begehung ihrer Verbrechen einsetzen und missbrauchen. In diesen äussersten Fällen könnte die Todesstrafe mit der gleichen Forderung nach einer Art ethischer Hygiene begründet werden, mit der sie schon im mosaischen Gesetz in dem Satze begründet war: Du sollst das Böse von dir tun (5. Mose 17,7; 19,19; 22,21; 22,24). Allein, solcher Verbrechen und solcher Verbrecher Herr zu werden, übersteigt die Möglichkeiten des innerstaatlichen Strafrechts; denn ihre Verbrechen können diese Verbrecher ja nur dadurch begehen, dass sie die innerstaatliche Strafrechtsordnung wenigstens für sich selber faktisch ausser Kraft setzen. Es handelt sich hier vielmehr um eine Aufgabe der Menschheit insgesamt und also des Völkerstrafrechts, für dessen Schaffung und tatsächliche Verwirklichung wir uns unermüdlich einsetzen müssen.

2. Begründet ist die Strafe nicht in einer rein sittlichen Forderung, sondern in der *sozialen Notwendigkeit*. Nur soweit die Strafe für die Aufrechterhaltung der Gemeinschaftsordnung notwendig ist, soll sie vom Gesetzgeber angedroht werden, denn sie ist nicht Selbstzweck, sondern Mittel zur Verwirklichung einer gerechten Ordnung und immer nur insoweit gerecht, als die Ordnung, die sie schützt, selber gerecht ist. Nicht wegen der Schuld wird gestraft, und nicht jede Schuld fordert Strafe. Das Strafrecht hat eindeutig Schutzfunktion; es schützt nur die elementarsten Handlungs- und Güterwerte, und Strafe soll immer nur als äusserstes Mittel der Rechtsverwirklichung statuiert werden. Gesetzgeberischer Verzicht auf den Vollzug der angedrohten Strafe rechtfertigt sich immer dann, wenn er aus Gründen der Spezialprävention ohne Beeinträchtigung der Generalprävention und der Rechtsgleichheit angezeigt ist. Die Strafaussetzung zur Bewährung ist kein Gnadenakt, mag sie auch historisch so entstanden sein.

3. Soweit Strafe zum Schutz der Ordnung notwendig ist, muss sie *schuldangemessen* sein. Die Schuld gibt nicht die Grundlage, sondern nur das Höchstmass der Strafe. Nur schuldangemessene Strafe ist gerecht, und nur schuldangemessene Strafe erfüllt den generalpräventiven Zweck: die Verantwortung der Glieder der Gemeinschaft für die von ihnen getragene Ordnung zu stärken. Auch aus Gründen der Spezialprävention muss die Schuld das Höchstmass der Strafe bilden. Schuldübersteigende Strafen werden vom Verurteilten nicht verstanden, weil sie, indem sie von seiner Verantwortung absehen, es unterlassen, an seine innere Ordnung anzuknüpfen. Gerade indem die Strafe an Unrecht und Schuld anknüpft, vermittelt sie dem Einzelnen und der Gemeinschaft die Einsicht in die ethische und rechtliche Ordnung, der diese Werturteile entnommen sind. Daraus folgt, dass besonders die spezialpräventive Strafe des Schuldgedankens bedarf. Eine spezialpräventive Theorie, die glaubt, des

Schuldgedankens entraten zu können, verfehlt vollständig den Zweck, auf den sie sich beruft.

(Die Schuldangemessenheit allein — dies muss gegenüber der allgemeinen Auffassung ausdrücklich betont werden — lässt die Strafe aber noch nicht als gerecht erscheinen. Erforderlich ist ausserdem, dass der Vollzug für den Täter so sinnvoll wie möglich gestaltet wird. Auch eine (nach Bezeichnung und Dauer) schuldangemessene Strafe ist ungerecht, wenn der Vollzug in einem blossen sinnleeren Absitzen der Zeit besteht oder gar von der Vergeltungsidee beherrscht ist. Über die Gerechtigkeit der Strafe kann also ohne Blick auf den konkreten Inhalt des Vollzuges gar nichts Endgültiges ausgemacht werden.)

4. Vor die schwerste Frage sieht sich die Kriminalpolitik angesichts der möglichen Notwendigkeit gestellt, dass die Sanktion aus spezialpräventiven Gründen zeitlich das Mass der Schuld überschreitet. Dass es diese Notwendigkeit gibt, wird heute von niemandem mehr bestritten, aber die Antworten auf die in ihr enthaltene Frage nach dem *Verhältnis der Strafe zu den Massregeln* weichen weit voneinander ab. Gehen wir davon aus, dass die Strafe nicht in der Schuldvergeltung begründet, dass ihre repressive Funktion vielmehr mit der schon im Strafurteil enthaltenen Missbilligung erfüllt, der Strafvollzug somit immer von der Prävention bestimmt ist, müssen wir zur Ablehnung des Systems der strengen Zweispurigkeit gelangen, nach welchem Strafe und Massregel kumulativ nacheinander vollzogen werden. Dasselbe lehrt auch der Blick auf die Wirklichkeit des Vollzuges. Die Zweispurigkeit würde voraussetzen, dass die Massregel keinen Übelscharakter aufweist, also ohne Entzug von Rechten, namentlich ohne Freiheitsentzug verwirklicht würde. Da dies nicht möglich ist, läuft die Zweispurigkeit auf eine doppelte Bestrafung hinaus. Zum mindesten wäre zu verlangen, dass die Dauer der Massregel auf die Dauer der Strafe angerechnet wird, was selbstverständlich nur geschehen kann,

wenn nicht zuerst die Strafe, sondern zuerst die Massregel vollzogen wird. Es ist daher zu begrüssen, dass der Entwurf des neuen Strafgesetzbuches diese Möglichkeit des sogenannten Vikariierens wenigstens teilweise einräumt. Ein noch konsequenter vikariierendes System, welches dem Richter erlauben würde, vom Vollzug der Strafe abzusehen, wenn die Massregel den Täter resozialisiert hat, hätte weiter den Vorteil, dass es den Willen des Täters, durch eigene Anstrengung zum Erfolg der Massregel beizutragen, stärken würde.

IV

Eine vom Gedanken der Mitverantwortung getragene Kriminalpolitik würde sich nicht damit begnügen können, auf alte Fragen neue Antworten zu geben oder unter dem vorhandenen Angebot an vorgeschlagenen Systemen das geeignetste auszuwählen. Sie müsste in der Erkenntnis, dass das Verbrechen nicht nur für die Gesellschaft, sondern auch für den Täter ein Übel ist, vor dem es auch im besten Strafensystem nie eine vollständige Beruhigung gibt, unentwegt nach Mitteln zu seiner Verhütung suchen. Welche Möglichkeiten hier im Bereich der Generalprävention und der Spezialprävention noch denkbar sind, will ich an wenigen Beispielen aufzeigen.

Die Strafe ist nur das letzte und erst noch das ungeschlachteste Mittel der *Generalprävention*. Ein weites Feld fruchtbarer Kriminalpolitik ergäbe sich in der sinnvollen Beeinflussung der generellen Umweltsfaktoren des Verbrechens, etwa durch Verminderung von Anreiz und Gelegenheit zum Delikt. Gewiss kann nicht das gesamte Handeln des Staates auf das eine Ziel der Verminderung der Kriminalität ausgerichtet werden; aber diese sicher nicht letzte Aufgabe des Staates sollte bei allen gesetzgeberischen Projekten und Reformen doch immer mit im Blickfeld bleiben, zumal gerade auf dem Gebiet der Generalprävention oft mit kleinem Aufwand grosse Wirkungen erzielt werden können. Bedenkt man zum Beispiel, was für einen ungeheuren kriminogenen Faktor das gestohlene Auto darstellt, so scheint die Vorschrift, welche den Automobilisten gebietet, ihre Fahrzeuge diebstahlsicher abzuschliessen, durchaus vernünftig und tragbar.

Spezialprävention soll im Zeichen der Mitverantwortung nicht nur um der Gesellschaft, sondern vor allem um des Delinquenten selber willen betrieben werden. Gegenüber dem Begriff der sogenannten „sozialen Verteidigung", der gewissermassen einen Kriegszustand zwischen der Gesellschaft und dem Verbrecher unterstellt, wäre zu bemerken, dass sich die Gesellschaft am besten verteidigt, indem sie sich des Verbrechers annimmt. Sie hat nicht das Recht, sich von ihm zu desolidarisieren, und Strafe und Massregel dürfen nie Ausstossung bedeuten, selbst dort, wo sie letzte und strengste Sicherung sein müssen. Je mehr der Verbrecher seine Bindung an die Gemeinschaft verneint, desto mehr muss die Gemeinschaft sie bejahen. Nur dadurch beweist sie ihre sittliche Überlegenheit. Nur in der zwischenmenschlichen Bindung kann Verantwortungsgefühl gedeihen. Die Gemeinschaft kann nicht erwarten, dass der Verbrecher seine Verantwortung ihr gegenüber erkennt und übernimmt, wenn sie ihre Verantwortung ihm gegenüber ablehnt.

An Möglichkeiten der praktischen Verwirklichung des dargestellten Grundgedankens fehlt es vor allem im Bereiche des Vollzuges nicht. Ich denke einmal an einen weiteren Ausbau des Systems der privaten, ehrenamtlichen Bewährungshilfe. Eigentlich sollte es allgemeine Bürgerpflicht sein, sich des gestrauchelten Mitmenschen anzunehmen. Jedem rückfälligen Verbrecher wäre schon vom Augenblick der Anklageerhebung an ein privater Betreuer beizugeben, der ihm während des Prozesses, während der Strafverbüssung und nach der Entlassung hilft, seine persönlichen Schwierigkeiten zu meistern. Diese persönliche Bindung, wenngleich sie ihre Rechtfertigung nicht von daher zu nehmen braucht, wirkt auch ausserordentlich präventiv, und ich kenne mehrere Beispiele von scheinbar hoffnungslosen Fällen angeblicher Gewohnheitsverbrecher, die sich nach der Entlassung aus der Sicherungsverwahrung dadurch wieder aufgefangen haben. Es fällt dem Menschen schwerer, das Vertrauen, das ihm eine bestimmte Person entgegenbringt, zu enttäuschen, als das abstrakte Gesetz und die dahinter stehende Strafdrohung zu missachten. Die Betreuung der Straffälligen und Strafentlassenen gehört daher zu jenen Aufgaben, in denen der Ratschlag Wilhelm v. Humboldts, an die Stelle der Tätigkeit des Staates „lieber, wo es geschehen kann, die Tätigkeit einzelner Bürger zu setzen", befolgt werden und der Staat sich auf Überwachung, beratende Hilfe und finanzielle Unterstützung beschränken soll. Wir dürfen keine derartige Gelegenheit, die Aufteilung der Gemeinschaftsaufgaben zwischen Staat und Bürger neu zu überprüfen und dadurch zu einer Vermenschlichung des immer unpersönlicher werdenden Staates beizutragen, ungenützt lassen.

Auf keinen Fall soll der Strafvollzug die persönlichen Bindungen des Gefangenen, namentlich zu seiner Familie, durch Vorschriften unterbrechen, die auf eine noch vollständigere Isolierung, als sie der Freiheitsentzug ohnehin darstellt, abzielen.

Die ermutigenden Beispiele erfolgreicher Betreuung rückfälliger Verbrecher nach der Entlassung zeigen auch, dass kein Mensch ein für allemal so ist, wie er ist, sondern dass die mitmenschliche Begegnung ihn dauernd formt und zu dem macht, was er ist. Daraus folgt weiter, dass der Begriff der Gefährlichkeit, der im Massregelrecht eine so grosse Rolle spielt, selber nicht ganz ungefährlich und darum vorsichtig zu handhaben ist. Abgesehen von der immer verbleibenden Unsicherheit jeder Prognose über menschliches Verhalten, gibt es wie Grade der Schuld auch Grade der Gefährlichkeit. Massregeln müssen darum nicht nur zweck-, sondern auch gefährlichkeitsadäquat sein. So sollte die schwere Massregel der Sicherungsverwahrung von einer besonderen Schwere der Gefahr weiterer schwerer Straftaten abhängig gemacht werden und für gewohnheitsmässige Kriminalität leichter Natur nicht zulässig sein. Das Sicherheitsbedürfnis der Gemeinschaft ist zum Beispiel gegenüber Vermögensdelikten bei weitem nicht so dringend wie bei Delikten gegen Leib und Leben oder bei Sittlichkeitsdelikten.

Auch bei der Regelung der gefährlichkeitsbezogenen Massregeln sollte der Gedanke der Verantwortung nicht ausser Betracht bleiben. In Rückfällen sich ausdrückende Gefährlichkeit ist ja, worauf schon oft hingewiesen wurde, meistens auch Schuld insofern, als der Delinquent sich die früheren Strafen nicht hat zur Warnung dienen lassen. Um diesen Bezug auf die persönliche Verantwortung deutlicher zum Ausdruck zu bringen, wäre es zum Beispiel angezeigt, die Sicherungsverwahrung im letzten Strafurteil dem Täter ausdrücklich anzudrohen, ohne dass dann freilich der spätere Richter an diese Androhung gebunden sein dürfte.

Strafen und Massregeln sind im Vollzug so sinnvoll wie möglich zu gestalten. Sie sollen in erster Linie Hilfe zur Selbsthilfe sein und das Verantwortungsbewusstsein des Verurteilten wecken und stärken, indem sie von ihm mehr aktives Tun als passives Dulden verlangen. In der blossen Beschneidung von Rechten ist der Sinn der Strafe nicht erfüllt. Vielmehr wäre zu erwägen, ob dieses System nicht durch die Auferlegung von Pflichten sinnvoll ergänzt oder allenfalls teilweise auch ersetzt werden könnte. Ansätze dazu sind in der Form der Bewährungsauflagen bei der Strafaussetzung schon vorhanden. Weiter wäre etwa daran zu denken, erstmalig unbedingte, kurzfristige Freiheitsstrafen durch gemeinnützige Arbeit verbüssen zu lassen.

Der Gedanke des stufenweisen Vollzuges der Strafdrohung, der der Strafaussetzung zur Bewährung zugrunde liegt, liesse sich auch im Strafvollzug selber verwirklichen. Er widerspräche nicht dem System der stufenweisen Erleichterungen, sondern ergänzte es. Jeder Erstbestrafte sollte zunächst in eine offene Anstalt mit liberalem Regime und nur bei schwerem Vertrauensmissbrauch in eine geschlossene eingewiesen werden. In diesem Sinne könnten Abnahme und Zunahme des Strafzwanges von der Anstrengung des Gefangenen selbst abhängig gemacht werden.

Wie sehr auch heute noch der Strafgefangene als eine ausserhalb der Gemeinschaft stehende Person betrachtet wird, mehr Rechtsobjekt als Rechtssubjekt, kommt auffällig auch darin zum Ausdruck, dass seine Rechtsstellung, soweit überhaupt, nur sehr unvollständig in blossen Verwaltungsvorschriften definiert ist. Unsere Gesetze sind auf die Zeit zwischen Tat und Verurteilung zugeschnitten. Nachher verschwindet der Täter aus dem rechtlich umfassten Raum. Der Strafprozess geht zwar weiter, aber das Strafprozessrecht hört auf. Auch der Gefangene ist aber ein ganzer Mensch, dem Rechte und Pflichten zukommen. Darum verdienen die gegenwärtigen Bestrebungen zur Schaffung eines Strafvollzugsgesetzes, das diese Rechte und Pflichten materiell umschreibt und zugleich formell den Weg ihrer Verwirklichung regelt, zum Beispiel richterliche Instanzen einsetzt, die über die wichtigsten Vollzugsfragen in einem kontradiktorischen Verfahren entscheiden, unsere nachdrückliche Unterstützung.

Meine Überlegungen und Vorschläge sind nicht als geschlossene Lösungen zu verstehen, sondern als Beitrag zu einem notwendigen Gespräch vor einer Aufgabe, die unser Vermögen immer um ein weniges übersteigt. Wollen wir auch dieses Gespräch in der Mitverantwortung führen, müssen wir bereit sein, auch das Risiko von Irrtümern auf uns zu nehmen, ein Risiko, das sich aber in demselben Masse verringert, in dem die Diskussion nicht als eine Addierung von Monologen oder eine Kampfstätte von gemachten Meinungen, die um jeden Preis zu verteidigen sind, angesehen wird, sondern als Methode zur Bewältigung einer gemeinsamen Aufgabe.

DER ALTERNATIVENTWURF
eines Strafgesetzbuches

Der Alternativentwurf eines deutschen Gesetzbuches, eine Privatarbeit von 16 deutschen und schweizerischen Strafrechtsprofessoren, war von Anfang an darauf angelegt, die deutsche Strafrechtsreform zu beeinflussen, und er hat dies auch bisher (1972) in nachhaltiger Weise getan. Seinen Namen verdankt er der Tatsache, dass seit dem Erscheinen des deutschen Regierungsentwurfes zu einem Strafgesetzbuch von 1962 vor allem unter den jüngeren Strafrechtslehrern starke Kritik an dessen veralteter kriminalpolitischer Grundhaltung laut wurde, die bald auch zum Entschluss führte, dem Regierungsentwurf eine als Gesetzestext formulierte Alternative gegenüberzustellen.

Im Sommer 1965 trafen sich in Mainz an einem Wochenende fünf Kollegen (Baumann, Hanack, Arthur Kaufmann, Maihofer, Noll) zu einer Arbeitssitzung und entwarfen Leitsätze für die kriminalpolitische Grundkonzeption des allgemeinen Teils eines neuen Strafgesetzbuches. Auf dieser Basis erweiterte sich der Kreis der Mitarbeiter zunächst auf 14, später auf 16 und inzwischen auf 23 Mitglieder. Jeder Kollege hatte bestimmte Abschnitte des neuen Entwurfes vorzubereiten, und diese Vorschläge wurden an regelmässig stattfindenden Arbeitssitzungen diskutiert und bereinigt. Die Frucht dieser (ohne Auftrag und unentgeltlich geleisteten) Arbeit ist der Alternativentwurf, von dem bisher fünf Bände erschienen sind (Verlag J. C. B. Mohr, Tübingen). Der vorletzte Band, erschienen 1970, enthält auch die Vorschläge zu einer Neuregelung der Delikte gegen das werdende Leben (siehe S. 126 ff.).

Die bisher verabschiedeten deutschen Strafrechtsreformgesetze haben die Vorschläge des Alternativentwurfs zu einem beträchtlichen Teil übernommen und stehen diesen jedenfalls viel näher als dem Regierungsentwurf von 1962. So wurden zum Beispiel nach dem Vorbild des Alternativentwurfs die Zuchthausstrafe abgeschafft, die kurzfristige Freiheitsstrafe (die erfahrungsgemäss Rückfälle eher fördert als verhindert) stark eingeschränkt, der Anwendungsbereich des bedingten Strafvollzuges ausgedehnt und für psychisch gestörte Straftäter die Massnahme der sozialtherapeutischen Anstalt eingeführt. Der Alternativentwurf, inzwischen in mehrere Sprachen übersetzt, hat auch im Ausland Beachtung gefunden; in Japan und in Lateinamerika wird sogar postuliert, ihn unverändert in die staatliche Gesetzgebung zu übernehmen. In der *Schweiz* dürfte sein Modell auch deswegen von Interesse sein, weil die Strafrechtsordinarien der drei deutschschweizerischen Universitäten zu seinen Mitverfassern gehören. Man kann sogar sagen, dass er in strafrechtstheoretischer, kriminalpolitischer und gesetzestechnischer Hinsicht der schweizerischen Gesetzgebungstradition näher steht als der deutschen.

Erster Rundbrief (Auszug) und kriminalpolitische Zielsetzung

Prof. Dr. Peter Noll   Mainz, den 3. August 1965

Sehr geehrter Herr Kollege!

An der letzten Strafrechtslehrertagung in Freiburg sind einige Kollegen der jüngeren Generation übereingekommen, den Versuch zu wagen, einen gesetzlich formulierten Gegenvorschlag als Alternative zum Entwurf 1962 auszuarbeiten. Wir liessen uns dabei von der Erwägung leiten, dass die begründete Kritik am Entwurf 1962 in der konkreten Alternative eines Gegenentwurfes fassbar werden sollte, weil sonst die Gefahr entsteht, dass entweder der gegenwärtige Entwurf ohne selbst diejenigen Änderungen, auf die man sich weitgehend geeinigt hat, Gesetz wird oder dass die Reform überhaupt scheitert, indem sie unter dem Gewicht einer zwar begründeten, aber weder systematisch geordneten noch gesetzlich formulierten Kritik zusammenbricht. Beide Alternativen schienen uns weniger begrüssenswert als die Möglichkeit, die neuen Einsichten, die in der Diskussion der letzten Jahre entstanden sind, in einem verbesserten Entwurf niederzulegen, um dem Parlament und der Regierung einen formulierten Gegenvorschlag zu unterbreiten.

In einem Briefwechsel, der in den letzten beiden Monaten stattgefunden hat, haben wir die Bildung einer kleinen Arbeitsgruppe vereinbart, die die gestellte Aufgabe in Angriff nehmen soll. Ihre Mitwirkung zugesagt haben die Kollegen Baumann, Grünwald, Hanack, Arthur Kaufmann, Maihofer, Noll, Roxin, Rudolf Schmitt, Stratenwerth, Warda.

Mit diesem Rundschreiben sollen ferner die Herren Klug und Schultz (Bern) zur Mitarbeit in unserem Kreise eingeladen werden. Wegen anderweitiger Beanspruchung abgesagt haben Frau Brauneck und die Herren Geilen und Schmidhäuser.

Um Missverständnissen und Empfindlichkeiten vorzubeugen, sei hervorgehoben, dass unser Arbeitskreis nicht mit dem Anspruch auf Exklusivität auftritt und somit in seiner personellen Zusammensetzung offenbleibt. Andererseits darf auch nicht übersehen werden, dass er im Interesse einer effektiven Arbeitsleistung — der Alternativ-Entwurf zum allgemeinen Teil eines Strafgesetzbuches sollte, um Aussicht zu haben, im Bundestag beachtet zu werden, bis Frühjahr 1966 abgeschlossen vorliegen — verhältnismässig klein bleiben muss.

Am 23./24. Juli 1965 traten in Mainz die Kollegen Baumann, Hanack, Arthur Kaufmann, Maihofer und ich zu einer ersten, vorbereitenden Besprechung zusammen. Eingeladen, aber verhindert waren die Herren Grünwald, Roxin, Schmitt, Stratenwerth und Warda. Die Besprechung führte zu folgenden Ergebnissen:

I. Kriminalpolitische Grundkonzeption des Alternativ-Entwurfes

(Die Paragraphenzahlen beziehen sich auf den Entwurf 1962)

a) Angesichts der Tendenz der Rechtsprechung, die Tatbestände auszuweiten, soll eine schärfere Fassung von § 1 erwogen werden.

b) Am Prinzip der Schuldstrafe soll in dem Sinne festgehalten werden, dass die Schuld das Höchstmass der Strafe bildet. Andererseits braucht die Strafe dieses Mass nicht auszuschöpfen, und es soll auf sie verzichtet werden können, wenn Gründe der Prävention nicht dagegen sprechen. Der frühere § 2 a ist wieder aufzunehmen.

c) Am Prinzip der Zweispurigkeit im Verhältnis zwischen Strafen und Massregeln ist grundsätzlich festzuhalten, doch sollen freiheitsentziehende Sanktionen nicht kumuliert werden. Eine Massregel, die aus spezialpräventiven Gründen notwendig ist, tritt an die Stelle der Freiheitsstrafe.

d) Auf Vollzug der Freiheitsstrafe soll, soweit wie dies ohne Beeinträchtigung der General- und Spezialprävention möglich ist, verzichtet werden. Die Freiheitsstrafe soll tunlichst durch weniger korrumpierende und sozialschädliche Massregeln ersetzt und nur subsidiär angedroht werden für den Fall, dass der Täter sich der Massregel entzieht. Demnach wäre das Verhältnis zwischen den Auflagen und der bedingt vollziehbaren Strafe bei der Strafaussetzung zur Bewährung umzukehren: Die Auflage wird zur unbedingt zu verhängenden Hauptsanktion, die Strafe zum subsidiär angedrohten Zwangsmittel. Es soll eine breite Skala von in diesem Sinne zu verhängenden Massregeln geschaffen werden, die die anerkannten Zwecke der Freiheitsstrafe besser erfüllen als diese.

Ausserdem sind Sanktionen zu schaffen, die ohne subsidiäre Androhung des Freiheitsstrafenvollzuges an die Stelle der Freiheitsstrafe treten: Geldstrafe, Entzug der Fahrerlaubnis, Aberkennung anderer Rechte, Einziehung von Gegenständen, sofern general- und spezial-präventiv wirksam.

Für leichtere Fälle soll die Einführung einer Verurteilung ohne Strafausspruch erwogen werden.

Die Voraussetzungen zur Gewährung der bedingten Strafaussetzung sind zu erweitern, insbesondere ist die zeitliche Grenze wesentlich zu erhöhen; der Verzicht auf Freiheitsstrafe und der Ersatz für sie soll die Regel, ihr Vollzug die Ausnahme bilden.

e) Der Richter soll durch eine Vermehrung zwingender Vorschriften und eine Einengung seines Ermessens gehalten werden, auf vollziehbare Freiheitsstrafen zu verzichten, wo dies präventiv angezeigt ist. Zum Beispiel sollte es nicht mehr möglich sein, dass ein erstmaliger Fahrlässigkeitstäter eine Freiheitsstrafe verbüssen muss.

f) Rein diskriminierende Folgen der Strafe und vergeltende Nebenstrafen sind abzuschaffen. Das Problem der Strafregistereintragungen bedarf sorgfältiger Regelung. Verurteilte mit günstiger Prognose sollten nach kurzer Zeit ein blankes Strafregister vorweisen können.

g) Der Richter soll die Befugnis erhalten, kriminogene Faktoren im Milieu des Täters durch Weisung an Verwaltungsbehörden beseitigen zu lassen. (Wohnungsbeschaffung, Arbeitsstelle, Betreuung durch Sozialfürsorge usw.)

h) In vermehrtem Masse als bisher sollten Vollzugsvorschriften ins Strafgesetzbuch aufgenommen werden, damit der Richter weiss, was er anordnet. Er soll nicht mehr gezwungen sein, Täter in nicht vorhandene Anstalten einzuweisen und sonstige Anordnungen zu treffen, die nicht vollzogen werden können. Man könnte daran denken, in Übergangsbestimmungen die Verhängung bestimmter Massregeln vom Vorhandensein der entsprechenden Vollzugsmöglichkeiten abhängig zu machen.

i) Die Abschaffung der Zuchthausstrafe wird ins Auge gefasst; es soll darüber an einer späteren Zusammenkunft noch eingehender diskutiert werden. Die Abschaffung der Zuchthausstrafe darf jedenfalls nicht zur Folge haben, dass der Richter dafür längere Gefängnisstrafen verhängt.

Die Strafhaft ist abzuschaffen; denn sie ist offensichtlich für Täter gedacht, die eine vollzogene Freiheitsstrafe gar nicht nötig haben. Die Ähnlichkeit mit der militärischen Disziplinarstrafe enthält eine peinliche Erinnerung an den Obrigkeitsstaat.

j) § 84 (Unterbringung in einem Arbeitshaus) ist aufzuheben. Für unverbesserliche Asoziale, die keine erheblichen Straftaten begehen, ist nur entweder die kurzfristige Freiheitsstrafe oder die kurzfristige Massregel (z. B. Arbeitskolonie) geeignet. Gewerbsmässige Unzucht, Bettelei, Landstreicherei sind keine Delikte. Für besserungsfähige Asoziale wäre die Massregel der Arbeitserziehung anzuordnen.

k) Die Massregel der Sicherungsverwahrung soll nur für Täter schwerster Taten, von denen weitere schwere Taten drohen, in Frage kommen. Über die vorbeugende Verwahrung wurde noch nicht gesprochen.

l) Massregeln sollen nicht ausgesetzt werden können. Sind sie nicht unbedingt und zweifelsfrei notwendig, ist auf ihre Verhängung zu verzichten.

m) Die Frage, ob für politische Täter, insbesondere Ausländer (Austauschspione), die Einschliessung vorzusehen sei, soll noch näher geprüft werden.

n) Nebenstrafen sind abzuschaffen. Wo sich eine Nebenstrafe als zweckmässig erweist, ist sie als Hauptstrafe zu verhängen. Sanktionen ohne

Freiheitsentziehung sollen unter Umständen kumuliert werden können, wenn sich dies als zweckmässig erweist.

Mit diesen Angaben habe ich versucht, den Inhalt unserer Besprechung vom 23./24. Juli 1965 möglichst getreu wiederzugeben.

Die Wiedergabe enthält wohl unvermeidlicherweise Elemente meiner subjektiven Interpretation, was man mir verzeihen möge. Auch sind in der Besprechung manche Probleme nur berührt oder gar nicht behandelt worden. Schon aus diesen Gründen, vor allem aber wegen der Abwesenheit der Mehrzahl der Mitglieder der Arbeitsgruppe, können die obigen Feststellungen für künftige Beratungen nicht unbedingt bindend sein. Immerhin meine ich, dass man sich wenigstens auf ihre Grundtendenz einigen sollte. Nach ihr würde der Alternativ-Entwurf gegenüber dem bestehenden Entwurf einen wirklichen Fortschritt darstellen. Man müsste allerdings meines Erachtens bei der Ausarbeitung darauf achten, dass das Sanktionensystem nicht zu kompliziert wird und für den Richter praktikabel bleibt. Auch ging die Meinung der an der Besprechung vom 23./24. Juli anwesenden Kollegen dahin, dass vom bestehenden Entwurf nur zugunsten eindeutiger Verbesserungen abgewichen und im Zweifel seine Regelung übernommen werden sollte.

DAS VERHÄLTNIS VON RECHT UND MORAL
nach dem Alternativ-Entwurf

I

Kein rechtsphilosophisches Thema ist so oft und so ausführlich behandelt und zugleich so wenig geklärt worden wie das Verhältnis zwischen Recht und Sittlichkeit. Die ganze bisherige Diskussion leidet, von ganz wenigen Ausnahmen abgesehen, an einigen methodischen Grundfehlern, die es zu vermeiden gilt, wollen die Überlegungen zu greifbaren Ergebnissen und nicht in einen reinen Streit um Worte führen.

1. Begriffsrealismus
Die naive Vorstellung, dass den Wörtern zwingend bestimmte Wesenheiten oder Realitäten entsprechen. Die Feststellung: das ist eine rein sittliche Norm, das ist eine rein rechtliche Norm, oder diese Norm ist sowohl rechtlich wie sittlich begründet, die Frage nach den Begriffen also, bleibt ebenso sinnlos wie die Frage, ob ein Schneckenhaus den Begriff des Hauses erfülle, wenn man nicht zugleich genau angibt, welche Folgerungen aus der Begriffsbildung gezogen werden sollen.

2. Verwechslung von Feststellung und Postulat:
a) Ich kann fragen: was wird als Recht, Sittlichkeit, Sitte usw. bezeichnet, und warum wird so unterschieden. Oder
b) Was soll als Recht und was als Sittlichkeit oder Sitte bezeichnet werden und warum? Im Warum steckt die Frage nach der Funktion. Eine Unterscheidung ist nur sinnvoll, wenn es auf sie ankommt, wenn etwas von ihr abhängt, wenn sie also einen Handlungsbezug aufweist, wenn — im Recht — Rechtsfolgen an sie geknüpft werden.

Wenn ich sage, eine Norm sei eine nur sittliche und nicht zugleich eine rechtliche, oder wenn ich umgekehrt sage, eine bestimmte Rechtsnorm sei sittlich indifferent, so hat diese Aussage nur Sinn, wenn ich zugleich angebe, was ich damit will, z. B. im ersten Fall (der rein sittlichen Norm) meine, die Norm solle nicht mit staatlichen Sanktionen durchgesetzt werden.

II Die funktionale Begriffsbildung

Wir müssen also, um nicht in einem Wort- und Gedankenwirrwar stecken zu bleiben, zwei Grundfragen von einander getrennt stellen. a) Was wird den Begriffen Recht, Sittlichkeit, Sitte zugeordnet? b) Was soll den Begriffen Recht, Sittlichkeit, Sitte zugeordnet werden?

a) Die nach dem allgemeinen Verständnis gegebenen Begriffsinhalte

1. Merkmale des Rechts

Äusserlichkeit des Urteilssubstrats — Urteilende Instanz: Staat — Schutzzweck meist vorhanden — Inhaltliche Richtigkeit gegeben oder nicht gegeben

2. Merkmale der Sittlichkeit

Innerlichkeit des Urteilssubstrats — Urteilende Instanz: Gewissen — Schutzzweck vorhanden oder nicht vorhanden — Inhaltliche Richtigkeit gegeben

3. Merkmale der Sitte

Äusserlichkeit des Urteilssubsrats — Urteilende Instanz: Gesellschaft — Kein Schutzzweck — Inhaltliche Richtigkeit nicht gegeben

b) Die Frage nach dem gesollten Begriffsinhalt

1. Wir weisen eine Norm dem Recht zu (gleichgültig ob sie sich in der Rechtsordnung vorfindet oder

nicht), wenn wir der Auffassung sind, ihre Einhaltung sollte durch geregelte staatliche Sanktionen erzwungen werden.

2. Wir weisen eine Norm der Sittlichkeit zu, wenn wir der Auffassung sind, dass wegen ihrer inhaltlichen Qualität sich jeder nach ihr richten sollte, gleichgültig ob staatlicher oder gesellschaftlicher Zwang hinter ihr steht.

3. Wir weisen eine Norm der Sitte zu, wenn wir feststellen, dass gesellschaftlicher Zwang hinter ihr steht, obwohl sie keine inhaltliche Qualität aufweist.

III Postulierte Kriterien des Rechts

Von diesen Kriterien, deren Inhalt zunächst noch undiskutiert bleiben muss, ausgehend, kann ich nun im einzelnen genauer angeben, unter welchen Voraussetzungen ich eine Norm als rechtliche postuliere und wann ich sie aus dem Bereich des Rechts, insbesondere des Strafrechts ausscheiden will.

1. Wenn staatlicher Zwang ein Merkmal des Rechts, insbesondere des Strafrechts ist, so bedeutet dies zunächst, dass der Staat, und das heisst in der Demokratie die Mehrheit der Bürger, sich mit dem Inhalt einer Norm muss identifizieren können, um sie ins Recht aufzunehmen.

2. Zwang bedeutet Vernichtung von Freiheit. Also darf er nur dort eingesetzt werden, wo er mehr Freiheit und andere Güterwerte schafft bzw. schützt als vernichtet. Daraus ergibt sich der schon in der Deklaration der Menschenrechte 1789 enthaltene Satz, von dem auch die Strafkonzeption des Alternativentwurfs ausgeht: «Die Freiheit besteht darin, alles tun zu können, was anderen nicht schadet. Also hat die Ausübung der natürlichen Rechte bei jedem Menschen keine anderen Grenzen als die, den anderen Mitgliedern der Gesellschaft den Genuss der gleichen Rechte zu sichern. Diese Grenzen können nur durch

das Gesetz bestimmt werden» (Art. 4). «Das Gesetz hat nur das Recht, Handlungen zu verbieten, die der Gesellschaft schädlich sind» (Art. 5).
3. Nur äusseres Verhalten kann prozessual mit Sicherheit festgestellt und mit rechtlichen Sanktionen erzwungen werden.
4. Wo das Recht um der präventiven Funktion willen gesetzt ist, muss ein Verhalten, das vom Willen nicht beeinflussbar ist, ohne negative Sanktionen bleiben. Daraus ergibt sich der Satz: keine Strafe ohne Schuld.

Die Auswirkungen der von mir hier postulierten Terminologie im Hinblick auf die Abgrenzung der Bereiche von Recht, Sittlichkeit und Sitte kann ich im einzelnen nicht darstellen. Die nähere Exemplifizierung will ich bei der Analyse der Strafkonzeption des Alternativentwurfs durchführen. Zum Grundsätzlichen hier nur soviel:
Die sittlichen Normen umfassen alle Bereiche des menschlichen Seins, das Handeln, Denken und Fühlen, die Beziehung zu anderen und zu sich selbst. Inhaltlich verlangen die sittlichen Normen, dass von allen Möglichkeiten einer gegebenen Situation die jeweils beste gewählt wird.
Das Recht umfasst nur den Bereich des äusseren Verhaltens, der Beziehung zu anderen und inhaltlich verlangen seine Normen grundsätzlich nur, dass die Freiheit und sonstigen Güter des anderen respektiert werden. Dies gilt jedenfalls für das Strafrecht; in anderen Rechtsgebieten beobachten wir eine zunehmende Versittlichung des Rechts, zugleich eine Verrechtlichung der Nächstenliebe, z. B. im Sozialrecht.
Sitte bezieht sich auf äusseres Verhalten, ist inhaltlich wertindifferent, hat höchstens eine möglicherweise ästhetische Koordinierungsfunktion und entspricht ganz einfach einem gewissen Konformitätsbedürfnis. Ich möchte hier schon anmerken, dass verschiedene Bestimmungen des geltenden Sexualstrafrechts mei-

nes Erachtens nur von der Sitte her, nicht von der Sittlichkeit her begründet sind.

Nachtragen: Die Sittlichkeit enthält nur Normen, keine Sanktionen. Insofern ist ihr Bereich wesentlich enger als derjenige des Rechts. Ihre Imperative sind absolut, sie lässt nur das Beste zu, es gibt kein Zweitbestes oder Drittbestes. Sie sagt nicht, was geschieht, wenn die Norm nicht eingehalten werden kann. Insofern ist das Recht wohltätiger als die Sittlichkeit, als es auch der Schwäche der Menschen Rechnung trägt und eine Lebensordnung bietet, die auch bei aller Unvollkommenheit der Menschen einigermassen erträglich funktioniert. So ist es zwar sittliches Gebot, dass die Ehegatten einander bis zum Tode lieben und treu bleiben; wenn sie es aber nicht tun, bietet ihnen das Recht die Möglichkeit der Ehescheidung und verlangt nicht von ihnen, sich in einen Käfig gegenseitiger Abneigung lebenslang einsperren zu lassen.

IV *Die Grundkonzeption des Alternativentwurfs*

1. Nach dem Grundgesetz und der Rechtsprechung des Bundesverfassungsgerichts darf in die Freiheit des Einzelnen — vor allem auch mit dem Mittel der Strafe — nur eingegriffen werden, wenn dies, nach dem Prinzip der Güterabwägung zum Schutze oder zur Schaffung von Rechtsgütern anderer oder der Gemeinschaft unbedingt erforderlich ist. Dabei gilt der Satz: «in dubio pro libertate». Das bedeutet: für die Pönalisierung trägt der Gesetzgeber die Beweislast. Er muss beweisen, dass die Strafbarkeit notwendig ist. Strafe als schärfster Eingriff, als ultima ratio.

2. Wann ist die Pönalisierung notwendig? Wenn die Handlung in erheblichem Masse sozialschädlich ist. Was niemandem schadet, darf nicht bei Strafe verboten werden.

§ 2 AE: «Strafen und Massregeln dienen dem Schutz der Rechtgüter und der Wiedereingliederung des Täters in die Rechtsgemeinschaft.»

Zentralbegriff: Rechtsgut. «Wesentlich ist dem Rechtsgut als Kategorie zunächst die Beziehung zur sozialen Aussenwelt, zur nicht eigenen Sphäre, der objektiv-soziale Bezug ... Gegenstand eines Verbrechens kann daher weder die eigene Gesinnung alleine noch der nur mittelbare Reflex in der Wertvorstellung eines anderen sein. Seine Unantastbarkeit gewinnt ein Gut erst durch seine Zugehörigkeit zum Persönlichkeitsbereich bzw. zur Selbstbestimmung des Einzelnen oder durch seine Zugehörigkeit zu den Institutionen der Gemeinschaft, die das freiheitliche Zusammenleben sichern (sogenannter Wertaspekt). Die rechtsstaatlich erforderliche Schärfe (Bestimmtheit) gewinnt der Rechtsgutsbegriff erst durch die Bezugnahme auf eine reale Gefährdungs- oder Verletzungskausalität. Eine strafwürdige Handlung muss für eine genau präzisierbare Güterkategorie, die den oben genannten Voraussetzungen entspricht, gefährlich oder verletzend sein.» (Jürgen Pasquay, Die künstliche Insemination, Diss. Freiburg 1968, S. 27 f.). Kein Rechtsgut: Anstoss-Nehmen an Handlungen, die andere in ihrem Privatbereich vornehmen.

3. Keine Überforderung des Strafrechts. Begrenzung auf die wirklich notwendigen kriminalpolitischen Aufgaben, um in diesem begrenzten Bereich die Mittel des Strafrechts wirklich effektiv einsetzen zu können. Heutige Überforderung von Polizei und Strafverfolgungsorganen.

4. Lösung des Strafrechts aus dem Bereich der Normen, die nur der Sittlichkeit oder der Sitte angehören. Um der Freiheit willen schützt das Strafrecht nur ein ethisches Minimum: nicht töten, nicht stehlen usw. Nächstenliebe, Treue, Rücksichtnahme, Hilfsbereitschaft, Selbstlosigkeit können nicht von Rechts wegen befohlen und erzwungen werden.

Vom Standpunkt einer reflektierten Ethik selbst her muss weiter gefragt werden, ob wirklich alles, was die traditionelle Moral als gut bezeichnet, z. B. Heldentod, Vaterlandskult usw., gut und alles, was sie als schlecht bezeichnet, z. B. ausserehelicher Geschlechtsverkehr, wirklich schlecht ist. Ist die Keuschheit wirklich ein Wert? Sind enthaltsame Menschen ein Segen für ihre mitmenschliche Umwelt? Sicher ist Selbstüberwindung ein Wert, aber sicher nicht losgelöst vom angestrebten Ziel. Die Verabsolutierung des Mittels, die in eine egozentrische Gesinnungsethik der weissen Weste führt, ist eine Verirrung.

Wenn wir als zentrales Prinzip des Sittlichen die Nächstenliebe und, wohlverstanden, auch die Feindesliebe nehmen, dann ergibt sich deutlich die Fragwürdigkeit der traditionellen Ethik der Selbst-Rein-haltung. Was heisst lieben? Den anderen als Person anerkennen, in seiner Freiheit und Einzigartigkeit, ihn in seiner Entfaltung unterstützen. Liebe ist nicht einfach Selbstlosigkeit; sie ist schöpferisch nicht zuletzt darin, dass sie auch den Liebenden bereichert; sie ist nicht einfach limitativ und gedeiht sicher nicht in mürrischer Askese. Auch sexuelle Liebe ist jedenfalls nicht böse. Eros und Agape sind nicht so weit voneinander entfernt wie die Theologie behauptet. Das gegenseitige Bereiten von Geschlechtsgenuss ist auch ausserhalb der traditionell zugelassenen Formen nicht unmoralisch.

Der Strafgesetzgeber braucht aber mit seinen Überlegungen gar nicht so weit auszuholen. Er kann sich auf die unanfechtbare Position zurückziehen, dass es Aufgabe der Kriminalpolitik nur sein kann, elementare Rechtsgüter zu schützen, nicht den Intimbereich zu reglementieren.

V *Das Sexualstrafrecht im Alternativentwurf*

Die Konsequenzen dieser Auffassung von Recht und Moral lassen sich in vielen Bereichen des Alternativentwurfs aufzeigen, z. B. bei der Konzeption des Zweckes der Strafe und des Strafvollzugs, am deutlichsten und vielleicht auch schockierendsten aber im Entwurf des Sexualstrafrechts.

Das Sexualstrafrecht des AE ist erheblich eingeschränkt, nicht im Gefolge einer Sexwelle oder einer allgemeinen Aufweichung rechtlicher und sittlicher Verbindlichkeitsvorstellungen, sondern auf Grund des Prinzips, dass es alleinige Aufgabe des Strafrechts sein kann, die elementaren Rechtsgüter des Einzelnen und der Gemeinschaft zu schützen.

Eine strenge Analyse zeigt, dass im Bereich des Sexualstrafrechts nur zwei Rechtsgüter zu schützen sind: die Freiheit im Sexualbereich (Schutz vor Gewalt und Nötigung) und die Entwicklung der Kinder und Jugendlichen.

Die Konsequenzen dieser Konzeption sind folgende:

Unbestritten
Vergewaltigung — sexuelle Nötigung — sexueller Missbrauch Widerstandsunfähiger (Schädigung) — sexueller Missbrauch von Kindern unter 14 Jahren — sexueller Missbrauch von minderjährigen Schutzbefohlenen — Verführung von Mädchen unter 16 Jahren.

Stark eingeschränkt
Sexueller Missbrauch von Anstaltsinsassen — Exhibitionismus — Kuppelei.

Weggefallen
Entführung einer Frau (§ 209 E 1962) — Unzucht unter Ausnutzung einer Dienststellung (§ 214 E 1962) — Homosexuelle Unzucht zwischen Männern (216 E 1962) — Unzucht mit Tieren (218 E 1962), das Wort Tier im herkömmlichen Sinne gebraucht.
Unzüchtige Schriften und Sachen (220) — Unzüchtige Schaustellungen (220 a) — Mittel zur Verhütung von Geschlechtskrankheiten oder der Empfängnis (221) — Werbung für unzüchtigen Verkehr (222) — Gewerbsmässige Unzucht (223) — Anlocken zur Un-

zucht (224) — Zuhälterei (230) — Blutschande zwischen Erwachsenen, Ehebruch.

Homosexualität
Sexuelle Handlungen zwischen erwachsenen Männern sind nur noch in Deutschland, Österreich und Grossbritannien strafbar. Abschaffung der Strafbarkeit als Reformpostulat unbestritten. Verfassungsmässigkeit des Verbots fragwürdig (Bundesverfassungsgericht).
Argumente seit langem bekannt: unabänderliche Veranlagung, Erpressungs- und Mordkriminalität im Gefolge der Pönalisierung, Ineffektivität (hohe Dunkelziffer), keine Rechtsgutsverletzung (Fernwirkungen, Dammbrüche usw. unbewiesen).

Besonders fragwürdig ist § 217 I, 1 E 1962 (Homosexuelle Unzucht unter Ausnutzung einer Abhängigkeit: Der Mann wird vor homosexuellen Zumutungen mehr geschützt als die Frau vor heterosexuellen Zumutungen! Mann und Frau nach § 214 nur gegenüber dem Inhaber einer Dienststellung geschützt).
Beibehalten im AE (§ B 8):
Schutz Minderjähriger bis 18 Jahre. Also höhere Schutzaltersgrenze als bei heterosexuellen Handlungen. Zwischen Männern (Strichjungen) abgeschafft. Erhebliche Kriminalität der Strichjungen: Grund für Jugend- und Sozialfürsorgemassnahmen. Strafbarkeit des Strichjungen beruht auf Verwechslung von Ursache und Wirkung. Es ist rechtspolitisch verfehlt, aus dem Fürsorgegrund einen Straftatbestand zu machen. Ärgerniserregung mit polizeilichen Vorschriften und Massnahmen zu bekämpfen.

Zuhälterei
Nicht strafbar nach AE.
Über die Gefährlichkeit des Zuhälters herrschen ganz falsche Vorstellungen. Befund kriminologischer Untersuchungen: Schwache Charaktere, parasitäre Exi-

stenzen, selten Gewalttätigkeit und schwerere Kriminalität.
Übelstände werden bei Straflosigkeit nicht einreissen. Schon heute ist die Dunkelziffer über 90%.
Entscheidende Überlegung: 95% der Dirnen haben einen Freund, der von ihnen lebt. Man kann den Hehler nicht strafen, wenn man das Vordelikt nicht bestraft. Die Gesellschaft findet sich mit dem Zustand ab, aber nicht mit seinen Ursachen und seinen Symptomen.

Kuppelei
Nach AE nur strafbar, wenn 1.) Täter einen Minderjährigen zur Prostitution bringt — oder 2.) Täter einen Minderjährigen zwischen 14 und 16 Jahren unter grober Verletzung seiner Erziehungspflicht zum ausserehelichen Beischlaf mit einem Dritten verleitet (§ B 10).
Die heutige Regelung und diejenige des Entwurfs 1962 sind etwas vom Unehrlichsten des ganzen Sexualstrafrechts. Kuppelei ist Beihilfe zu fremder Unzucht, Unzucht selber aber straflos und allgemein verbreitet und gebilligt. § 180 II: «Als Kuppelei gilt insbesondere der Unterhalt eines Bordells oder eines bordellartigen Betriebs»; Absatz 3 erklärt aber das «Gewähren von Wohnung» ausdrücklich als straflos.
Eros-Centers sind zur Ablösung der kriminogenen Strassenprostitution erwünscht. Der Gesetzgeber tut kriminalpolitisch genau das Verkehrte: er lässt die gefährliche Strassenprostitution zu und verbietet die ungefährliche kasernierte Prostitution.
International einzigartig ist die als schwer qualifizierte Ehegattenkuppelei: Mindeststrafe 1 Jahr Zuchthaus! Partnertausch heute häufig. Ergebnisse kriminologischer Untersuchungen: keine Gefährdung der Ehe, im Gegenteil.
Ausdehnung durch die Rechtsprechung auf das Unterlassungsdelikt!

Blutschande
Ältestes Tabu. Dennoch vielfach Straflosigkeit im Ausland: Luxemburg, Portugal, Türkei, Japan. Geschwister-Inzest straflos in Frankreich, Belgien, Holland.
Rationale Gründe für die Strafbarkeit nicht ersichtlich. Erbbiologische Gefahren nicht vorhanden. Störung des Familienfriedens: Verwechslung von Ursache und Wirkung.
Eingriff in die Intimsphäre schafft mehr Schaden als Nutzen. Einziges Gegenargument: Volksempfinden.

Exhibitionismus
Heute § 183: Öffentliches Ärgernis durch eine unzüchtige Handlung. E 1962 inhaltlich gleich.
Geschützt ist das «allgemeine Scham- und Sittlichkeitsgefühl». Zu weit. Allgemeine Belästigung abzuwehren ist Sache des Polizeirechts.
AE erfasst nur exhibitionistische Handlungen. Exhibitionisten sind völlig harmlos und ungefährlich. Der Täter leidet viel mehr unter seiner Abartigkeit als seine Umwelt. Der AE möchte ihm die gezielten Massregeln des kriminalpolitischen Teils zukommen lassen: ambulante psychiatrische Behandlung. Das Polizeirecht enthält diese Möglichkeiten nicht.

Unzüchtige Schriften, Verhütungsmittel usw.
Sehr ausführliche und perfektionistische Regelung in den §§ 220 bis 222 E 1962.
Schutz vor groben Störungen der öffentlichen Ordnung ist nicht Sache des Kriminalrechts, sondern in den entsprechenden Grenzen des Polizeizwecks Sache des Polizeirechts.
Begründung zum AE S. 41:
«... abgesehen von den oft geradezu grotesken Abgrenzungen zwischen ‹unzüchtig› und ‹nicht unzüchtig›, zwischen ‹Unzucht›, Kunst und Wissenschaft hat die moderne Forschung keinerlei Beweis dafür erbracht, dass ‹unzüchtiges› Schrifttum für sol-

che Gefährdung überhaupt geeignet ist, sondern zeigt im Gegenteil, dass es für gefährdete oder abartige Personen eher einen neutralisierenden Faktor enthält, darüber hinaus aber ein natürliches Stimulans bedeutet, das nicht ohne Grund in allen Zeiten benutzt worden ist. »Bei dieser Situation ist der Staat grundsätzlich nicht berufen, «die Phantasie- und Vorstellungsinhalte der einzelnen Staatsbürger irgendwie zu lenken und zu kontrollieren».
Erfahrung in Dänemark: Rückgang der Sexualkriminalität, Rückgang des Umsatzes.
221: Verhütung von Geschlechtskrankheiten ist ein legaler Zweck; ebenso Empfängnisverhütung. Pönalisierungsgrund ist also nur die äussere Form, die Anstössigkeit der Anpreisung. Auch hier sind die Aufgaben des Strafrechts überschritten.

Ehebruch
Rechtsgutverletzung unbestritten, aber Strafsanktionen wirkungslos. Schon heute bedeutet die Strafbestimmung mit der objektiven Strafbarkeitsbedingung, dass die Ehe geschieden sein muss, reine Heuchelei. Dunkelziffer praktisch 100%.

Unzucht mit Tieren
Deutlichster Fall der fehlenden Rechtsgutverletzung.

Schlussbemerkung
Die erheblichen Einschränkungen der Strafbarkeit, die der AE vorschlägt, sind getragen von der Einsicht in die Begrenztheit der Mittel des Strafrechts. Die Zurücknahme des Strafschutzes auf das Notwendige und Erreichbare bedeutet nicht Billigung des entpönalisierten Verhaltens. Das Strafgesetzbuch ist keine Kodifikation von Deklarationen sittlicher Grundsätze. Die kriminalpolitischen Mittel sind beschränkt genug. Sie müssen auf die Abwehr der wirklich schweren Gefahren für das Zusammenleben konzentriert werden. Der Respekt vor der freien Selbst-

verantwortung mündiger Menschen gebietet dem Gesetzgeber bei der Regelung des Verhaltens in der Intimsphäre äusserste Zurückhaltung. Dem Konformitätsdruck intoleranter Bevölkerungskreise muss durch Aufklärung entgegengewirkt werden.

STRAFLOSE SCHWANGERSCHAFTS-UNTERBRECHUNG
Die Vorschläge des Alternativentwurfs

Im Dezember letzten Jahres hat der Grosse Rat des Kantons Neuenburg der eidgenössischen Bundesversammlung eine *Standesiniative* eingereicht, welche die Aufhebung der Artikel 118–121 des Strafgesetzbuches und damit uneingeschränkte *Straflosigkeit für die Abtreibung* verlangt. Zugleich liegt den eidgenössischen Räten eine Volksinitiative vor, welche einen Verfassungsartikel vorschlägt des Inhalts, dass für Schwangerschaftsabbruch keine Strafe verhängt werden dürfe. Die seit Jahrzehnten immer wieder diskutierte Frage, ob und unter welchen Voraussetzungen Abtreibung beziehungsweise Schwangerschaftsunterbrechung straflos sein sollen, ist damit erneut ins allgemeine Problembewusstsein gerückt und wird zurzeit auch von der vom Eidgenössischen Justiz- und Polizeidepartement einberufenen *Expertenkommission* zur Revision des besonderen Teils des schweizerischen Strafgesetzbuches erörtert.

Fristen- und Indikationenlösung

Auch in *Deutschland* bildet das Problem Gegenstand gesetzgeberischer Beratung. Im Vordergrund stehen in der Bundesrepublik zwei Vorschläge, die sogenannte «Fristenlösung» und die sogenannte «Indikationenlösung». Bemerkenswert ist, dass die in der Schweiz ebenfalls von sehr aktiven Gruppen vertretenen Extremlösungen — gänzliche Straffreiheit für Abtreibung oder Einschränkung der gegenwärtigen Praxis der erlaubten Schwangerschaftsunterbrechung — in Deutschland auf der politischen Ebene offenbar nicht ernstlich erwogen werden, was mit dem Fehlen der direkten Demokratie zusammenhängen mag.

Nach der «*Fristenlösung*» soll die Schwangerschaftsunterbrechung in den ersten drei Monaten nach der Empfängnis straflos sein, wenn sie auf Wunsch der Schwangeren von einem Arzt vorgenommen wird. Dieser Vorschlag, der in gleicher Weise übrigens schon 1912 in der zweiten Expertenkommission, die das schweizerische Strafgesetzbuch beriet, vorgetragen und mit elf gegen zehn Stimmen nur knapp abgelehnt worden war, scheint im deutschen Bundestag die Unterstützung der FDP und eines grossen Teils der SPD zu finden.

Justizminister Jahn vertritt dagegen einen Entwurf, welcher sich darauf beschränkt, den *Indikationenkatalog* des geltenden Rechts, nur unwesentlich zu erweitern. Ähnlich wie im schweizerischen Recht ist nach der geltenden deutschen Regelung bisher nur die medizinische Indikation als Rechtfertigungsgrund für die Schwangerschaftsunterbrechung zugelassen. Danach ist der Eingriff erlaubt, wenn die Austragung der Schwangerschaft für die Frau eine Lebensgefahr oder die Gefahr einer schweren Gesundheitsschädigung bedeutet. Die Praxis ist in Deutschland allerdings wesentlich strenger als in der Schweiz, da über die Zulässigkeit des Eingriffs offizielle Gutachterstellen entscheiden und die Operation nur in Krankenhäusern vorgenommen werden darf. Entsprechend wird auch in Deutschland eine wesentlich höhere Zahl illegaler Aborte vermutet als in der Schweiz.

Sollte die — im Entwurf des Justizministeriums nicht enthaltene — soziale Indikation neben der medizinischen Anerkennung finden, so würde dies bedeuten, dass die Schwangerschaftsunterbrechung auch dann erfolgen darf, wenn aus sozialen Gründen, wegen der familiären oder finanziellen Verhältnisse, der Frau die Austragung der Schwangerschaft nicht zuzumuten ist.

«Fristenlösung» und «Indikationenlösung» gehen im Prinzip auf den *«Alternativentwurf eines deutschen Strafgesetzbuches»* zurück. (siehe S. 110)

Die Verantwortung des Gesetzgebers

Beim Problem der Abtreibung und der legalen Schwangerschaftsunterbrechung waren die Meinungen der Verfasser des Alternativentwurfs selbst in den grundlegenden Fragen so stark geteilt, dass man sich entgegen der sonst strikt durchgehaltenen Übung dazu entschloss, nicht nur die von der *Mehrheit* angenommenen, sondern auch die von einer *Minderheit* der Verfasser vertretenen Vorschläge in den Entwurf aufzunehmen. Dem Entwurf der Mehrheit enspricht die «Fristenlösung», dem Entwurf der Minderheit die «Indikationenlösung». Einig war man sich indessen darüber, dass das *bisherige Recht,* gelinde gesagt, zu *höchst unbefriedigenden Ergebnissen* führt, indem es mehr Missstände schafft als verhütet und gerade das an sich unbestrittene gesetzgeberische Ziel, das werdende Leben zu schützen, nicht zu erreichen vermag. Es beschränkt sich darauf, die Abtreibung mit Strafe zu bedrohen, ohne zu versuchen, die Ursachen, die zu unerwünschten Schwangerschaften führen, und die Gründe, die den Wunsch zur Abtreibung motivieren, zu beseitigen.

Selbst nach vorsichtigsten Schätzungen geht die Zahl der illegalen Aborte in Deutschland jährlich in die Hunderttausende; zum Teil wird sogar vermutet, dass sie die Zahl der Geburten übersteigt. *Bestraft* werden dagegen kaum mehr als tausend Personen im Jahr. Die enorme *Dunkelziffer* beweist die Unwirksamkeit des Gesetzes. Unwirksame Strafgesetze stiften erfahrungsgemäss mehr Schaden als Nutzen: sie schwächen das allgemeine Rechtsbewusstsein und verletzen die Rechtsgleichheit; der Bestrafte muss sich als Opfer des Zufalls vorkommen. Nicht zu übersehen sind auch die schädlichen Nebenwirkungen: die Frauen wenden sich an Abtreiber, die den Eingriff unter medizinisch äusserst riskanten Bedingungen vornehmen, oft mit der Folge von Gesundheitsschädigungen und Todesfällen. Wie in jedem grösseren Bereich allgemeiner Illegalität zieht das strafbare Verhalten weitere Kriminalität nach sich, vor allem Wucher und Erpressung. Angesichts der tatsächlichen Zustände, zu denen das bisherige Recht geführt hat, stellt die Begründung zum Alternativentwurf fest:

«Die bisherige deutsche Gesetzgebung zur Schwangerschaftsunterbrechung sowie die Regelung im Entwurf 1962 beruhen auf dem grundsätzlichen Fehler, dass der Gesetzgeber glaubte, sich damit begnügen zu können, diejenigen Handlungen, die nicht geschehen sollen, zu verbieten und unter Strafe zu stellen. Der Gesetzgeber hat bisher nicht die *Verantwortung* gesehen oder berücksichtigt, die er für die Wirksamkeit seiner Verbote und für die Erträglichkeit ihrer Nebenwirkungen trägt. Reformbestrebungen müssen demgegenüber in erster Linie darauf bedacht sein, dass das Strafgesetz, wie jedes Gesetz, so beschaffen ist, dass es die Wirksamkeit soweit möglich in dem von ihm angestrebten Sinn gestaltet.»

Beratungsstellen

Mehrheits- wie Minderheitsvorschlag setzen es sich daher zum Ziel, den *realen* Schutz des ungeborenen Lebens zu *verbessern*, nicht abzuschwächen. Dies kann nur dadurch geschehen, dass durch Beratung, Betreuung und soziale Hilfe auch für das geborene Leben gesetzliche Vorsorge getroffen wird. Die Unwirksamkeit und die Hypokrisie des blossen Verbotes der Abtreibung beruhen gerade darauf, dass es sich um das ungeborene Leben mehr kümmert als um das geborene, weil dies für die Gesellschaft bequemer zu sein scheint.

Nach dem Vorschlag der Mehrheit der Verfasser des Alternativentwurfs bleibt die Schwangerschaftsunterbrechung, die innerhalb von vier Wochen nach der Empfängnis vorgenommen wird, schlechthin straflos. Damit sollen diejenigen von der pharmazeutischen Industrie weithin schon entwickelten antikonzeptionellen Mittel gestattet werden, «die an der Grenze zwischen Empfängnisverhütung und Schwangerschaftsabbruch liegen, nach der sozialen

Anschauung aber der ersteren zugerechnet werden». Ferner soll der Eingriff straflos bleiben, wenn er im zweiten oder dritten Monat nach der Empfängnis von einem Arzt vorgenommen wird, sofern die Schwangere zuvor eine *Beratungsstelle* aufgesucht hat.

Dies ist der eigentliche *Kern der Regelung*. Die einzurichtenden Beratungsstellen sollen, unkontrolliert von staatlichen Instanzen, der schwangeren Frau «Hilfe bei der Behebung der materiellen, sozialen und familiären Schwierigkeiten» gewähren und ihr «durch eine persönliche Beratung und offene Aussprache eine überlegte und verantwortliche Entscheidung» ermöglichen. Die Frau ist, will sie den Eingriff vornehmen lassen, verpflichtet, zuvor die Beratungsstelle aufzusuchen, damit eine Garantie dafür besteht, dass sie sich nur nach vollständiger Information und reiflicher Überlegung, nicht etwa in momentaner Panik, für die Unterbrechung entscheidet.

Anderseits soll sie auch nach der Beratung in ihrem *Entscheid frei* bleiben. Die Beratungsstelle kann kein Verbot aussprechen und keinen Zwang ausüben. Die Verfasser des Alternativentwurfs haben auf diese Weise die Frage der Strafbarkeit der Abtreibung bewusst mit der Frage der sozialen Betreuung verknüpft, weil diese erfahrungsgemäss ein leeres Versprechen bleibt, wenn der Strafgesetzgeber sich mit dem Verbot der Abtreibung und dem Hinweis auf eine zu erwartende Sozialgesetzgebung begnügt.

Für die Fristenlösung und gegen eine blosse Erweiterung des Indikationenkatalogs sprechen nach der Begründung des Mehrheitsvorschlags verschiedene Überlegungen: Die generellen Kriterien der Indikationsgründe können den sehr individuellen Gegebenheiten des einzelnen Falles nur beschränkt gerecht werden; der ärztlichen Gutachterstelle wird bei Einbezug der sozialen Indikation eine Wertentscheidung zugewiesen, die weit über den medizinischen Bereich hinausreicht: die Gutachter würden je nach ihren sozialen, religiösen, ethischen oder politischen

Auffassungen *höchst unterschiedliche Massstäbe* anwenden; die an sich rechtsstaatlich gebotene Möglichkeit der gerichtlichen Überprüfung ihres Entscheids bleibt wegen der Kürze der Zeitspanne, in der eine Schwangerschaftsunterbrechung ohne gesundheitliche Gefährdung der Frau möglich ist, abgeschnitten.

Nach dem dritten Schwangerschaftsmonat soll nach dem Mehrheitsvorschlag eine Interruptio nur noch zulässig sein, wenn entweder eine ernste Gefahr für Leib oder Leben der Schwangeren (vitale Indikation) oder die Wahrscheinlichkeit besteht, «dass das Kind geistig oder körperlich schwer geschädigt sein würde» (kindliche Indikation). Diese Voraussetzugen müssen durch eine ärztliche Gutachterstelle festgestellt werden.

Hilfe für die Schwangere

Nach der Begründung des *Minderheitsvorschlags* des Alternativentwurfs, der eine erweiterte «Indikationenlösung» enthält, ist der im Mehrheitsvorschlag vorgesehene Zwang zum Aufsuchen einer Beratungsstelle nicht geeignet, das werdende Leben zu schützen, da die Schwangere auch nach erfolgter Beratung und angebotener Hilfe in ihrem Entscheid, den Eingriff innerhalb der ersten drei Schwangerschaftsmonate vornehmen zu lassen, frei bleibt. Die Fristenlösung gewährleistet nicht, dass dieser Entscheid verantwortungsbewusst getroffen wird. Auch nach der Meinung der Vertreter der Minderheitslösung muss die gesetzliche Regelung das Angebot einer *wirksamen Hilfe für die Schwangere* enthalten.

Diese Aufgabe wird nach der Minderheitslösung der Gutachterstelle zugewiesen, die nicht nur über die Zulässigkeit des Eingriffes entscheidet, sondern der Frau, gleichgültig, ob der Abbruch der Schwangerschaft genehmigt wird oder nicht, medizinische, psychologische, wirtschaftliche Aufklärung und Hilfe vermitteln muss. «Wird der Eingriff genehmigt, so dürfen der Frau durch den Abbruch keine Kosten entstehen. Wird der Eingriff nicht genehmigt, so muss eine seelische und wirtschaftliche Betreuung der Schwangeren einsetzen.» Die Betreuungsaufgaben könnten auch durch Mütterhilfsstellen wahrgenommen werden. Der Mehrheitsvorschlag ist nach der Meinung der Minderheit auch nicht geeignet, in allen Fällen die Freiheit der Frau zu schützen, vielmehr schaffe er die Gefahr, dass die Schwangere, «die ihr Kind austragen will, den finanziell motivierten Pressionen des Ehemanns oder des unehelichen Schwängerers, das Kind abzutreiben, hilflos ausgeliefert» sei, «wenn das Recht die Abtötung der Leibesfrucht ohne sachlich einschränkende Voraussetzung freigibt.

Die *Gutachterstelle* ist nach dem Minderheitsvorschlag nicht als staatliche Behörde konzipiert, sondern besteht aus privaten Ärzten, die *keiner staatlichen Kontrolle* unterliegen. Sie sind lediglich an die gesetzlichen Indikationen und an tarifliche Bestimmungen gebunden. Durch die letztere Kautel soll verhindert werden, dass, wie dies heute teilweise in der Schweiz der Fall ist, die Indikationsstellung von der finanziellen Leistungsfähigkeit der Frau beeinflusst wird, mit der Folge, dass begüterte Frauen die Genehmigung des Eingriffs leichter erlangen als sozial schlechter gestellte. Gegen den Entscheid der Gutachterstelle sollte in einem Spezialgesetz der Rechtsweg an *besondere Verwaltungsgerichte*, die in einem beschleunigten Verfahren innerhalb von wenigen Tagen entscheiden, geöffnet werden.

Auch der Minderheitsvorschlag statuiert die Straflosigkeit des Schwangerschaftsabbruchs innerhalb der ersten vier Wochen seit der Empfängnis. Der Grund für diese Regelung liegt «in der Beschaffenheit des werdenden Lebens selbst, das sich erst langsam heranbildet und festigt. Es kommt hinzu, dass eine Bestrafung solcher Unterbrechungen unehrlich wäre, da sie kaum aufklärbar sind. Mit der weiteren Verbreitung medikamentöser Abtreibungsmittel, die an der Grenze zu den Verhütungsmitteln stehen, wird die Aufklärbarkeit noch abnehmen. Die *Ahndung* solcher Fälle wäre *rein zufällig».*

Der Minderheitsvorschlag unterscheidet, anders als die geltende deutsche und auch die schweizerische Regelung, bei der strafbaren Abtreibung im Strafmass nicht mehr zwischen der (milder strafbaren) Abtreibung durch die Schwangere selbst und der (schärfer strafbaren) Abtreibung, die ein Dritter an der Schwangeren vornimmt, denn Selbstabtreibung ist regelmässig viel gefährlicher als eine durch einen Dritten fachmännisch vorgenommene Abtreibung und sollte durch den Gesetzgeber auch nicht indirekt durch eine Privilegierung der Selbstabtreibung gefördert werden. Dagegen sieht der Entwurf eine *verschärfte Strafe für den gewerbsmässig abtreibenden Kurpfuscher* vor, der unter Verletzung der Regeln der ärztlichen Kunst den Eingriff vornimmt, da der Kurpfuscher die grösste Gefahr innerhalb der Abtreibungskriminalität darstellt.

Generalklausel

Die Indikationenlösung wird zunächst mit einer Generalklausel umschrieben:

«Der Abbruch der Schwangerschaft ist straflos, wenn der Schwangeren die Austragung der Schwangerschaft unter Berücksichtigung der gesamten Lebensumstände nicht zumutbar ist.»

Als Beispiele für den Straflosigkeitsgrund der Unzumutbarkeit werden im vorgeschlagenen Text hervorgehoben: die medizinische Indikation (ernste Gefahr für Leib oder Leben der Schwangeren), die Altersindikation (die Schwangere ist noch nicht 16 Jahre alt), die familiäre Indikation (Gefährdung der Versorgung der anderen Kinder), die kriminelle Indikation (rechtswidrig aufgezwungene Schwangerschaft), die kindliche Indikation (Wahrscheinlichkeit einer schweren geistigen oder körperlichen Schädigung des Kindes).

Auch die Indikationen des Minderheitsvorschlages unterliegen einer *zeitlich abgestuften Beurteilung*. Nach der allgemeinen Klausel der Unzumutbarkeit und nach der familiären, der kriminellen und der Altersindikation darf der Schwangerschaftsabbruch nur in den ersten drei Monaten seit der Empfängnis bewilligt werden; nach der kindlichen Indikation nur bis zum Ende des sechsten Schwangerschaftsmonats. Allein die medizinische Indikation rechtfertigt den Eingriff während der ganzen Dauer der Schwangerschaft. In jedem Falle muss die Genehmigung der *ärztlichen Gutachterstelle* vorliegen. Im Katalog der speziellen Indikationen findet sich die soziale Indikation nicht; diese wird jedoch von der Generalklausel der Unzumutbarkeit, die ausdrücklich die Berücksichtigung der gesamten Lebensumstände fordert, mitumfasst.

«Finanzielle Indikation»

Die *schweizerische Gesetzgebung* steht grundsätzlich vor denselben Problemen wie die deutsche, wenn auch die Ausgangslage vom geltenden Recht und der Praxis her gesehen sich wesentlich anders darstellt. In Deutschland ist die Praxis der bestehenden Gutachterstellen bis heute äusserst restriktiv, und entsprechend ist die Zahl der illegalen Abtreibungen extrem hoch. In der Schweiz lässt Art. 120 StGB zwar nur die medizinische Indikation als Unterbrechungsgrund zu, doch ist die *Praxis liberaler* als der Gesetzeswortlaut und möglicherweise auch als die Vorstellungen des historischen Gesetzgebers. Mit Recht wird auch die medizinisch-soziale Indikation berücksichtigt, da beim Menschen als einem sozialen Wesen organische, seelische und umweltbedingte Einflüsse einander gegenseitig bedingen und sinnvoll keiner isolierten Betrachtung zugänglich sind.

Auf der anderen Seite lässt sich nicht leugnen, dass in der privatärztlichen Gutachterpraxis die *«finanzielle Indikation»* weithin die gesetzliche ersetzt. Informierte, gewandte und begüterte Frauen können eine mehr oder auch weniger indizierte Schwangerschaftsunterbrechung leichter erreichen als andere, in allen diesen Hinsichten weniger privilegierte Frauen. Beratung, Fürsorge und finanzielle Kontrolle drängen sich als Postulate für die schweizerische Gesetzgebung nicht weniger auf als für die deutsche. Stossend ist vor allem die Unterschiedlichkeit der Praxis der legalen Schwangerschaftsunterbrechung in den verschiedenen Kantonen und Regionen, deren Grenzen ziemlich genau mit denjenigen der grössten Verbreitung der *Konfessionen* zusammenfallen.

Es gibt Kantone, in denen Art. 120 StGB, der die Unterbrechung der Schwangerschaft bei medizinischer Indikation erlaubt, überhaupt nicht angewendet wird. In anderen Kantonen ist die Zahl der legalen Schwangerschaftsunterbrechungen nach Art. 120 annähernd gleich hoch wie die Zahl der Geburten oder sogar höher. Selbst wenn man davon ausgeht, dass die Kantone, in denen es keine legalen Schwangerschaftsunterbrechungen gibt, ihre gesetzliche Aufgabe ausgesprochen oder unausgesprochen praktisch an die Ärzte der übrigen Kantone delegieren und dass sich damit wenigstens teilweise deren höhere Unterbrechungszahlen erklären, enthält diese Tatsache eine kaum mehr tolerierbare *Rechtsungleichheit,* kaum weniger gravierend als die weitere Ungleichheit, die darin besteht, dass mindestens in den diskutablen Fällen auch der legale Eingriff weitgehend eine Frage des Preises und des «gewusst wo» ist.

Verdoppelung der Geburtenzahl?

Die gesetzgeberische Problematik, hier besonders deutlich in der unaufhebbaren Spannung zwischen

Wertideal und Faktizität sichtbar, wird weiter durch die Einsicht verschärft, dass unsere Gesellschaft bewusst zwar nolens, uneingestanden aber volens mit der Abtreibung und der legalen Schwangerschaftsunterbrechung lebt und unter anderem auch dieser Tatsache ihren momentanen *Wohlstand verdankt*. Die antikonzeptionellen Mittel (Pille) werden bisher (1972) von weniger als einem Fünftel aller Frauen eingenommen, und dies wird sich jedenfalls so lange nicht ändern, als nicht wesentlich länger wirksame, leichter praktikable, weniger Nebenwirkungen aufweisende und schliesslich auch *billigere Medikamente* auf den Markt kommen. So lange aber bleibt die Frage aktuell, ob diese Gesellschaft wirklich fähig und gewillt ist, ihren deklarierten Deklarationen nachzuleben und eine annähernde *Verdoppelung der Geburtenzahl* auf sich zu nehmen. Verneint man die Frage, wird man die «Fristenlösung» zumindest als die «realistischere» ansehen müssen, trotz allen *moralischen Bedenken,* die sie nicht zu zerstreuen vermag.

GRENZEN FÜR DAS POLITISCHE STRAFRECHT
Ziele und Möglichkeiten einer Reform

... Worin besteht denn zur Hauptsache der Missstand, der als Problemimpuls den gesetzgeberischen Akt auslöste? Er besteht darin, dass eine grosse Zahl von Personen in die Maschinerie der Strafverfolgung geraten, bei denen jedem unbefangenen Beurteiler von vornherein klar sein muss, dass sie keine strafbare Handlung begangen haben. Er besteht in einem auffälligen Missverhältnis zwischen der Zahl der polizeilichen Ermittlungsverfahren in politischen Strafsachen und der Zahl der Verurteilungen. Nach den Zahlen, die Professor Maihofer (Staatsschutz im Rechtsstaat, Veröffentlichung Nr. 53 der evangelischen Akademie in Hessen und Nassau, Arnoldshain 1963, Seiten 24 f.) der Statistik entnommen hat, betrug dieses Verhältnis in den Jahren 1953 bis 1958 in den politischen Strafsachen mindestens 20:1, bei den übrigen Delikten dagegen nur 2:1.

Seit 1959 wird leider die amtliche Polizeistatistik über die Verfolgung von Staatsdelikten nicht mehr geführt. Die grosse Differenz zwischen 20 und 1 lässt sich gewiss nicht in ihrem ganzen Umfang damit erklären, dass eben in politischen Strafsachen mehr auf blossen Verdacht hin untersucht werden müsse als bei den gemeinen Delikten. Denn die Tatsache, dass von den Verurteilungen wiederum nur ein geringer Bruchteil auf Freiheitsstrafen lautet, die nicht zur Bewährung ausgesetzt werden, beweist, dass der grosse Aufwand an erfolglosen Verfahren nicht erforderlich ist, um zwar wenige, dafür aber ganz besonders gefährliche Taten und Täter aufzuspüren und unschädlich zu machen. Niemand kann auch behaupten, dass ein Strafverfahren, das nicht zur Verurteilung führt, für den Betroffenen keinen Nachteil bedeute. Staatspolitisch gesehen besonders gefährlich ist die präventive Wirkung, die von der grossen Zahl solcher Ermittlungsverfahren ausgeht. Die Menschen werden in ihren Handlungen und Äusserungen ängstlich, gerade da, wo es besonders nötig ist, frei, offen, kritisch und mutig zu sein. Der demokratische Staatsbürger wird nicht dadurch herangezogen, dass man politische Stellungnahme, die von der offiziellen abweicht, riskant gestaltet.

Überproduktion von Ermittlungen

Es würde zweifellos zu weit gehen, aus der Statistik den Schluss zu ziehen, dass 19 von 20 Beamten des Verfassungsschutzes überflüssig sind, weil sie ergebnislose Verfahren betreiben, die mehr Schaden als Nutzen stiften. Aber wenn man nicht annehmen will, dass bei den Staatsschutzorganen eine eigentliche Verfolgungsneurose herrscht, muss man doch mindestens die Frage ernstlich erwägen, ob nicht das Parkinsonsche Gesetz eine Erklärung für den gegebenen Missstand abgibt.

Alle menschlichen Organisationen haben bekanntlich die Tendenz, sich auszudehnen und die Notwendigkeit ihrer Ausdehnung dadurch unter Beweis zu stellen, dass sie eine Tätigkeit entfalten, die sonst meistens freilich unschädlich ist, wenn auch die Verwendbarkeit der Überproduktion stets zweifelhaft bleibt. Wenn die Vermutung zutrifft, dass der Apparat des Staatsschutzes in der Bundesrepublik personell zu stark besetzt ist — und für die Vermutung spricht das genannte Missverhältnis zwischen der Zahl der Ermittlungsverfahren und der Verurteilten —, dann wird eine Einschränkung der materiellrechtlichen Tatbestände und auch die vorgeschlagene Einführung des Opportunitätsprinzips nicht zur vollständigen Behebung dieses Missstandes führen. Denn es wird auch bei engeren Tatbeständen immer möglich sein, auf Verdacht hin zu ermitteln; Inhalt des Verdachtes wird dann eben das Verhalten sein, das den engeren Tatbestand erfüllt.

Die Überproduktion von Ermittlungen in politischen Strafsachen würde auch durch das Opportunitätsprinzip, wie es Paragraph 153 d des Regierungsentwurfes zum 8. Strafrechtsänderungsgesetz vorsieht, nicht eingedämmt, da es sich nur auf die Erhebung der öffentlichen Klage bezieht. *Die Veränderung von Tatbeständen und Sanktionen ist nicht das einzige Mittel der Gesetzgebung. Wirksamer können unter Umständen institutionelle Reformen sein.* Regierung und Bundestag sollten daher untersuchen und überlegen, ob nicht die heute dringendste Reform in einem teilweisen Abbau des Staatsschutzapparates bestehen müsste. Eine solche institutionelle Reform hätte auch den Vorteil, dass sie elastisch wäre und neuen Erfahrungen leichter angepasst werden könnte als gesetzliche Tatbestände. Wenn in der dafür erforderlichen Untersuchung Organe des Verfassungsschutzes angehört werden, wird das Parlament gut daran tun, sich zu vergegenwärtigen, dass Gutachten von Sachverständigen darüber, ob ihre eigene Tätigkeit notwendig und sinnvoll ist, immer mit Vorsicht gewürdigt werden müssen.

Mit Recht hat der Vorsitzende des Strafrechtsausschusses des Bundestages, Güde, darauf hingewiesen, dass ein rechtlich zu wenig kontrollierter, seiner Eigengesetzlichkeit überlassener Staatsschutzapparat leicht der Gefahr der Korruption und der kriminellen Infektion erliegt, wie besonders drastisch die Affären um Argoud und Ben Barka zeigen. Angesichts dieser Gefahr muss es als ein besonderes Lob gelten, dass die Staatsschutzorganisation der Bundesrepublik moralisch völlig intakt geblieben ist.

Missverstandenes Opportunitätsprinzip

Rechtsvergleichende Studien zeigen, dass das Staatsschutzstrafrecht in allen Staaten sehr weit gefasst ist, nicht nur in Deutschland und in der Schweiz, deren Novelle zum Strafgesetzbuch von 1950 teilweise als Vorbild für die Erweiterung des deutschen Staatsschutzstrafrechts gedient hat. Trotzdem sind Strafverfolgungen und Verurteilungen in politischen Strafsachen in den anderen westlichen Demokratien wesentlich seltener als in Deutschland. In der Schweiz fanden seit dem letzten Kriege nie mehr als zehn Verurteilungen im Jahre statt. Dieser Unterschied hängt nur zum Teil mit der sehr viel exponierteren politischen Lage der Bundesrepublik und der grösseren Häufigkeit politischer Straftaten in Deutschland zusammen; vielmehr erklärt er sich in erster Linie durch eine unterschiedliche Praxis der politischen Strafverfolgungsbehörden. In der Schweiz sind Bundespolizei und Bundesanwaltschaft, denen die Strafverfolgung der politischen Delikte ausschliesslich zusteht, ein verhältnismässig kleiner Apparat, der eine so umfangreiche Tätigkeit, wie sie reder Verfassungsschutz in Deutschland betreibt, gar nicht entfalten könnte. In rechtlicher Hinsicht beruht der entscheidende Unterschied auf Artikel 105 des schweizerischen Bundesgesetzes über die Bundesstrafrechtspflege vom 15. Juni 1934, dessen Inhalt in Deutschland als Statuierung des Opportunitätsprinzips verstanden wird. Die Bestimmung lautet: «Über die gerichtliche Verfolgung politischer Vergehen entscheidet der Bundesrat. Bis zum Entscheid des Bundesrates trifft der Bundesanwalt in Verbindung mit den Beamten und Angestellten der gerichtlichen Polizei die nötigen sichernden Massnahmen.»

Wenn man unter dem Opportunitätsprinzip den Grundsatz versteht, dass die Staatsanwaltschaft oder eine andere Instanz unter bestimmten Voraussetzungen oder nach freiem Ermessen trotz ausreichender

Verdachts eines erfüllten Straftatbestandes das Verfahren einstellen kann, dann ist Artikel 105 mit der Bezeichnung «Opportunitätsprinzip» in seiner ganzen Tragweite nicht erfasst. Die bundesrätliche Ermächtigung zur gerichtlichen Verfolgung, die nach dem Organisationsgesetz vom Bundesanwalt ausgeübt wird, ist vielmehr wie ein Strafantrag Prozessvoraussetzung, und ohne sie kann ein Strafverfahren gar nicht erst stattfinden. Wie auch die Praxis zeigt, gilt somit in der Schweiz als Grundsatz die Nichtverfolgbarkeit politischer Delikte; die Strafverfolgung bildet die Ausnahme, und das ganze politische Strafrecht bleibt so gewissermassen latent, eine Waffe, die wie die Rüstung der schweizerischen Armee zwar recht aufwendig gepflegt, aber doch nur im Ernstfalle verwendet wird.

Das schweizerische Misstrauen gegen die Anwendung des Staatsschutzstrafrechts hat schon in der Bundesverfassung von 1848 darin Ausdruck gefunden, dass die Todesstrafe für politische Delikte ausser in Kriegszeiten verboten wurde (Artikel 65 Absatz 1 der Bundesverfassung). Wenn auch die Regelung von Artikel 105 des schweizerischen Bundesstrafprozesses von der Bundesrepublik angesichts ihrer schwierigeren und weniger stabilen innen- und aussenpolitischen Lage nicht einfach übernommen werden kann, so ist doch die Begründung des Regierungsentwurfes zum 8. Strafrechtsänderungsgesetz, wonach «angesichts der deutschen Rechtstradition eine Einführung des Opportunitätsprinzips im eigentlichen Sinne des Wortes nicht in Betracht kommen» könne, gar zu dürftig, abgesehen davon, dass wie gesagt das Problem mit dem Stichwort «Opportunitätsprinzip» nicht in seinem ganzen Umfang erfasst wird. Die aus dem Gleichheitssatz hergeleiteten Bedenken gegen das Opportunitätsprinzip sprechen nicht in gleichem Masse gegen den schweizerischen Ermächtigungsgrundsatz. Sonst müsste man ja auch die Antragsdelikte aus dem Strafgesetzbuch streichen. Der Staat ist bei den Staatsdelikten Interessenträger und Verletzter, und es würde keine Inkonsequenz und keinen Bruch der deutschen Rechtstradition bedeuten, wenn die Strafverfolgung von seinem Antrag abhängig gemacht würde. Antragsberechtigt müsste allerdings eine von der Regierung völlig unabhängige, vom Parlament eingesetzte politische Behörde sein.

Eine gefährliche Waffe

Die Eigenart des politischen Strafrechts gebietet es jedenfalls, dass ein prozessualer Damm in irgendeiner Weise gegen zu viele Strafverfolgungen gebaut wird. Eine nicht nur dogmatische, sondern auch faktennahe Betrachtung kann sich der Erkenntnis nicht verschliessen, dass, anders als im gemeinen Strafrecht, die Strafverfolgung hier nicht nur dem Rechtsfrieden dient, sondern ihn ebenso empfindlich stören kann. Das politische Strafrecht ist seiner Natur nach eine gefährliche Waffe, auch in den freiheitlichen Demokratien; dies dürfte durch das Buch von Otto Kirchheimer über die «Politische Justiz» (Neuwied 1965) hinreichend deutlich geworden sein. Das Staatsschutzstrafrecht kann ohne Schaden für den Rechtsfrieden nicht abstrahierend von der politischen Situation angewendet werden. Niemand empfindet es auch als willkürlich, wenn eine Strafrechtsordnung beispielsweise zwischen Kriegs- und Friedenszeiten unterscheidet und nach diesem Kriterium ihre Sanktionen abstuft. Man kann sich des Eindrucks nicht erwehren, dass die heutige Praxis des strafrechtlichen Staatsschutzes eigentlich auf eine Notstandssituation zugeschnitten ist, die in Wirklichkeit heute nicht besteht. Dass aber wieder einmal eine Situation entstehen könnte, die es erforderlich macht, gegen wirklich aktive Feinde der Demokratie mit der heute unnötigen Schärfe vorzugehen, ist nicht auszuschliessen. Die Rücksicht auf die politische Situation, die das politische Strafrecht nehmen muss, kann aber nicht in den materiell-rechtlichen Tatbeständen Ausdruck finden. So liegt die optimale gesetzgeberische Lösung darin, dass die Verfolgung in politischen Strafsachen von der Ermächtigung einer unabhängigen politischen Behörde abhängig gemacht, dass die Ausübung des Ermessens dieser Behörde zugleich aber an gesetzliche Richtlinien gebunden wird, die auf die politische Situation Rücksicht nehmen und vom Bundestag periodisch überprüft werden. Diese undoktrinäre Lösung vermeidet die Nachteile sowohl des Opportunitätsprinzips als auch des ihm entgegengesetzten Legalitätsprinzips, nach welchem alle Straftaten bei hinreichendem Verdacht immer verfolgt werden müssen.

Die organisatorische und die prozessuale Reform machen die zur Zeit hauptsächlich postulierte und erörterte Begrenzung der Tatbestände des materiellen Staatsschutzstrafrechts nicht überflüssig. Nur liegt hier nicht der Schwerpunkt einer Reform, die erfolgreich sein will. Das materielle Strafrecht kann nicht die Elastizität erreichen, die in der Handhabung des politischen Strafrechts, das eben doch eine Waffe des Staates zu seiner Selbstbehauptung, also eine Art Kriegsrecht darstellt, ganz einfach notwendig ist. Die Problematik der Tatbestände der Staatsdelikte liegt nicht nur in ihrer weiten und unbestimmten Fassung, sondern vor allem in der abstrakten Unanschaulichkeit der in ihnen verwendeten Begriffe.

Ungeprägte Tatbilder

Der Begriff der Wegnahme beim Diebstahl ist auch weit, und der Begriff der Unzucht bei den Sittlichkeitsdelikten ist auch unbestimmt. Dennoch empfinden wir diesen Tatbeständen des bürgerlichen Strafrechts gegenüber nicht dasselbe Missbehagen wie gegenüber den Tatbeständen des politischen Strafrechts, und zwar deshalb nicht, weil den Tatbeständen des bürgerlichen Alltagsstrafrechts konkrete Tatbilder entsprechen, geschaffen durch Tausende von Fällen, deren Sachverhalte mit den Urteilen publiziert und nicht geheimgehalten werden wie in Staatsschutzstrafsachen und die uns bewusst oder unbewusst als Leitbilder vor Augen stehen, wenn wir an die Interpretation der Tatbestände und die Entscheidung von Zweifelsfragen herangehen. Nicht so bei den Staatsdelikten.

Unter Handlungen, die darauf hinzielen, «die Bundesrepublik Deutschland ganz oder teilweise unter fremde Botmässigkeit zu bringen, ihre Selbständigkeit sonst zu beseitigen oder einen Teil des Bundesgebietes loszulösen», kann nicht nur der Leser, sondern offenbar auch der Gesetzgeber — darauf deutet das Wort «sonst» hin — sich nur spekulativ ein Tatbild erarbeiten (Paragraph 88 des Strafgesetzbuches). Weiter: Wie kann man einen Verfassungsgrundsatz «untergraben»? (Paragraph 90 Absatz 1, Paragraph 92 Absatz 1 des Strafgesetzbuches.)

Manchmal ist die Beschreibung der tatbestandsmässigen Handlung nicht nur sehr abstrakt, sondern zugleich wertneutral, also im doppelten Sinne uneinprägsam: Beziehungen aufnehmen oder unterhalten, für eine Regierung, Partei, Vereinigung oder gar Einrichtung tätig sein, Massnahmen oder Bestrebungen fördern usw. (Paragraphen 100 d und 100 e) sind Bezeichnungen, die durchaus den Stempel des Erlaubten, Alltäglichen tragen, Vorstellungen von bürokratischer Tätigkeit erwecken. Auch anständige und ungefährliche Menschen unterhalten Beziehungen, sind für Regierungen, Parteien, Vereinigungen oder Einrichtungen tätig, fördern Bestrebungen usw. Wert oder Unwert solcher Tätigkeiten, welche die Staatsdelikte als Organisationsdelikte kennzeichnen, hängen ausschliesslich vom verfolgten Ziel ab und somit vom subjektiven Merkmal der Absicht, der Zielvorstellung, die den Täter motiviert.

Das Merkmal der Absicht

Daraus ergibt sich der etwas nachdenklich stimmende Schluss, dass der kriminelle Kern der Staatsdelikte im Bereich des Psychisch-Subjektiven liegt. Auf dieser Erkenntnis beruht das berechtigte Anliegen des SPD-Entwurfes, die Straftatbestände, soweit es überhaupt geht, in Absichtsdelikte umzuformen. Dieser Subjektivierung können wir leider nicht entrinnen, sie ist hier sogar ein Gebot der Rechtsstaatlichkeit, weil allein das subjektive Merkmal den rechtlichen Unwert enthält; denn wenn das Rechtsgut verletzt, der Erfolg eingetreten, der Bestand der Bundesrepublik beeinträchtigt, die Grundsätze der freiheitlichen Verfassung abgeschafft sind, kommt der strafrechtliche Schutz nicht nur zu spät, er kann auch repressiv nicht mehr eintreten.

Die Verengerung des subjektiven Tatbestandes ersetzt auch nicht die nötige Einschränkung des objektiven. Alles, was blosse Meinungsäusserung darstellt und nicht mit einem Handeln auf das konkrete Ziel eines Umsturzes verbunden ist, sollte aus dem Bereich des Strafbaren ausscheiden. Der Mehrheit der vom Sonderausschuss des Bundestages zur Reform des Staatsschutzstrafrechts angehörten Experten ist darin beizupflichten, dass z. B. die Paragraphen 92 und 93 des Strafgesetzbuches, die mindestens in der Praxis dazu dienen, blosse Meinungsäusserungen und blossen Meinungsaustausch zu bestrafen und damit zu verhindern, gestrichen werden sollten.

Vor allem bei den Tatbeständen des *Verrates von Staatsgeheimnissen* (Landesverrat und Nachrichtendienst) zeigt sich, dass keine materiell-rechtliche Regelung den Missbrauch des strafrechtlichen Staatsschutzes vollständig ausschliessen kann. Der Begriff des Staatsgeheimnisses nach Paragraph 99 des Strafgesetzbuches ist eine Blankettnorm, die durch eine überaus komplizierte Güterabwägung ausgefüllt werden muss. Dabei sind einerseits die ständig sich wandelnden politischen und militärischen Verhältnisse, anderseits das Recht auf Information und die Interessen der einzelnen und auch des Staates selber an einer freien politischen Diskussion auch im Bereiche der Landesverteidigung zu berücksichtigen. Keine gesetzliche Formulierung kann garantieren, dass diese Güterabwägung immer richtig vorgenommen wird.

Geheimhaltung: ein Anachronismus

Nicht nur die Demokratie, auch die wissenschaftliche Zivilisation ist grundsätzlich geheimnisfeindlich. Wir leben immer mehr in einer informierten Gesellschaft, die auf Information drängt, weil sie von Information lebt. Die Wissenschaft bringt dauernd neue Erkenntnisse hervor und tauscht sie international aus, obwohl viele dieser Erkenntnisse potentiell oder aktuell auch militärische Bedeutung haben. Die militärische Bedeutung einer Tatsache ist aber für das Geheimhaltungsinteresse gar nicht mehr von ausschlaggebender Bedeutung: denn die Stärke und die Möglichkeit der Selbstbehauptung eines Staates hängen heute, wo der Krieg zwischen technisch hochentwickelten Nationen zu gefährlich geworden ist, um geführt zu werden, viel weniger von seiner militärischen als von seiner wissenschaftlichen, wirtschaftlichen und technischen Potenz ab. Man müsste also den Geheimnisschutz auf jegliche Information, die von einigem Wert ist, ausdehnen, was natürlich nicht in Betracht gezogen werden kann. Alle Naturwissenschaften betreiben nichts anderes als systematischen Geheimnisverrat. Der wissenschaftliche Entwicklungsstand, der die Stärke eines Staates heute ausmacht, kann unter einem straffen Geheimnisschutz weder gehoben noch auch nur gehalten werden.

Dass das Staatsinteresse immer noch und auch in Friedenszeiten so eng und ausschliesslich an Geheimnisse gekoppelt wird, lässt sich nur historisch erklären und stellt in gewisser Weise einen Atavismus dar. Je mehr Mangel an Information herrscht, desto eher kann Geheimnisverrat zugleich Landesverrat sein. So konnten früher Kriegszüge, Überfälle verraten werden, wie der Kriegszug Herzog Leopolds gegen die Eidgenossen bei Morgarten 1315 durch den Grafen von Toggenburg, wodurch wahrscheinlich die Schlacht entschieden wurde. Je weniger Information in einem Lande vorhanden ist, um so mehr Geheimnisse gibt es, und die Tendenz der kommunistischen Staaten, jeden Journalisten, Fotografen und Forschungsreisenden als einen Spion zu betrachten, hängt nicht nur mit ihrem totalitären System, sondern auch mit ihrer Rückständigkeit zusammen. Das Geheimnis dient heute nicht mehr in gleichem Masse der Macht wie früher, wo es eine in Titeln wie «Geheimrat» zum Ausdruck kommende Auszeichnung war, Geheimnisträger zu sein. Im Gegenteil: Durch einen übertriebenen Geheimnisschutz verhindert die Macht die zu ihrer Selbsterhaltung notwendige Information. Zwischen der äusseren Stärke eines Staates und seiner inneren Freiheit besteht also, wie vor allem das Beispiel der Vereinigten Staaten von Amerika zeigt, keine notwendige Spannung.

Rechtstheoretisch ist zu bedenken, dass der Staat grundsätzlich keine Geheimsphäre hat wie der einzelne; er ist seiner Natur nach Res publica, öffentliche Angelegenheit schlechthin. Die Skepsis der Demokratie gegen Geheimnisse und ihr Stolz darauf, keine zu haben, hat ihren klassischen Ausdruck in der von Thukydides überlieferten Leichenrede des Perikles gefunden (Thukydides, Geschichte des Peloponnesischen Krieges II 39 f.):

«Wir öffnen unsere Stadt für alle und vertreiben keinen Fremden aus Furcht, sie möchten von ‚Tatsachen, Gegenständen oder Erkenntnissen, insbesondere Schriften, Zeichnungen, Modellen, Formeln oder Nachrichten' (Paragraph 99 Absatz 1 des Strafgesetzbuches) erfahren und einem Feind dadurch vielleicht nützen. Denn wir vertrauen mehr auf unsere Tapferkeit als auf geheime Rüstungen und Kriegslisten. Unsere Feinde bereiten sich von Kindheit an durch mühselige Ausbildung auf den Krieg vor, wir aber leben unbeschwert und bestehen dennoch im Kampf... Anderswo nennt man einen Mann, der an den öffentlichen Angelegenheiten keinen Anteil nimmt, einen ruhigen Bürger, bei uns heisst er ein schlechter. Wir glauben nicht, dass das Reden der Tat, die öffentliche Diskussion der Verteidigungsbereitschaft schade, sondern dass umgekehrt das politische Handeln fehlgeleitet wird, wenn ihm die Diskussion nicht vorausgeht. Andere werden durch Unkenntnis und Ahnungslosigkeit kühn, durch Überlegung aber ängstlich und betrachten Kritik als Zersetzung. Wir können es uns leisten, genaue und nüchterne Überlegungen anzustellen, und sind dennoch wagemutig.» Frei übersetzt in Anlehnung an Kitto, Die Griechen, Fischer-Bücherei Nr. 356, S. 92 f., und die Thukydides-Übersetzung von Landmann, Rowohlts Klassiker Nr. 100 bis 102.)

Trotzdem haben die Athener den Krieg verloren. Die Stadt überlebte aber ihre Niederlage mit erstaunlicher Vitalität, und an geschichtlicher Bedeutung lässt sich Sparta mit ihr nicht vergleichen.

Strafrechtlicher Geheimnisschutz sollte auf einen engen Bereich dessen beschränkt bleiben, was für die Selbsterhaltung des Staates unbedingt erforderlich ist und was auch faktisch unter Sekretur gehalten werden kann. Dafür sollen die Staatsorgane in erster Linie selber sorgen. Die Mosaiktheorie der Rechtsprechung, nach welcher auch allgemein bekannte Tatsachen, wenn sie systematisch gesammelt und zusammengestellt werden, durch diesen systematischen Zusammenhang ein Geheimnis bilden können, ist angesichts der Computertechnik ein Anachronismus. Auch ist anzunehmen, dass eine Verteidigungskonzeption, die wertlos wird, wenn der Gegner sie kennt, keine hohe Qualität besitzt. Ausserdem setzt die Abschreckung, wie im Strafrecht, die Kenntnis der Sanktion voraus, und darum haben zum Beispiel die USA ihre Verteidigungskonzeption dem potentiellen Gegner absichtlich bekanntgegeben.

Spionage als spannendes Spiel

Überlieferten Verhaltensformen folgend, benehmen sich die Staaten beim Schutz der Staatsgeheimnisse so, als befänden sie sich in einem Dauerkriegszustand. Rechtlich besonders bedenklich ist die Tatsache, dass bei der Wahl des potentiellen Gegners und der befreundeten Staaten, mit denen Nachrichten ausgetauscht werden, ein politisches Moment von Willkür nicht ausgeschlossen werden kann.

Alle diese Tatsachen und Überlegungen beweisen, dass auch beim Staatsgeheimnisschutz die gegebene politische Situation berücksichtigt werden muss. In Zeiten aussenpolitischer Spannung oder in Kriegszeiten gewinnt er eine viel grössere Bedeutung als in Friedenszeiten. In Friedenszeiten pflegen die Staaten und vor allem die Geheimdienste, diese aus ihrer Berufsideologie heraus, die Bedeutung ihrer eigenen Geheimnisse und auch derjenigen der anderen Staaten bei weitem zu überschätzen. Nach der privaten Mitteilung eines hohen eidgenössischen Beamten, der in der Schweiz schon etliche Spionagefälle untersucht hat, wird Spionage vielfach als art pour l'art, als ein spannendes Spiel für infantile Charaktere, ohne eigentlichen Sinn und Zweck betrieben und beispielsweise ein Geheimsender auch dann benützt, wenn der Weg über die Post ganz ohne Risiko ist. Der geforderte Ernst in der wissenschaftlichen Behandlung einer Sache kann es gebieten, auch ihre allenfalls unernsten Seiten nicht zu verschweigen.

Wenn man mit Professor Stratenwerth darin übereinstimmt, dass das «Wohl der Bundesrepublik» als

Element des Begriffes des Staatsgeheimnisses nach Paragraph 99 des Strafgesetzbuches nicht ohne politische Überlegungen gefasst werden kann (Stratenwerth, Publizistischer Landesverrat, Göttingen 1965, S. 40), dann sind alle Bemühungen, die allseits gewünschte Rechtsgleichheit und Rechtssicherheit durch Formulierung der materiell-rechtlichen Tatbestände allein zu erreichen, zum Scheitern verurteilt. Ein Gedankengang ist nicht schon dadurch allein juristisch fundiert, dass er unpolitisch ist oder sich als unpolitisch ausgibt. Politik aber muss sich immer auch nach wechselnden Gegebenheiten, immer auch nach der Opportunität ausrichten. Ist aber die Geltung des Opportunitätsprinzipes in diesem Bereiche unvermeidlich, so müssen die entscheidenden rechtsstaatlichen Sicherungen auf prozessualer Ebene aufgestellt werden. Dem trägt mein Vorschlag, der eine sinnvolle Begrenzung der Anwendung des gesamten Staatsschutzstrafrechts postuliert, Rechnung.

STRAFE OHNE METAPHYSIK

In der Begründung zum Alternativ-Entwurf steht zu lesen: «Strafe zu verhängen, ist kein metaphysischer Vorgang, sondern eine bittere Notwendigkeit in einer Gemeinschaft unvollkommener Wesen, wie sie die Menschen nun einmal sind.»

Dieser Satz und das ganze Programm des Alternativ-Entwurfs enthalten eine eindeutige Absage nicht an «die Metaphysik» schlechthin — dies wäre ja selber schon wieder Metaphysik —, nicht an ontologische und naturrechtliche Begründungen des Rechts, sondern an bestimmte Straftheorien und Strafideologien, die kurzschlüssig, apodiktisch und absolut, losgelöst von der Strafwirklichkeit, die Strafe mit einer Abstraktion, mit einer Idee begründen, die immer zugleich als die Gerechtigkeitsidee ausgegeben wird.

Nach diesen Theorien, die sich selber als absolute bezeichnen, dient die Strafe nur der Herstellung der Gerechtigkeit, nicht etwa irgendwelchen Zwecken. Herstellbar ist die Gerechtigkeit aufgrund eines verhältnismässig simplen Mechanismus, der Gleiches mit Gleichem vergilt. Die Strafe ist ein Übel, das zur gerechten Vergeltung, zum gerechten Ausgleich, zur gerechten Sühne — die Ausdrücke sind im Rahmen dieser Theorie synonym — der schuldhaften Verletzung des Rechts dem Übeltäter auferlegt wird.

Die deutschen Väter bzw. Grossväter dieser Theorie sind Kant und Hegel. Es spricht mehr für die Autoritätsgläubigkeit als für die kritischen Fähigkeiten der Juristen, dass es in Deutschland erst in der zweiten Hälfte des 20. Jahrhunderts gelungen ist, in einem kriminalpolitischen Vorschlag die Fundamente der Straftheorien von Kant und Hegel ganz zu verlassen, so dass ... Klug von einem «Abschied von Kant und Hegel» sprechen kann.

Die Frage zu untersuchen, warum eine doch auf ziemlich schwachen Grundlagen stehende Theorie so lange so viel Einfluss haben konnte, wäre reizvoll, würde aber über den Rahmen des Themas weit hinausführen. Sicher hängt der, wie ich meine, verhängnisvolle Einfluss mit zwei Phänomenen zusammen: mit der allgemeinen Verehrung, den grosse Männer im allgemeinen und Philosophen und Dichter vor anderen Berufsangehörigen im besonderen geniessen, und mit der feierlichen, bei Hegel überdies umständlichen, Diktion, die beide Männer gerade auf ihre Thesen zur Strafe verwendeten.

Feierlichkeit erweckt Ehrfurcht; Furcht und Ehrfurcht sind aber der wissenschaftlichen Erkenntnis nicht unbedingt förderlich. So besteht die starke Vermutung, dass die Vergeltungstheorie nie so wirksam geworden wäre, wenn statt Kant und Hegel zwei zeitgenössische Juristen sie verkündet hätten und wenn dieselben Gedanken in weniger anspruchsvolle und feierliche Worte gekleidet worden wären.

Zur Demonstration dessen, dass es sich auch bei den straftheoretischen Ausführungen Kants und Hegels mehr um geflügelte Worte als um wissenschaftliche Untersuchungen handelt, zitiere ich die gängigsten und bekanntesten Sätze der beiden Philosophen zu diesem Thema, die nach wie vor von Lehrbuch zu Lehrbuch, von Auflage zu Auflage weitergereicht werden. «Richterliche Strafe», sagt Kant, «kann niemals bloss als Mittel, ein anderes Gute zu befördern, für den Verbrecher selbst oder für die bürgerliche Gesellschaft, sondern muss jederzeit nur darum wider ihn verhängt werden, weil er verbrochen hat, denn der Mensch kann nie bloss als Mittel zu den Absichten eines anderen gehandhabt und unter die Gegenstände des Sachenrechts gemengt werden, wowider ihn seine angeborene Persönlichkeit schützt.» Ferner: «Denn die Gerechtigkeit hört auf, eine zu sein, wenn sie sich für irgendeinen Preis weggibt.» Hegel sagt: «Die positive Existenz der Verletzung ist nur als der besondere Wille des Verbrechers. Die Verletzung dieses als eines daseienden Willens also ist das Aufheben des Verbrechens, das sonst gelten würde, und ist die Wiederherstellung des Rechts.» Selbst unter dem heutigen zeitlichen Abstand ist es nicht einfach, sich der emotionalen Wirkung dieser Sätze zu entziehen, die dazu beiträgt, die Grundfrage zu unterdrücken, warum denn gerade Vergeltung des Üblen mit dem Üblen gerecht sein und wie das aussehen und funktionieren solle: Aufhebung des Verbrechens und Wiederherstellung des Rechts durch Zufügung eines Übels.

Diese kurzschlüssige und, sagen wir es doch einmal, unintelligente, damit letztlich auch inhumane, geradezu mechanistische, an alte Himmelsmechaniken erinnernde Metaphysik ist es, die die Verfasser des Alternativ-Entwurfs in der Kriminalpolitik für entbehrlich halten. Natürlich wird man mir entgegenhalten, dass meine Behandlung von Kant und Hegel verständnislos sei. Obwohl ich nicht den Tatbestand der Störung der Totenruhe erfüllen möchte, muss ich doch in dieser Hinsicht eine bestimmte Voraussetzung meiner Überlegungen offenlegen. Ich bin in der Tat der Meinung, dass, soweit es um das gesellschaftspolitische, also auch das kriminalpolitische Handeln geht, eine rein historische Hermeneutik, die nur auf die Ehrenrettung Verstorbener ausgeht, nichts abwirft.

Über das Gesagte hinaus ist das Thema «Strafe ohne Metaphysik» nicht polemisch gemeint und auch nicht als verpflichtende Aussage und Stellungnahme aufzufassen. Es ist eine Frage des philosophischen Geschmackes und wissenschaftlichen Temperamentes, ob man für das Handeln und Entscheiden Begründungen sucht, verlangt und liefert, die im Bereiche des nicht mehr Erfahrbaren angesiedelt sind. Ich gebe einfach zu, dass ich nicht beweisen kann, dass Menschen heiliger sind als Kühe. Der europäische Metaphysiker kann es, so wie der hinduistische Metaphysiker das Gegenteil. Ich kann aber — und hierin meine ich, wirklich wissenschaftlich objektiv zu sein —, wird mir eine solche Alternative gestellt, beide Möglichkeiten erproben und nachher besser, leichter und sicherer entscheiden. Wer Kühe für heilig hält, wird angesichts der Zustände, die aus seinem Axiom entstehen, sich dauernd in Widersprüche zu Neigungen und Annahmen, die er ebenfalls für berechtigt hält, verwickeln. Ich hatte diese Methode in meinem Kölner Vortrag vor der IVR 1966 als «konkretisierende Komparation» bezeichnet (siehe S. 173). Das heisst: Man kann nur über Prinzipien diskutieren, wenn man sie zugleich in der Wirklichkeit experimentell oder hypothetisch durchführt; und man kann nie über eine Sache allein, sondern immer nur über Alternativen sinnvoll diskutieren. Der Alternativ-Entwurf trägt also auch wissenschaftstheoretisch gesehen seinen Namen mit Recht.

Um nicht missverstanden zu werden: Nicht nur ist zu befürchten, dass die Metaphysik nur weiterlebt, weil man sie bekämpft (in den Naturwissenschaften, wo man sie nicht bekämpft, ist sie tot), ihre letzten Positionen sind auch gar nicht zu bestreiten, weil sie nicht bestreitbar sind. Denjenigen, der es als ungerecht ansieht, wenn eine Freiheitsstrafe für einen Delinquenten ausgesetzt wird — weil er durch diese Entscheidung eher vor Rückfall bewahrt wird — denjenigen also, der den wahrscheinlichen Rückfall um seiner Gerechtigkeitsvorstellungen willen in Kauf nimmt, kann ich nicht strikt widerlegen. Ich kann ihm nur das vor Augen führen, was ich für die Segnungen des bedingten Strafvollzuges ansehe; wenn er das sieht und dann noch sagt, er halte dies trotzdem für ungerecht, ist die Diskussion beendet. Nur ist es erfahrungsgemäss unwahrscheinlich, dass er dies sagen wird. Er wird vielmehr eher auf Tatsachen rekurrieren, die anders sind oder die er anders deutet. Dann aber können wir empirische Untersuchungen anstellen und je nach ihrem Ergebnis entscheiden.

Natürlich ersetzt die Einigung nicht die absolute Gewissheit. Diesem handlichen Einwand sind aber zwei Fragen entgegenzuhalten. Erstens die Alternative zur Einigung ist immer nur die Autorität, so wie die Alternative zum Bündnis die Eroberung. Natürlich kann ein einzelner Recht haben gegenüber einer gewaltigen Überzahl, und dieser Fall ist sogar recht häufig. Aber wer gibt ihm Recht? Die Geschichte, das würde heissen, eine spätere Mehrheit; Gott, das würde heissen, eine Autorität. Zweitens wäre gegenüber dem Drang nach letzten und unumstösslichen Verankerungen zu fragen, warum dieser Drang sich so willkürlich, jedenfalls unreflektiert, seine Objekte wählt. Warum wird gerade bei der Strafe und ausserdem vielleicht noch im Bereich des Rechts bei der Ehe, bei der geschlechtlichen Sittlichkeit, beim Delikt der Abtreibung so dringend die Metaphysik auf den Plan gerufen, nicht aber bei der Regelung des Strassenverkehrs, des Steuerrechts, des Schuldrechts, des Gesellschaftsrechts? Die Antwort kann nur lauten: leider. Denn in den an zweiter Stelle genannten Rechtsbereichen fallen genauso schwerwiegende und folgenreiche Entscheidungen, und es wäre gut, der ganze Aufwand an philosophischer Reflexion, der an unseren Universitäten teilweise sogar nicht ohne die dafür nötigen intellektuellen und materiellen Mittel betrieben wird, würde sich auch auf sie beziehen. Dem leidenschaftlichen ums Recht bemühten Generalstaatsanwalt Fritz Bauer wurde mit grosser Empörung der Vorwurf gemacht, dass er die Kriminalpolitik nicht mit anderen Augen betrachtete, also nicht mit metaphysischeren Augen, als Fragen der Gesetzgebung über Wohnungsbau und Kanalisationswesen. Ich würde mich hier auf die Seite von Fritz Bauer stellen und ihm zugleich die Waffe seiner Gegner in die Hand drücken. Empörend ist nicht die unmetaphysische Betrachtung der Strafe, sondern empörend ist, dass die mit Metaphysik immer verbundene gedankliche Anstrengung — weil die Abstraktionen immer gleich so kompliziert und unübersichtlich werden — sich auf bestimmte, traditionell abgegrenzte Gebiete unkritisch und unreflektiert beschränkt. Man wäre versucht auszurufen: Gleich viel Metaphysik für alle! Nicht für das Strafrecht ist Fritz Bauers Vergleich beleidigend, sondern für das Wohnungsbaurecht und das Kanalisationsrecht. Die Normen des Strafrechts sind nicht metaphysischer als irgendwelche andere Rechtsnormen. Im Gegenteil entsteht der Verdacht, dass die Straftheorien nur deshalb so weit ausholen müssen, weil die Strafwirklichkeit schlechter ist als andere Rechtswirklichkeiten. In der Tat sind alle rechtlichen Normierungen gleich fragwürdig und reflexionsbedürftig. Warum und bis zu welchem Ausmass der Überanstrengung Verträge gehalten werden müssen, warum im Zivilrecht und im Sozialrecht bald die Leistung belohnt, bald das Bedürfnis berücksichtigt wird, ist in der Tat genauso bedenkenswert wie die Frage nach der Berechtigung des Strafens. «Strafe ohne Metaphysik» heisst somit nicht nur Strafe ohne Vulgärmetaphysik, sondern auch: Strafe ohne Sonderaufwand an Metaphysik.

IV
Gleichberechtigung

DER MENSCH UND DIE GESETZE

... Die Menschen leben erstens in Gesellschaft, das heisst, in gegenseitiger Abhängigkeit, zweitens mit einer Zukunftsdimension, das heisst mit Erwartungen, die als Hoffnungen oder Befürchtungen das Verhalten motivieren. In der gegenseitigen Abhängigkeit sind die Erwartungen jeweils auf das Verhalten anderer gerichtet. Damit Verhaltenserwartungen, Vorstellungen vom künftigen Verhalten anderer, realitätsgerecht sind und damit das eigene Verhalten dadurch ebenfalls «realistisch» wird, sind Normen erforderlich. Normen sind Pläne, Muster, Aufzeichnungen für künftiges Verhalten, an welche dieses unausweichlich oder mehr oder weniger streng gebunden ist.

Unter Normativität ist die anthropologische Grundtatsache zu verstehen, dass alles gesellschaftliche Verhalten sich nach Normen richtet oder doch von Normen begleitet wird, dass alles Verhalten der Einzelnen und der Gruppen dauernd mit gedachten Verhaltensmustern verglichen wird und dass der Vergleich Urteile und Sanktionen, Vorteile oder Nachteile, jedenfalls bestimmte Reaktionen zur Folge hat, die wieder für weiteres Verhalten bestimmend werden.

Individuell ist der Mensch, theoretisch verallgemeinert, in seinem Verhalten nur sehr locker programmiert durch Triebe und die diese auslösenden Situationen. Er kann, vom absoluten physischen Zwang abgesehen, immer von der determinierenden Programmierung abweichen. Im Bereich des Gruppenverhaltens lässt sich feststellen, dass sich eine Gesellschaft je eher und je schneller verändert und entwickelt, je leichter die Neusetzung von Normen und das Abweichen von gesetzten Normen möglich ist. Die primitiven Gesellschaften sind verhältnismässig stabil; ihre Normen verändern sich kaum; die Abweichung von der Norm ist selten.

Offenbar richtet der Einzelne sein Verhalten nicht nur nach Verhaltenserwartungen aus, weil das Verhalten anderer unmittelbar auf ihn einwirkt, er also um der Verhaltenskoordination willen sich anpassen muss, sondern schon ganz unabhängig davon aus einem angeborenen Konformitätsbedürfnis. Auf diese Weise können Sitten und Unsitten einreissen. Das Anpassungsbedürfnis, vor allem wenn es mit dem Eigeninteresse zusammenfällt, kann stärker sein als der Respekt vor staatlichem Strafzwang, besonders dann, wenn das Verhalten der anderen unmittelbar gegenwärtig ist, die Verwirklichung des Strafzwangs aber nur eine entfernte Möglichkeit darstellt. Der Alltag des Rechtslebens liefert dafür unzählige Beispiele. Stehen an einem Parkverbot schon drei Autos, wird es weniger lange dauern, bis das vierte hinzukommt, als es gedauert hatte, bis das erste da war. Wird dann einer von den Parksündern aufgeschrieben und kommt er ins Gespräch mit dem Polizisten, so wird er gerne mit dem normativen Konformismus argumentieren und etwa sagen: «Die andern machen's doch auch.» Wenn ihm dann der Polizist antwortet: «Und wenn einer in den Rhein springt, springen Sie dann auch in den Rhein?», so zeigt dies nur, wie geringes sozialpsychologisches Verständnis Polizisten im allgemeinen aufweisen. In Wirklichkeit ist im normativen Konformismus zugleich ein Element des Gleichheitsprinzips, das für jede Gerechtigkeitsvorstellung elementar ist, angelegt.

Wie und wodurch Normen entstehen und sich ändern können, lässt sich am besten in den Bereichen geringerer Verbindlichkeit oder weniger kontrollierter Sanktionierung und schnelleren Wechsels beobachten, zum Beispiel in der Mode der Kleidung. Die normativen Einzelphänomene wie Geltungs- und Konformitätsbedürfnis und ihre geschäftliche Ausnützung, die Wechselwirkung zwischen Meinungsführern und Nachahmern, Einzelgängertum, Avantgardismus und Konservatismus, Machttrieb, Neid, Aggression, Verschiedenheit der Normen bei Verschiedenheit der Gruppen usw. liegen hier ganz an der Oberfläche und können gewissermassen im Tagbau wissenschaftlich erkundet werden. Geradezu messbar sind auch die Schwere der Sanktionen und die entsprechenden Grade der Verbindlichkeit sowie die gegebene Toleranzbreite. Zum Beispiel ist es doch auffällig, dass die Norm, dass jemand an einer Beerdigung nicht im Sporthemd und in kurzen Hosen teilnimmt, statistisch häufiger befolgt wird als das Verbot des Diebstahls. Die Kleidermode hat sich in solchen Bereichen zur Sitte stabilisiert, die kaum mehr zeitlicher Veränderung unterworfen ist.

Dabei sind die in der Mode zum Ausdruck kommenden normativen Erscheinungen nur Auswirkungen der Grundtatsache, dass die Menschen nur in der normativen Ueberhöhung leben und sich sinnvoll empfinden können. Niemand erträgt es, von sich und anderen, von jeder möglichen urteilenden Instanz, total verachtet zu sein. Jeder braucht Normen, denen er genügt, Instanzen, vor denen er besteht, Urteile, die ihn anerkennen. So muss der Mensch sein Handeln dauernd normativ begründen und rechtfertigen. Und daher ist es auch kein Zufall, dass die ganze Literatur, deren Gegenstand immer die «conditio humana» ist, normative Probleme behandelt, von Oedipus und Orest bis zu Mississippi und Oederland. Besonders in der Literaturform des Dramas wird die in der Normativität immer gegebene Spannung zwischen Vorstellung und Wirklichkeit, zwischen Sollen und Wollen, Sollen und Können als Konflikt ausgetragen. Ohne die Norm der Rachepflicht wären Orest und Hamlet, ohne die Norm, welche die uneheliche Abstammung verurteilt, wären Gretchen und Klara alias Maria Magdalena, ohne die Norm, dass Tote in der Erde ruhen sollen, wären Antigone und Kreon keine dramatischen Figuren.

Auch derjenige Normenbereich, den wir als Rechtsordnung bezeichnen, unterliegt den komplizierten Gesetzen der Normativität. Die vielen vereinfachten Vorstellungen, die über die Gesetzgebung herrschen, erweisen sich meist als zumindest einseitig, so etwa die Vorstellung vom Gesetzgeber als einer übergeordneten Autorität oder die Vorstellung, dass Gesetzesnormen aus rationaler Durchdringung, überlegter Prognose und mit dem Willen zur Herbeiführung objektiv optimaler Zustände gesetzt würden. Gewiss ist der Umsetzungsprozess, der Normen ins Staatliche überführt, wie der Staat selber, ein Versuch zur Rationalisierung. Nur glaube man nicht, dass er vollständig geglückt sei, ja überhaupt immer ernsthaft unternommen werde. Zu häufig noch ist Gesetzgebung nur rationalisierte und mit allgemeiner Verbindlichkeit ausgestattete Reproduktion unreflektiert entstandener Verhaltensnormen, die rationaler Kritik nicht standhalten.

Es gibt eine ganze Reihe von irrationalen Störfaktoren, die dazu beitragen, dass selbst im modernen Staat schon bei der Entstehung der Gesetze das Bedürfnis nach optimaler Befriedigung der Bedürfnisse nicht immer befriedigt wird. Schon im Prozess der Gesetzgebung zeigt sich nämlich, dass die Funktion der Normen eben nicht nur darin besteht, durch sinnvolle Koordination der Verhaltensweisen Freiheit, Gerechtigkeit, Produktivität zu ermöglichen, sondern vor allen Dingen — und dies lässt sich nur durch das beschriebene Syndrom der Normativität als solcher erklären — darin, die Bildung von Gruppen zu ermöglichen, die Integration von Gruppen und die Aggression zwischen den Gruppen. Daraus erklärt es sich, dass diejenigen gesetzgeberischen Entscheidungen am heftigsten umkämpft sind, bei denen es nicht um Interessenbefriedigung geht, sondern um die Selbstbestätigung der politischen Gruppe, die einen bestimmten ideologischen Standpunkt vertritt. Solche Auseinandersetzungen, etwa der Streit um die religiösen Ausnahmeartikel in der Bundesverfassung, in Deutschland der Streit um die Konfessionsschulen, haben für die beteiligten Gruppen reinen Symbolcharakter — es geht wie beim Fussballspiel nur noch um den Sieg der eigenen Mannschaft — ein Bezug zu realen Interessen ist kaum zu sehen. Auch schliessen sich nach einer gewissen Dauer der Diskussion die gegnerischen Gruppen so fest zusammen, dass Tatsachen und Argumente, die nicht mit der vorgefassten Gruppenideologie übereinstimmen, auf beiden Seiten kaum mehr zur Kenntnis genommen werden. Diskussion und Beratung wirken dann nicht mehr meinungsbildend, sondern nur noch gruppenbildend.

Ein weiteres Hindernis für rationale Gesetzgebung liegt in dem äusserst schwankenden Verhältnis des Einzelnen und der Gesellschaft zur Normativität, ihren Ergebnissen und Erscheinungsformen, in einem Schwanken zwischen Hypernormativismus einerseits und Antinormativismus andererseits. Seit es Gesetze gibt, gibt es auch die Klage über zu viele und zu komplizierte Gesetze, besonders beredt beim Florentiner Leon Battista Alberti (1404 — 1472): «Nicht mehr als zehn Gesetze, von Moses erlassen, hielten das ganze jüdische Volk Hunderte von Jahren in der Gottesfurcht, der Uebung der Tugend, der Gerechtigkeit und der Vaterlandsliebe. Den Römern genügten, um ihre Republik zu erweitern und das ganze Reich zu schützen, allein zwölf äusserst kurze Tafeln. Wir haben sechzig Schränke voll von Statuten, und jeden Tag produzieren wir neue Verordnungen.» Nicht nur der Gegenstand dieser Klage, auch sie selber ist problematisch. Mit ihr könnte nämlich nicht nur die Forderung nach Vereinfachung der Gesetzgebung dadurch, dass sie weiter rationalisiert wird, gemeint sein, sondern auch die romantische Sehnsucht nach der Einfachheit der Primitivität. Während der Mensch einerseits gezwungen ist, in der Normativität zu leben, die sich mit der fortschreitenden Zivilisation ständig kompliziert, leidet er zugleich unter den hochentwickelten normativen Zuständen, die er selbst mit voller Absicht und grösstem Fleiss herbeiführt.

Die Kritik an der Vermehrung und Komplizierung der Gesetze ist jedenfalls insoweit unberechtigt, als sie sich auf die unvermeidlichen Folgen gesellschaftlicher Entwicklungen bezieht.

Die offene und pluralistische Gesellschaft ist grundsätzlich instabil; sie kann höchstens in einem beweglichen Gleichgewicht leben. Neue Zustände bedürfen neuer Normen. Daraus erklärt sich die häufige Aenderung heutiger Gesetze.

Welches sind aber die Gründe für ihre ständig wachsende Zahl und Kompliziertheit?

1. Der moderne Staat, insbesondere der Sozialstaat, greift auf gesetzgeberischem Wege zum Zwecke der Umverteilung wirtschaftlicher Macht zugunsten der wirtschaftlich Schwächeren in zahlreiche Lebensgebiete ein, die früher dem freien Spiel der Kräfte überlassen waren.

2. Die Verhältnisse der pluralistischen modernen Industriegesellschaft sind komplizierter als diejenigen jeder früheren Gesellschaft. Eine Automobilfabrik ist nicht nur technisch, sondern normativ ein viel komplizierteres Gebilde als eine handwerkliche Schlosserei. Die Steuerung und Koordinierung von Vorgängen und Handlungen geht immer über Normen, seien diese gesetzlicher oder vertraglicher oder sonstiger Art. Werden die Vorgänge und Handlungen kompliziert, werden es notwendigerweise auch die Normen.

3. Ein weiterer, nun allerdings beeinflussbarer Grund für die Gesetzeshypertrophie, die zu antinormativistischen Affekten führen kann, ist das Gesetz der Kumulation menschlicher Leistungen im Laufe der Zeit. So können wir in der Gesetzgebung, genau wie in der Wissenschaft und im Studium, beobachten,

dass ständig wesentlich mehr Stoff zum schon vorhandenen hinzukommt als wegfällt.

4. Der wohl wichtigste, grundsätzlich ebenfalls beeinflussbare Grund für die Gesetzeshypertrophie ist meines Erachtens im individualpsychologischen und sozialpsychologischen Phänomen des Hypernormativismus zu sehen. Hypernormative Menschen vermögen nur in einem engen und starren Korsett von Normen zu leben. Sie sind in ihrer negativen Ausprägung pedantisch, streng, unduldsam, dogmatistisch, in ihrer positiven Ausprägung skrupulös, gewissenhaft, rücksichtsvoll, immer aber eng angeschlossen an einen Normenkomplex, dem sie ihre Urteile entnehmen. Der hypernormativistische Charakter, so können wir feststellen, kann einer ganzen Rechtsordnung seinen Stempel aufdrücken. Die Gesetze sind dann perfektionistisch, pedantisch formuliert, ausführlich und kompliziert, enthalten unnötige und selbstverständliche Regelungen, sind auf die Anwendung durch subalterne Beamte zugeschnitten, die in allen ihren Entscheidungen durch eine Vorschrift gedeckt sein wollen.

5. Der letzte, wichtigste und alle bisher genannten Gründe mit umfassende Grund für das wilde Wuchern der gesetzlichen Normativität liegt darin, dass es bis jetzt nicht gelungen ist, das Problem der Ordnung einer offenen, unstabilen, in einem labilen Gleichgewicht befindlichen, pluralistischen, freiheitlichen Gesellschaft theoretisch und praktisch zu bewältigen. Allzu schnell und allzu lange hat man sich mit den napoleonischen und wilhelminischen Monumentalkodifikationen des letzten Jahrhunderts zur Ruhe gesetzt, mit der heute noch herrschenden, zumindest praktizierten Meinung, diese stellten die eigentliche Rechtsordnung dar. Dabei ist die Entwicklung längst über grosse Teile von ihnen hinweggeschritten.

Wenn sie der Aufgabe, die ihr die moderne Gesellschaft stellt, genügen will, muss die Rechtswissenschaft ihre eigenen Traditionen ohne Rücksicht auf mit ihnen möglicherweise verbundene Prestigepositionen überprüfen. Nur wenn sie vermehrt in eine Führungsrolle hinsichtlich der ordnenden Grundentscheidungen eintritt und vermehrt auch der Gesetzgebung ihren Verstand und ihre Erfahrungen, sollten diese auch noch zu sammeln sein, leiht, kann die Rechtswissenschaft nützliche Dienerin der Gesellschaft bleiben. Dazu bedarf sie, wie immer mehr erkannt wird, vor allem neuer Formen interdisziplinärer Zusammenarbeit, mit dem Mut auch zum Risiko, das solches Ueberschreiten der eigenen Fachgrenzen mit sich bringt.

PRINZIPIEN DER GESETZGEBUNGSTECHNIK

... Der Jurist darf weder im Himmel der Rechtsideale hängen noch am Boden der Faktizität kleben bleiben, sondern muss den Weg von oben nach unten und von unten nach oben dauernd zurücklegen, um zu überprüfen, ob die Ideale realitätsgerecht und ob die Realitäten idealitätsgerecht sind.

... Die in solcher Weise ihre Aufgabe richtig verstehende Rechtswissenschaft ist am Prozess der Rechtsgestaltung kritisch und schöpferisch mitbeteiligt, wenn auch ausserhalb des Rahmens des staatlichen Gewaltenteilungsschemas und mit keiner anderen Legitimation als der Überzeugungskraft ihrer Argumente.

Folgerichtig kann sie auch keine Autorität unkritisch anerkennen, auch nicht diejenige des Gesetzes.
... Das Gesetz undiskutiert hinnehmen, nur weil es gesetzt ist, heisst, sich der Macht beugen statt dem Recht. Allzulange hat die Jurisprudenz fragwürdige Normen als fraglos betrachtet und sich darauf beschränkt, sie auszulegen, kunstvolle dogmatische Gebäude um sie herum zu errichten, ohne sich mehr als beiläufig und zufällig um die Auswirkung der eigenen Tätigkeit zu kümmern. Sie hat ein Zivilrecht zur rechtstechnischen Perfektion entwickelt, das die sozialen Ungleichheiten und Gegensätze weithin verschärfte, und ein Strafrecht gepflegt, das die Kriminalität ansteigen liess. Auch da, wo sie sich mit Gesetzgebung befasste, hat sie sich weithin damit begnügt, traditionelle Rechtsvorstellungen unreflektiert historisierend zu übernehmen, ohne ihre vergangenen Auswirkungen empirisch kritisch zu überprüfen und ihre künftigen zu prognostizieren. Die Rationalisierung blieb an der Oberfläche der gesetzestechnischen

Formulierung, der Systematik und der Rechtsdogmatik, die mit einer oft recht primitiven Rechtslogik arbeitete. Neu entstehende Probleme der Gesellschaft mussten mit nur ganz rudimentärer Hilfe der Rechtswissenschaft gelöst werden, meist in sich abspaltenden und, weil weniger traditionsreich, als weniger vornehm geltenden Rechtsgebieten, in sogenannten Nebengebieten, z. B. dem Arbeitsrecht und dem Verkehrsrecht. Sehr oft ist die Spezialisierung der Rechtswissenschaft ein Indiz für ihre Versäumnisse. Es scheint ein geschichtliches Gesetz der Jurisprudenz zu sein, dass ihr die Rechtswirklichkeit dauernd entgleitet, dass, wenn sie endlich ein Problem dogmatisch perfekt in den Griff bekommen hat, es schon nicht mehr aktuell ist. Was für ein wunderbares Sklavenrecht hatte Rom, und was für ein dogmatisch perfektes Judenrecht hätte Nazideutschland entwickelt, wenn der Gang der Geschichte ihm dazu Zeit gelassen hätte!

IDEOLOGIE ALS ENTWURF UND WERTKRITIK

... Zum Schluss sei noch verwiesen auf die notwendige Funktion der Ideologie als Entwurf für Entscheidung und Handlung. Der Gesetzgeber muss, da er die staatlichen Entscheidungen normiert, die angestrebten Ziele und die eingesetzten Mittel bewerten und zueinander in Beziehung setzen. Ideologien übernehmen nun vor allem auch diese Funktion, dem Handelnden und Entscheidenden Pläne zu liefern, nach denen er sein Handeln und Entscheiden ausrichtet. Ideologie als Entwurf ist unentbehrlich und legitim. Die verschiedenen Staatsformen und Gesellschaftsformen, die wir kennen oder noch entwerfen, müssen vor allem als solche Entwürfe verstanden werden.

Für die Gesetzgebungslehre stellt sich hier die Frage nach der Möglichkeit einer *wissenschaftlichen Wertkritik*. Für sie ist das Postulat der Wertfreiheit kein möglicher Ausweg; denn der Gesetzgeber, wie übrigens auch der Richter, *muss* sich ja entscheiden. Auch der Hinweis darauf, dass die Normen eben von den stärksten Interessen gesetzt würden, dass also das Recht ein Produkt der gegebenen Machtkonstellationen sei, genügt nicht; denn je mächtiger jemand ist, desto häufiger treten Fragen an ihn heran, an denen seine eigenen Interessen überhaupt nicht beteiligt sind. In diesen Fällen wird etwa dem absoluten Herrscher der Hinweis auf sein eigenes Interesse nicht Richtschnur sein können. Er ist neutral, kein Interesse, keine sonst begründete Vorliebe zieht ihn zur einen oder anderen Seite. Er möchte also, will er nicht Willkür um ihrer selbst willen üben, wissen, wie man richtig Recht setzt oder Recht spricht. (Verallgemeinernd lässt sich sagen, dass Gerechtigkeit aus der

Situation des unbeteiligten Dritten entsteht, der einen fremden Konflikt schlichten muss.) Kann er wissenschaftlich beraten werden?

Ich meine, dass dies mittels der Methode der *konkretisierenden Komparation* möglich ist. Ich gehe aus von der Feststellung Paretos, dass man nur über Ergebnisse, nicht über Prinzipien diskutieren kann (obwohl das wissenschaftliche Gespräch meist von der gegenteiligen Vorstellung beherrscht ist und darum auch weithin so ergebnislos verläuft), und ich ergänze sie durch die weitere Feststellung, dass man nur über Alternativen, nicht über eine einzige Entscheidung allein diskutieren kann.

Eine gesetzliche Norm wird nun zunächst einmal gesetzt, hypothetisch oder real, beliebig oder nach traditionell gegebenen Vorstellungen oder irgendwelchen Erwartungen.

Der zweite Schritt besteht in der Konkretisierung der Norm. Dieser Schritt lässt sich mit dem Experiment vergleichen. Der Zustand A wird unter Anwendung und Vollzug der Norm in den Zustand B übergeführt. Dieser Schritt kann auch rein hypothetisch vollzogen werden, z. B. mit Hilfe eines Computers.

Sodann wird der Zustand, in welchem die Norm angewendet wird, mit dem Zustand, in welchem sie nicht angewendet wird oder in welchem eine andere Norm angewendet wird, verglichen. Diese Operation wird vom Gesetzgeber und vom Richter tagtäglich vollzogen. Z. B. stellte sich das Bundesverfassungsgericht in Band 6, Seite 389 die Frage, was geschähe, wenn der § 175 StGB, der die homosexuelle Unzucht zwischen erwachsenen Männern mit Strafe bedroht, als verfassungswidrig erklärt und nicht mehr angewendet würde. Dieselbe Denkoperation liegt dem argumentum ad absurdum zugrunde, wenn etwa in einem Urteil von anstössigem oder untragbarem Ergebnis gesprochen wird. Das konkrete Ergebnis enthält einen Demonstrationseffekt, den die abstrakte Norm nicht besitzt. Darum ist es vielfach leichter, sich im Praktischen zu einigen als im Theoretischen. Beispielsweise ist in der Strafrechtsdogmatik häufiger die Begründung umstritten als das Ergebnis.

In der konkretisierenden Durchführung, die hypothetisch bleiben kann, zeigt sich, ob die Norm sich bewährt oder nicht. Erst wenn wir uns den Vollzug der Norm vorstellen, können wir über ihren Wert etwas ausmachen. In der Anwendung muss sie allenfalls korrigiert, z. B. in ihrem Anwendungsbereich eingeschränkt werden. Auch dies tut der Richter tagtäglich, selbstverständlich auch der Gesetzgeber, nur sind hier die Erscheinungen noch nicht so genau untersucht worden. *Die Möglichkeit der Korrektur muss immer offen bleiben;* denn, wie vor allem Popper gezeigt hat, nur die dauernde Steuerung und Fehlerkorrektur ergibt die Wahrscheinlichkeit, dass das Handlungsergebnis mit den Zielvorstellungen einigermassen übereinstimmt. Daraus folgt das Postulat der Revisibilität politischer und rechtlicher Entscheidungen. Neue Erfahrungen müssen jederzeit verwertet werden können.

Die Ergebnisse unterliegen wieder einer Bewertung. Hierzu müssen Prinzipien zur Verfügung stehen, die nicht identisch sind mit der angewendeten Norm. Dies ist das Entscheidende: die Wertung wird dadurch sicherer, dass sie mit anderen Wertungen, die sich schon früher bewährt haben, zusammenstimmt. Die Entscheidung wird so gewissermassen doppelt verankert. So hat z. B. der oberste Gerichtshof der Vereinigten Staaten sich nicht damit begnügt festzustellen, dass die Rassentrennung in den Schulen dem Gleichheitssatz widerspreche, sondern die Entscheidung ausserdem damit begründet, dass die Negerkinder durch die Rassentrennung psychisch geschädigt würden.

Die Methode der konkretisierenden Komparation lässt sich auf einzelne Normen, aber auch auf ganze Normenkomplexe, auf ideologische Systeme insgesamt, anwenden. So lässt sich etwa feststellen, dass die nationalsozialistische Ideologie minderwertig war, weil sie zu völlig unerträglichen Ergebnissen geführt hat. Ganz unerlässlich wird die Konkretisierung dann, wenn verschiedene Verfassungen die gleichen Deklarationen enthalten, denen eine total verschiedene Wirklichkeit entspricht. Die Vergleichung der Ergebnisse wird entweder zu einer Einigung der Vertreter der beiden Alternativen führen oder zur *Reduktion auf einen Interessenkonflikt*. So würde etwa der weisse Südstaatler sagen, dass es für ihn günstiger sei, wenn die Schwarzen benachteiligt werden. Interessenkonflikte werden geschlichtet durch *Kampf,* durch *Einigung* oder durch *Richterspruch*. Objektiv im gleichen Sinne wie die Wissenschaft, weil von Interessen und Emotionen gelöst und nur der Wahrheit verpflichtet, ist allein die richterliche Methode des Entscheidens. Der Richter als unbeteiligter Dritter wird sofort den Privilegierten nach der Begründung seines Privilegs fragen. Ist die Begründung nicht befriedigend, weil sie weder eine besondere *Leistung* noch ein besonderes *Bedürfnis* vorweisen kann, wird der Richter sich für Gleichbehandlung entscheiden. Denn das Prinzip der Gleichheit ist in der Neutralität des Richters schon angelegt.

Ich fasse zusammen:

1. Der Mensch steht unter einem Reflexionszwang, vor allem unter dem Zwang, sein Handeln dauernd zu begründen.

2. Da alle Strebungen des Menschen gedanklich überhöht werden, kann Ideologie «Überbau» über den verschiedensten Interessen, Machtansprüchen, vor allem aber über dem Integrations- und Aggressionstrieb der Gruppen sein. Jede monistische Erklärung ist unzulänglich.

3. Ideologie überhöht, rechtfertigt, dignifiziert das nackte Streben, verleiht dem Dasein Sinn, indem

sie dem Individuum das Bewusstsein der Aufhebung seiner Begrenztheit vermittelt.

4. Ungewollt dient Ideologie der Gleichheit und Gerechtigkeit, der Koordination und Kontrolle; denn wer sein Handeln überhaupt begründet, begibt sich damit schon auf das Forum der Diskussion, setzt seine Ansprüche der Konkurrenz anderer Ansprüche und seine Begründung der Kritik aus. Ideologie trägt Ideologiekritik immer schon in sich.

FREIHEIT UND GLEICHHEIT
›Zusammenfassung‹

Verstehen wir, aus dem Gesichtswinkel der Gesetzgebungslehre, Freiheit und Gleichheit als Funktionen von Normen, können wir zeigen, dass entgegen einer traditionellen Auffassung zwischen ihnen kein Gegensatz besteht, dass vielmehr beide Begriffe dieselbe Frage nach der gerechten Verteilung der Freiheit und anderer Güter bezeichnen. Formal gesehen ist die Gleichheit das Teilungsprinzip, die Freiheit das Geteilte. Das Prinzip der Freiheit lässt sich in vier Sätzen konkretisieren: 1. Nur der Zwang, nicht die Freiheit bedarf der Rechtfertigung. 2. Zwang ist nur gerechtfertigt, wenn er mehr Freiheit und Güter hervorbringt als er Freiheit vernichtet. Das durch ein Verbot geschützte Rechtsgut muss wertvoller sein als die Freiheit, das Verbotene zu tun. 3. Die Freiheit soll so verteilt sein, dass jeder grundsätzlich gleichen Anteil an ihr hat. Eine ungleiche Verteilung von Freiheit muss dadurch gerechtfertigt sein, dass sie das Volumen an Freiheit insgesamt vermehrt. 4. Kein mündiger Mensch soll Zwang erleiden nur um seines eigenen Wohls willen.

Gleiche und ungleiche Verteilung von Freiheit und anderen Gütern sind Ergebnis von rechtlichen und sozialen Normen und Sanktionen. Das Recht muss dauernd die Ungleichheiten korrigieren, die es selber hervorruft. Institutionalisierte Ungleichheit, die grundsätzlich ungerechtfertigt ist, besteht in der rechtsstaatlichen Demokratie heute noch in der Vererblichkeit von Namen, Staatsbürgerschaft und Vermögen. Das Prinzip der Gleichheit wird in fünf Sätzen konkretisiert. 1. Logisch lassen sich durch die Begriffsbildung an allen Gegenständen beliebig viele Gleichheiten und Ungleichheiten feststellen. 2. Die unterschiedliche Behandlung bedarf der Begründung, die Gleichbehandlung nicht. 3. Für die Rechtfertigung der unterschiedlichen Behandlung kommt es nicht auf den ontischen Unterschied als solchen, sondern auf seine soziale Funktion an. 4. Die unterschiedliche Behandlung muss in einer besonderen, positiven oder negativen, Leistung oder in einem besonderen, positiven oder negativen, Bedürfnis begründet sein. 5. Die Leistung muss jedermann offenstehen, und die belohnenden oder zurücksetzenden Sanktionen, die mit dem Leistungsprinzip gerechtfertigt werden, müssen von der Willensentscheidung des einzelnen beeinflusst werden können.

GESETZGEBUNG
Ihre politischen, sozialen und idealen Strukturen

Die politische Struktur des gesetzgeberischen Aktes und sein Verhältnis zur sozialen Wirklichkeit

Die wenigen Juristen, die sich überhaupt mit der Struktur des gesetzgeberischen Aktes befasst haben, pflegten diesem das *Modell des individuellen finalen Handelns* zugrunde zu legen. Der Gesetzgeber überlegt sich die zu verfolgenden Zwecke, entscheidet sich für einen bestimmten Zweck, überlegt sich die anzuwendenden Mittel und setzt diejenigen Mittel ein, die den Zweck am sichersten und mit den wenigsten unerwünschten Nebenwirkungen erreichen. Der gesetzgeberische Akt wird damit der freien, vollbewussten Handlung des Individuums gleichgesetzt. Die klassische Darstellung dieses Handlungsmodells finden wir bei Nicolai Hartmann. Hartmann zerlegt die finale Handlung in drei Akte:

«1. Akt: Setzung des Zweckes im Bewusstsein mit Überspringung des Zeitflusses, als Antizipation des Künftigen;

2. Akt: Selektion der Mittel vom gesetzten Zweck aus im Bewusstsein (rückläufige Determination);

3. Akt: Realisation durch die Reihe der selegierten Mittel; rechtsläufiger Realprozess ausserhalb des Bewusstseins.»

In der deutschen Strafrechtslehre hat das Hartmannsche Handlungsmodell die sogenannte *finale Handlungslehre* inspiriert, welche eine zutreffende Erklärung für die vollbewusste, vorsätzliche Handlung gibt, aber eben nur für diese. Sie entspricht insofern der Bewusstseinspsychologie, als sie von allen unbewussten Trieben und Motivationen auch beim Individuum absieht. Noch weniger passt der Begriff auf den viel komplexeren Akt der Gesetzgebung.

1. Der Gesetzgeber ist keine Einzelperson mit individuellen und gewissermassen individualpsychologisch erklärbaren Motiven und Absichten. Das war er nicht einmal zur Zeit des Absolutismus oder im sogenannten Führerstaat. Denn der Gesetzgeber, selbst wenn er die absolutistische Spitze des Staates bildet, ist nie nur wie das Individuum bei seinen Entschlüssen den Einflüssen anderer ausgesetzt, sondern immer zugleich von politischen Kräften getragen, die seine Zielsetzungen mitbestimmen. Noch weniger passt das Bild für die Gesetzgebung in der Demokratie. Hier zeigt sich nämlich besonders deutlich, dass Gesetzgebung ein *gesellschaftlicher Prozess* ist, ein gewaltenteiliges Verfahren in welchem die *verschiedensten Instanzen und Meinungsträger mit formellen oder informellen Kompetenzen* zum Zuge kommen. Schon die Frage nach «dem Gesetzgeber» lässt sich in der Demokratie überhaupt nicht beantworten, selbst dann nicht, wenn man das Betrachtungsfeld von vornherein einengt auf die nach Verfassung und Gesetz formell legitimierten Instanzen. Gewiss steht am Ende des Gesetzgebungsprozesses immer eine Instanz, in der parlamentarischen Demokratie das Parlament, in der direkten Demokratie das Volk, welche schliesslich den gesetzgeberischen Vorschlag annimmt oder verwirft. Bin ich nun Gesetzgeber, wenn ich im Kanton Zürich in der Volksabstimmung vom 14. März 1971 den folgenden «Stimmzettel» je mit Ja oder Nein ausgefüllt habe?

«Wollen Sie folgende Vorlagen annehmen?
  1. Gesetz über die Teilverlegung der Universität;
  2. Gesetz über die öffentlichen Ruhetage und über die Verkaufszeit im Detailhandel;
  3. Gesetz über die Ergänzung des Gesetzes über die Ausbildung von Lehrkräften für die Primarschule;
  4. Gesetz über das Halten von Hunden.»

Die Frage nach dem Gesetzgeber ist offensichtlich müssig. Ist z. B. im Hinblick auf den einzelnen gesetzgeberischen Akt bei Annahme der Vorlage auch di unterlegene Minderheit Gesetzgeber gewesen? War es die Mehrheit auch bei Verwerfung der Vorlage? Welche Funktion haben diejenigen, die nicht abstimmen, aber doch durch ihre Enthaltung die Mehrheitsverhältnisse beeinflussen? Interessant sind dagegen in diesem Zusammenhang zwei Feststellungen. *Je höher die Instanz, desto reduzierter die Fragestellung und desto geringer der Einfluss auf den Inhalt der gesetzgeberischen Entscheidung.* Nicht nur in der direkten Demokratie, sondern auch im Parlament geht es in der Schlussabstimmung, also beim letztinstanzlichen Entscheid, nur noch um die pauschale Annahme oder Verwerfung einer Norm oder eines Normenkomplexes. Die zweite Feststellung ist die, dass die letzte Ja-Nein-Instanz dennoch über eine *präventive Rückwirkung* auch den Inhalt der Entscheidung durch ihr blosses Dasein und durch die Vermutung über ihren Willen beeinflusst. So spricht man in der Schweiz etwa von der Angst vor dem Referendum, und auch in der Bundesrepublik kann man den Satz hören: So bringen wir das im Parlament nie durch. Auch von der Angst vor dem Wähler oder umgekehrt von der Köderung des Wählers wird gesprochen. D. h.: die Willensbildung und Zielsetzung im Gesetzgebungsprozess ist immer von Anfang an schon heteronom. Mit einer dritten Feststellung oder Frage könnte man an eine Überlegung *Luhmanns* anknüpfen und sie in einem von ihm möglicherweise nicht für richtig gehaltenen Masse verallgemeinern: Vielleicht dient die direkte oder indirekte Beteiligung möglichst vieler Personen am gesetzgeberischen Entscheidungsprozess weniger dem Zweck, diesen Personen relevanten Einfluss zu gewähren, als vielmehr dem Zweck, *Enttäuschungen zu absorbieren*. In der direkten Demokratie ebenfalls lässt sich deutlich beobachten, dass nach einer Volksabstimmung auch die unterlegene Minderheit bereit ist, den Entscheid zu akzeptieren und bei seiner Verwirklichung sogar aktiv mitzuarbeiten, wohl im Bewusstsein, dass man bei nächster Gelegenheit im Lager der Mehrheit sein könnte und dann ebenfalls auf die Loyalität der Minderheit angewiesen sein würde. Dahinter steht die Bereitschaft, den Gleichheitssatz als nicht in Frage zu stellendes Axiom sozialen Handelns zu unterstellen. Es sind also nicht beliebige Spielregeln, die hier die «Legitimation durch Verfahren» begründen, sondern konkrete (wenn vielleicht auch illusorische) Erwartungen auf immer wieder gleiche Chancen.

Schon an diesem Punkt unserer Überlegungen ergibt sich, dass eine «abstrakte» Gesetzgebungstheorie, die nicht von vornherein von der Komplexität der Gesetzgebungspraxis ausgeht, nichts hergibt.

2. Am Anfang des gesetzgeberischen Aktes steht nicht die Zwecksetzung, ebensowenig wie bei der individuellen Handlung, sondern der *Problemimpuls.* Ihm entspricht im Bereich des individuellen Handelns das Motiv (Hunger, Eifersucht) und seine reale oder eingebildete Grundlage (Not, Sexualkonkurrent).

Theoretisch liesse sich unterscheiden zwischen der *Entstehung* des Problemimpulses und seiner *Wirkung* auf den Gesetzgebungsakt. In der Wirklichkeit ist beides untrennbar; denn bis ein Problemimpuls auch nur im Vorfeld zu gesetzgeberischer Aktivität anregen kann, muss er so stark sein, dass die Gründe seiner Entstehung allgemein einleuchten müssen. Im allgemeinen sind es nur *kollektive Bewusstseinsinhalte,* die in solcher Hinsicht genug Kraft entwickeln. Solitäre Individualprobleme gehen nie in die Gesetzgebung ein. Der Brief des Strafgefangenen an den Abgeordneten, in welchem Beschwerde darüber geführt wird, dass man ihm, dem Strafgefangenen, nach dem Tode seines Hamsters nicht erlaubt habe, einen neuen zu kaufen, wird bestenfalls beschwichtigend und nichtssagend beantwortet mit dem Hinweis auf andere institutionelle Möglichkeiten der Wunscherfüllung. Anders würde möglicherweise reagiert, wenn

Hunderte solcher Briefe gleichen Inhalts an mehrere Abgeordnete geschrieben würden. Auch dann aber würde nicht die Haltung von Hamstern in Gefängniszellen als Inhalt des Problemimpulses auftauchen, sondern das Problem würde sogleich generalisiert und zu einer Diskussion der Rechte der Gefangenen insgesamt führen. Der Abgeordnete will sich ja auch nicht lächerlich machen.

Für die Stärke des Problemimpulses ist nicht entscheidend, ob seine *Grundlage real oder imaginär* ist, sondern ob eine für die gesetzgeberischen Instanzen spürbare Macht hinter ihm steht, von der sie Vorteile oder Nachteile zu gewärtigen haben. Diese Macht kann ein einzelner sein (was für Krupp gut ist, ist für Deutschland gut), oder es können viele sein (Bauern, Autofahrer usw.). Ein Realitätsbezug braucht nicht zu bestehen, sofern nur das Bewusstsein (einzelner Starker oder vieler Schwacher) genügend bewegt ist. So sind durch Volksinitiative und Volksabstimmung das Absinthverbot und das Schächtverbot in die schweizerische Bundesverfassung gelangt, und so ist das Verbot der Pornographie heute eines der wichtigsten Themen der gesetzgeberischen Diskussion, obwohl es mehr symbolische als reale Bedeutung hat.

Welchen Problemimpulsen geben die gesetzgebenden Instanzen bei gleicher Stärke nach und welchen nicht? Oder geben sie den stärkeren nach und den schwächeren nicht und haben sie dabei ein Gespür für deren Stärke? «Thematisierung ist deshalb ein Problem, weil bewusste Aufmerksamkeit knapp ist.» Die *Möglichkeit, Aufmerksamkeit zu erregen,* kann durchaus mit Macht gleichgesetzt werden. Vor allem die publizistische Macht hat hier ihren Schwerpunkt. Der Kampf gegen die Pressekonzentration und für die Erhaltung der Meinungsvielfalt dient somit ausser der Verhinderung freiheitsbedrohender Machtmonopole auch einer *sachgerechten Verteilung des Aufmerksamkeitspotentials,* von der die Wirkung der Problemimpulse abhängt.

Die unmittelbare Wirkung des Problemimpulses auf die gesetzgebenden Instanzen ist verfahrensmässig institutionalisiert. Mitglieder der Regierung und des Parlaments können *Initiativen* ergreifen; in der Schweiz braucht man 50000 Unterschriften, um auf eidgenössischer Ebene eine Verfassungsinitiative zu lancieren. Auch der Gesetzgeber steht, nicht anders als die Gerichte, unter einem Entscheidungszwang, wenn das Verfahren einmal durch einen prozessual legitimierten Initianten in Gang gekommen ist. Nur ist er bei seiner Entscheidung viel freier, an weniger Normen gebunden als der Richter. Weil aber *nur ganz wenige zur Initiative im Gesetzgebungsverfahren legitimiert* sind, während die Gerichte von jedermann angerufen werden können, macht die Themenauswahl im Bereich der Gesetzgebung leicht den Eindruck von Willkür. Meistens sind es nicht die gewichtigsten, sondern die am besten organisierten Interessen, die die grössten Chancen haben, sich Gehör zu verschaffen.

Die Frage, was überhaupt ins Problembewusstsein des Gesetzgebers tritt und was nicht, ist noch weithin ungeklärt. Grosse und seit langem anstehende Probleme werden oft erst sehr spät als solche empfunden (Umweltschutz). Interessanterweise neigen gerade die Juristen auf ihren eigenen Fachgebieten zu ausgesprochener Problemblindheit. Vergeltungsstrafrecht und Vergeltungsstrafvollzug sind jahrzehntelang nur von Aussenseitern in Frage gestellt worden. Auch als der Gesetzgeber in den fünfziger Jahren in Aktion trat, wollte er daran nichts ändern, so dass man sich fragen musste, welcher Problemimpuls ihn überhaupt bewegte. Es bedurfte des Alternativentwurfs, um zu allererst einmal das Problembewusstsein zu schaffen, in dessen Atmosphäre dann auch neue Lösungen entstehen konnten. Das Beispiel des Strafrechts ist aufschlussreich. Da die Kriminalität immer etwa konstant blieb, jedenfalls nicht in aufsehenerregendem Masse anstieg, entstand lange Zeit aus dem vor

Anfang an vorhandenen Problem kein stärkerer Problemimpuls. Vermutlich verhindert die Gewöhnung Problemimpulse, wie umgekehrt starke Veränderungen solche hervorrufen.

3. Werden viele Problemimpulse gleichzeitig wirksam, so treten sie notwendigerweise zueinander in *Konkurrenz* und stellen die Gesetzgebung vor das *Problem der Themenauswahl*. Die Leistungsfähigkeit des Gesetzgebungsapparates ist begrenzt. Davon, dass dasselbe auch von der Aufnahmefähigkeit des Gesetzesadressaten gilt, können wir in diesem Zusammenhang absehen, da es sich überwiegend um ein gesetzgebungstechnisches Problem handelt. Einen noch deutlicher sichtbaren Selektionszwang üben die begrenzten finanziellen Mittel des Staates aus. Im jährlichen *Staatshaushalt* oder in Fünfjahresplänen und dergleichen kommt drastisch zum Ausdruck, dass das Hauptproblem der Gesetzgebung gar nicht in der isolierten Bewertung des Zweckes des einzelnen Gesetzes besteht, sondern vielmehr in der *Abwägung der Prioritäten*. Altersversorgung, Förderung des Bildungswesens, Wohnraumbeschaffung usw., das sind alles unbestrittenermassen gute Zwecke; äusserst schwer aber ist die Frage zu beantworten, welcher Zweck besser ist als der andere und vorrangig verfolgt werden müsste. Der Quantifizierbarkeit der finanziellen Mittel müsste eine Quantifizierbarkeit der den gesetzgeberischen Zwecksetzungen zugrunde liegenden Werte entsprechen. Eine solche Relation könnte aber höchstens in einem utopischen Totalsystem politischen Handelns hergestellt werden.

Nun gibt es freilich auch zahlreiche *Gesetze, die den Staat nichts kosten; aber Gratisgesetze gibt es nicht*. Zum einen verursacht auch die staatliche Gesetzgebung erhebliche *external costs,* für die es keinen Ausgleich gibt; die Umstellung von der Umsatzsteuer auf die Mehrwertsteuer beispielsweise hat die Privatwirtschaft viele Millionen gekostet. Der Bau von Autobahnen, die Erschliessung von Wasserwegen usw. schaffen viele Vorteile und Nachteile für viele direkt und indirekt Betroffene. Auch Gesetze, die die Rechte und Pflichten zwischen Privatpersonen umverteilen, nehmen dem einen, was sie dem anderen geben. Die Gleichberechtigung der Frau geht auf Kosten des Mannes, die Gleichberechtigung des unehelichen Kindes auf Kosten des ehelichen. Hier sehen wir sofort den Gewinn oder Verlust an Gerechtigkeit, weil die *Umverteilung direkt* erfolgt, ohne Umweg über den Staatshaushalt. Dass aber auch die Subventionierung der Landwirtschaft auf Kosten der Förderung des Bildungswesens geht und umgekehrt, tritt viel weniger deutlich ins Bewusstsein, weil die Materien voneinander getrennt behandelt werden und die Wertkollision erst im Staatsbudget sichtbar wird.

Einen Vorrang bei der Abwägung der Prioritäten geniessen meist diejenigen Gesetzgebungsmaterien und die mit ihnen verknüpften Interessen, die *thematisch schon institutionalisiert* sind. Es gibt Verteidigungsministerien, Landwirtschaftsministerien, neuestens auch Wissenschaftsministerien, aber keine Friedensministerien oder Umweltschutzministerien, keine Ministerien für Raumplanung.

4. Gesetzgebung geschieht nicht im rechtsleeren Raum; sie ist, aufs Ganze der Rechtsordnung gesehen, *immer nur Rechtsänderung, nie totaler Neubeginn.* Die gesetzgeberische Entscheidung ist immer in verschieden hohem Masse rechtlich, institutionell und faktisch präjudiziert. Es gibt kaum ein neues Gesetz, das nicht an die Stelle eines alten tritt. Die Verfassung, das Strafgesetzbuch, Zivilgesetzbuch, Steuergesetze usw. sind jeweils als vorhandene Normenkomplexe mindestens als Anknüpfungspunkt zu berücksichtigen, wenn in den betreffenden Materien neu legiferiert wird. Vorhanden sind auch die staatlichen Institutionen, die Verwaltung, die Gerichte, ihre Gewohnheiten und Mentalitäten.

Der Gesetzgeber kann gegenüber diesen normativen Daten eine *verschiedene Standpunkthöhe* einnehmen, die die *Weite oder Enge seiner Problemsicht* bestimmt. Je nachdem wird man ihn für konservativ, reformistisch oder revolutionär halten. Frappant ist z. B. die unterschiedliche Standpunkthöhe des Regierungsentwurfs eines Strafgesetzbuches von 1962 einerseits und des Alternativentwurfs andererseits. Aber auch der Alternativentwurf geht davon aus, dass es weiterhin Strafen und Gefängnisse geben wird. *Beispiel einer extremen Standpunkthöhe* bilden die jüngst erschienenen *«Helvetischen Alternativen»,* eine politische Schrift von zwölf jungen Schweizer Intellektuellen verschiedener Richtungen, die zur geplanten Totalrevision der schweizerischen Bundesverfassung Stellung nimmt. Die Verfasser gehen aus vom sogenannten «Katalog Wahlen», einem Fragebogen, den eine vom Bundesrat beauftragte Arbeitsgruppe unter dem Vorsitz des früheren Bundesrates Wahlen ausgearbeitet und verschiedenen Instanzen zur Beantwortung zugestellt hatte. Im Vorspann zum Fragenkatalog Wahlen heisst es:

«Die Arbeitsgruppe hat die folgende Disposition von Problemkreisen, ergänzt durch eine Auswahl einzelner Fragen, den zur Mitarbeit eingeladenen Kantonen, Universitäten und Parteien als Arbeitsgrundlage zugestellt ... Wir möchten ausdrücklich festhalten, dass dieser Katalog, der kein ausgewogenes Ganzes bildet, weder Anspruch auf Vollständigkeit erhebt noch als bindende Wegleitung für die Tätigkeit der verschiedenen zur Mitarbeit eingeladenen Institutionen und Gruppen gedacht ist ...».

Dazu führen die Verfasser der «Helvetischen Alternativen» aus, «dass dem gesamten Revisionsunternehmen ‹die Leitidee fehle›, ist bisher die Leitidee der öffentlichen Diskussion gewesen» (S. 10). Ihre eigenen «Thesen» leiten sie mit folgenden Worten ein:

«Mit bescheidenem Hochmute unterbreiten die Unterzeichner diesen Beitrag zur Verfassungsdiskussion der schweizerischen Öffentlichkeit.

Bescheiden, denn wir haben keinen Entwurf, auch keine Skizze für eine neue Bundesverfassung oder Teile davon. Wir haben nicht einmal Antworten auf die Fragen des ‹Katalogs Wahlen›, sondern nur eine Reihe von neuen Fragen. Aber auch mit einem gewissen Hochmut, denn wir lassen uns von der Vorläufigkeit unserer neuen Fragen nicht davon abhalten, diese für dringlich und den Fragenkatalog der ‹Arbeitsgruppe Totalrevision› für fragwürdig zu halten.

Warum?

Mit Max Frisch (Weltwoche Nr. 1809 vom 12. Juli 1968) sind wir der Meinung, die Schweiz sei etwas, das von Grund auf neu überdacht werden müsse — und zwar von unserer Generation. Der Fragenkatalog stellt Fragen, gewiss; aber er stellt sie nicht in dem radikalen Geiste, den wir für nötig halten. Mit ‹radikal› meinen wir keineswegs, dass alles Bestehende geändert werden müsse, wohl aber, dass alles Bestehende — und wir meinen: alles! — zur offensten Diskussion gestellt werden müsse. Das *gedankliche Experiment,* welches die erste und entscheidende Etappe auf dem Weg zur Totalrevision darstellen muss, darf auch die Grundpfeiler unseres Staates und unserer Lebensgewohnheit nicht verschonen, wenn schliesslich die Verfassung herauskommen soll, welche die Schweiz der nächsten Generation braucht.» (S. 5)

Die Verfasser teilen sodann ihre Fragen in vier «*Fragenstufen»* ein. Auf der ersten Stufe stehen Fragen wie:

«Wie soll die Schweiz der Zukunft aussehen? ... Unsere Ideale und Leitprinzipien umschrieben wir bisher etwa mit den Begriffen individuelle und politische Freiheit, Menschlichkeit, Gerechtigkeit, Friede, Toleranz, Ordnung und anderen. Ist der Konsens über diese Ideale noch intakt? Wissen wir noch, was wir darunter verstehen? Verstehen wir alle dasselbe? Wie verhalten sie sich zur modernen Welt? Ändern sie vielleicht ihre Funktion? ... Was soll der Sinn der modernen Schweiz sein? Gibt es einen solchen Sinn? Wollen wir einen? Denselben wie bisher? ... Welche Rolle soll in Zukunft der Staat spielen? ... Wie steht es mit der Demokratie in unserer modernen Zeit? Ist sie gefährdet? Wollen wir sie behaupten? ... Welche Rolle spielt die Erziehung in diesen Fragen? ... Wie soll die Gesellschaft der Zukunft aussehen? ... Wird sich ihr Verhältnis zum Staat ändern? ... Ist der Mensch als Einzelwesen noch der gleiche wie früher? Wie steht er heute zur rasch sich wandelnden Umwelt? Ist er durch das Tempo dieses Wandels überfordert? ... Das Verhältnis vom Staat zur Wirtschaft hat sich schon seit einiger Zeit geändert. Ist das notwendig? Unumgänglich?»

Auf der zweiten Fragenstufe wird nach den Mitteln zur Verwirklichung gefragt:

«Wird die Politik noch die gleiche Rolle spielen wie bisher? Darf sie es? Oder muss sie sich ändern? Wie? Ist diese Änderung zu steuern? ... Wie steht es mit den Politikern? Wie viele brauchen wir? Mehr als heute? Andere als heute? Eine andere Mischung? ... Sollen, können wir die Politiker institutionell auf die Befolgung gewisser Leitbilder verpflichten? ... Welche Rolle könnten in dieser modernen Schweiz Verfassung, Gesetzgebung, Staatsinstitutionen spielen?»

Auf der dritten Fragenstufe wird diese letzte Frage weiterverfolgt:
«Welche Rolle sollen Verfassung und Staatsaufbau in der modernen Schweiz spielen? ... Es könnte sein, dass Verfassung und Verfassungsrevision nach stattgefundener Diskussion nur noch als ein Mittel neben anderen erscheinen, um die moderne Schweiz zu gestalten.»

Erst auf der vierten Fragenstufe wird schliesslich der gesetzgeberische Akt selbst ins Auge gefasst:
«Wie soll demnach die künftige Verfassung aussehen?»

Hier wird bewusst der Versuch unternommen, beim gesetzgeberischen Akt die Gesetzgebung von den Bindungen an normative und faktische Daten vollständig zu lösen. Alles wird in Frage gestellt. Das Unternehmen charakterisiert sich selber treffend mit dem Hinweis auf die Mischung von Hochmut und Bescheidenheit, die die Verfasser erfülle. Den Hochmut können wir auf die beträchtliche Standpunkthöhe beziehen; die Bescheidenheit auf die geringe konkrete Fassbarkeit der in den Fragen enthaltenen Postulate und das entsprechende Fehlen einer Alternative. Mit der Standpunkthöhe wächst immer auch der utopische Charakter aufgestellter Postulate. Auf die Gefahren einer utopischen Radikalkritik ohne reale Alternativen haben vor allem Popper und Albert hingewiesen.

5. Die Helvetischen Alternativen sind deshalb so anregend, weil sie, wenn auch ohne Anspruch auf wissenschaftliche Genauigkeit und Systematik, tatsächlich ein Grundproblem der Gesetzgebungswissenschaft aufwerfen. Welche Haltung sollen die gesetzgebenden Instanzen und die sie beeinflussenden Kräfte

gegenüber den vorhandenen normativen und faktischen Daten einnehmen? Wissenschaftliche Gesetzgebung müsste voraussetzungslos denken bzw. nur von Voraussetzungen ausgehen, die als solche bewusst akzeptiert werden. Von dieser Haltung ist die gesetzgeberische Praxis überall weit entfernt. Die *Frage, welche Daten als fix, welche als veränderlich angenommen werden, wer sich wem anpassen soll,* wird kaum je gestellt. So werden z. B. fröhlich immer mehr Autobahnen gebaut, auch Städtesanierungen zur Erleichterung des Autoverkehrs vorgenommen, indem man ganz unreflektiert vom fixen Datum des zunehmenden Motorfahrzeugverkehrs ausgeht, ohne auch nur unter Rentabilitätsgesichtspunkten eine Gesamtrechnung aufzumachen. Auch da, wo der Gesetzgeber sich wirklich Mühe gibt, seinen gestaltenden Eingriff auf eine umfassende Faktenanalyse zu stützen, stellt er kaum je einen *Datenkatalog* auf unter dem Gesichtspunkt der Frage, welche Fakten mit dem geringsten Aufwand und dem höchsten Ertrag verändert werden können.

6. Die Anlehnung an bestehende normative Daten kann so weit gehen, dass der *Gesetzgeber nur noch formell sanktioniert, was ohnehin schon rechtens ist.* Solches geschieht vor allem in den von der Rechtsprechungswissenschaft erarbeiteten Gesetzen, namentlich in den *Monumentalkodifikationen* des Zivilrechts und des Strafrechts, die ganz zu Unrecht den Ruhm grosser gesetzgeberischer Leistungen geniessen. Gerade der *kodifizierende Gesetzgeber* ist selten zugleich der *gestaltende Gesetzgeber*. Seine Tätigkeit ist überwiegend nur sinnvoll unter dem gesetzgebungstechnischen Gesichtspunkt der *Gesetzesbereinigung*. Er ist vorwiegend rezeptiv tätig und täuscht sich selber, wenn er glaubt, produktiv zu sein. Schon Theodor Geiger sah:

«Der Gesetzgeber ist Quelle des Norminhaltes, sofern er selbstdachte und konstruierte Gebarensmodelle als verbindlich statuiert. Der Gesetzgeber ist also nicht Quelle des Inhaltes aller Gesetzesvorschriften. Denn fürs erste kann er bisweilen einer langbestehenden habituellen Standard ‹zum Gesetz erheben›, fürs zweite findet er die Anregungen für seine normschöpferische Tätigkeit überall in den faktischen Bildungen des sozialen Milieus und in der fachlichrechtlichen Diskussion. Im ersten Fall hat er einen Standard habituell entstandenen Inhalts übernommen, im zweiten Fall ist er zwar direkt Quelle und Urheber der gesetzlichen Fassung des Normkerns, nicht aber dieses Inhaltes selbst, dessen eigentliche weiter zurückliegende und diffuse Quellen nicht im einzelnen verfolgbar sind. Wenn man bedenkt, wie selten im Grunde rein konstruktiv erfundene Gesetzesbestimmungen sind, schmilzt die Bedeutung der Instanz als Inhaltsquelle von Rechtsnormen stark zusammen.»

7. Solche nur rezeptive und kodifizierende Gesetzgebung ist allerdings nur im Bereich der *generell-abstrakten Normen* möglich, die von Richterrecht oder Gewohnheiten bestimmt sein können, nicht im Bereich einer Normsetzung, die entweder eine solche Fallentscheidungspraxis ändern will oder die als sogenannte *Massnahmengesetze* gesellschaftliche Entwicklungen steuern wollen. Da die Rechtsprechungswissenschaft zum zweiten Typ gesetzgeberischer Akte überhaupt nichts beitragen kann, neigen die Rechtsprechungsjuristen zu einer weitgehend emotional bestimmten Polemik gegen die Massnahmengesetze (Forsthoff).

Idealstruktur des Gesetzgebungsaktes

Die vorausgegangenen Ausführungen haben die zahlreichen Determinanten des gesetzgeberischen Aktes gezeigt, die zugleich die Erklärung dafür liefern, dass in der Praxis das Idealbild des vollbewussten, vollinformierten, rational zweckmässigen Gesetzgebungsaktes schon vom Entstehungsprozess her nicht verwirklicht werden kann. Die Bedingungen der Gesetzgebung selbst treten gegenüber diesem Idealbild zumeist als Störfaktoren auf. Trotzdem ist die Idealvorstellung von den gedanklichen Stadien des Gesetzgebungsprozesses: Faktenanalyse, wertende Stellungnahme, Zielsetzung, Auswahl der Mittel, nicht sinnlos; sie kann vermeidbare Fehler vermeiden helfen.

1. Der Gesetzgeber sollte die *Sachverhalte,* die er beeinflussen will, und ihre *Ursachen* möglichst genau kennen. Für die Rechtsprechung ist diese Forderung selbstverständlich. In der Gesetzgebung sind wir von ihrer Erfüllung weit entfernt. Die gesetzgeberische Entscheidung stützt sich weithin auf blosse Vermutungen auch da, wo ein Sachverhalt eindeutig geklärt werden könnte. Gründe dafür:

a) Die Gesetzgebung kennt *keine neutrale, dem Richter vergleichbare Instanz*. Fast alle Beteiligten sind Partei. Immerhin gibt es Ansätze zu einer Objektivierung des gesetzgeberischen Verfahrens: die Ministerialbürokratie ist oder gibt sich neutral; vor den Parlamentsausschüssen gibt es manchmal kontradiktorische Verfahren mit Anhörung von Interessentengruppen, Experten usw.; manche Entwürfe werden durch Sachverständigenkommissionen vorbereitet.

b) Der Gesetzgebungsprozess kennt keine Beweisverfahren und keine Beweislastverteilung. Zu postulieren wäre eine *Gesetzgebungs-Prozessordnung*.

c) Der Gesetzgeber hat es mit einer Vielzahl meist viel komplexerer Fakten zu tun als der Richter.

d) Die Relevanz der Tatsachen und damit das Beweisthema ist dem Gesetzgeber, wiederum anders als dem Richter, durch keine Normen, jedenfalls nicht durch feste gesetzliche Tatbestände gegeben. In jedem einzelnen Gesetzgebungsverfahren müsste ein besonderer *Beweisthemenkatalog* aufgestellt werden.

e) Selbst wenn der Gesetzgeber von den bestehenden Tatsachen sichere Kenntnis erlangt hat, ist damit noch nicht garantiert, dass seine Entscheidung fehlerfrei sein werde. Nur wenn er zugleich über sichere Prognosen verfügt, besteht dafür einige Aussicht. Zuverlässige *prognostische Methoden und Techniken* fehlen ausserhalb der Nationalökonomie fast vollständig.

f) Besonders wichtig wäre daher eine *institutionalisierte Beobachtung der Gesetzeswirkungen,* mit deren Feststellungen man rückkoppelnd die Gesetze korrigieren könnte. Ansätze dazu gibt es ausser in der Wirtschaftspolitik vor allem in der Kriminologie.

2. Überwiegend dieser letzten Aufgabe widmet sich die sogenannte *Rechtstatsachenforschung.* Auch wenn sie weniger unterentwickelt wäre, als sie es ist, könnte sie immer nur einen verhältnismässig kleinen Teil der Probleme der Gesetzgebungswissenschaft lösen helfen. Sie ist nach ihrem gegenwärtigen Stand gewissermassen die Kriminalsoziologie der Zivilrechtswissenschaft. Zu postulieren wäre, dass sich jeder Rechtszweig seine Tatsachenwissenschaft angliedert, welche die Wirkung der gesetzten Normen laufend beobachtet. Auch davon sind wir noch weit entfernt. Im Gegenteil müssen wir die Tendenz feststellen, dass z. B. auch die Kriminologie, was mit den Eigengesetzlichkeiten des Wissenschaftsbetriebes zusammenhängt, sich mehr und mehr von den gesetzgeberisch relevanten Fragestellungen löst, einen eigenen Wissenschaftsbetrieb entwickelt, dessen Ergebnisse nur teilweise und zufällig für die Gesetzgebung verwendbar sind. Der Graben zwischen Diagnose und Therapie wird immer grösser. Wie unerwünscht dieser Vorgang ist, lässt sich leicht ermessen, wenn man sich dasselbe etwa im Bereich der Medizin vorstellte.

3. Der *Problemimpuls,* der am Anfang des gesetzgeberischen Aktes steht, enthält bereits eine *vorweggenommene Wertung.* Gesellschaftliche Zustände sollen verbessert, oder häufiger, Missstände beseitigt werden. Das *Wertproblem* spielt in der Gesetzgebung eine viel geringere Rolle, als die ausgedehnte sozialphilosophische Diskussion zum Thema vermuten liesse. Das hat vor allem zwei Gründe: soweit in der Gesetzgebung Interessen bevorzugt oder benachteiligt wer-

den, kommen diese nicht nach ihrer Wertigkeit, sondern nach ihrem Gewicht zum Zuge. Zum zweiten sind die Wertmassstäbe, die die gesetzgebenden Instanzen anwenden, ihnen jeweils schon im Gesamtrahmen von Ideologien gegeben.

Meistens ist die Bewertung der festgestellten Sachverhalte überhaupt nicht streitig, sondern es geht nur um Prioritäten, teils auch um sachgesetzliche Widersprüche zwischen einzelnen Zielsetzungen. Dass Kriminalität, Arbeitslosigkeit, Inflation schlecht sind, steht ausser Diskussion. Dagegen können nach ökonomischen Gesetzmässigkeiten Vollbeschäftigung und Währungsstabilität offenbar nicht gleichzeitig voll verwirklicht werden.

Die Aufgabe der Gesetzgebungswissenschaft besteht bei diesem Problem nicht in der Ausarbeitung gesicherter Methoden der Bewertung von Sachverhalten, vielmehr in der *Interessenanalyse, Ideologiekritik* und Überprüfung der *Wertungskonsequenz*.

4. Die Forderung, dass der Gesetzgeber sich ein möglichst konkretes *Bild des erwünschten Zustandes* verschaffen muss, scheint banal, und doch wird gerade ihr häufig nicht genügt. Die häufige Konzeptionslosigkeit wird besonders darin sichtbar, dass über bestimmte Handlungsmodelle diskutiert wird, bevor klare Zielvorstellungen entwickelt sind. Das macht z. B. die Diskussion um die Hochschulreform so ermüdend.

5. Wieder ins Zentrum der Problematik, mit der sich die Gesetzgebungslehre befassen muss, führt die Frage nach den *normativen Mitteln,* den einzuschlagenden Wegen und den möglichen *Alternativen*.

Da die Kausalkette unendlich ist, kann jedes Mittel auch als Zweck und jeder Zweck auch als Mittel verstanden werden. «Im sozialen Ganzen ist jedes Element sowohl Mittel als auch Zweck» (Dietrich Schindler d.Ä.). Daher geht es in diesem Zusammenhang nicht nur um die beabsichtigten oder unbeabsichtigten, erwünschten oder unerwünschten Nebenwirkungen und Spätwirkungen bestimmter Mittel, sondern primär um die Frage des Verhältnisses zwischen Mittel und Zweck. Die immer wieder sich stellende Frage nach den Prioritäten gelangt damit in einen grösseren Zusammenhang. Was darf für was, wer für wen eingesetzt oder gar geopfert werden? Von wem soll zugunsten von wem Konsumverzicht verlangt werden? Darf, wie dies in der Phase des Übergangs zur industriellen Gesellschaft zu geschehen pflegt, die jetzige Generation der künftigen, darf, wie dies der Phase der hochindustrialisierten Gesellschaft entspricht, die künftige Generation der jetzigen geopfert werden? Die Frage nach der Gleichberechtigung der Generationen muss viel mehr als bisher Diskussionsthema werden. Weder lassen sich Mittel und Zwecke einander antithetisch gegenüberstellen noch sind die einzelnen Mittel einer isolierten Betrachtung, will sie sinnvoll sein, zugänglich. Zur Diskussion gestellt werden, können vielmehr immer nur *normative Gesamtkomplexe, die einen globalen Gesamtzweck mit verschiedenen Mittelkombinationen zu erreichen suchen*. Mit Recht wird immer wieder betont, dass hier das Feld der gesetzgeberischen, der schöpferischen Phantasie liegt (Hans Albert).

V
zum Tage

WIR UND DIE ANDEREN
Deutsch-schweizerische Zweisprachigkeit

Bernard Shaw, zitiert in der *Zürcher Woche* vom 16. Juli 1954, sagte: «*Die Amerikaner und die Engländer sind zwei Völker, getrennt durch die gemeinsame Sprache*». Dasselbe könnte man von uns und den Deutschen sagen.

Ich meine nicht den schweizerischen Dialekt oder den unverkennbaren Akzent, den die Schweizer in der Aussprache des Hochdeutschen pflegen und der in Deutschland recht beliebt ist. Ich meine den Unterschied zwischen dem deutschen Hochdeutschen und dem schweizerischen Schriftdeutschen. Es handelt sich um eine weniger sichtbare, aber höchst bedeutsame Sprachgrenze. Das deutsche Hochdeutsch kennt Wörter, die der Schweizer zwar versteht, aber nie über seine schweizerischen Lippen brächte. Die Deutschen sagen «Gaststätte» für «Restaurant», «Kraftwagen» oder gar «PeKaWe» für «Auto», «Kraftstoff» für «Benzin» (obwohl Benz Deutscher war), «Kraftpost» für «Postauto», «Kraftbrühe» für «Bouillon», «Rundfunk» für «Radio», «Fernsprechzelle» für «Telephonkabine» usw.

Urheber des sprachlichen Kraftaktes dieser Eindeutschungen war der Deutsche Sprachverein, gegründet 1885, der «*den echten Geist und das eigentümliche Wesen der deutschen Sprache, den Sinn für ihre Reinheit*» pflegen wollte. Dahinter stand natürlich ein urnationalistisches Anliegen. Durch die Manipulation sollte aus dem Kommunikationsmittel der gemeinsamen Schriftsprache ein Trennungsmittel gemacht werden. Zum Glück ist das nicht gelungen, sowenig wie auf unserer Seite während der Nazizeit die Bestrebungen, das Schweizerdeutsch zur Amtssprache zu erheben.

Politik mit der Sprache

Sprachregelungen zu politischen Zwecken sind immer verdächtig. Es kann sich mit ihnen ein heimlicher Terror verbinden. Bis vor kurzem bedurfte es einer geradezu mutigen Haltung, statt «Sowjetzone» oder «sogenannte DDR» ganz einfach DDR zu sagen. Wer in der DDR lebt, heisst als Mann Bruder, als Frau Schwester, als befände er sich im Kloster. Dabei ist das nicht einmal die Absicht dieser für solche *understatements* viel zu wenig witzigen Sprachregelung.

Auch Frankreich treibt mit der Sprache Politik. Die Elsässer sollen nicht mehr Deutsch, die Bretonen nicht mehr Keltisch reden. In Belgien werden an der Sprachgrenze zwischen Französisch und Flämisch Strassenschlachten ausgefochten. Die Tessiner bangen um ihre Italianità. Wir Deutschschweizer scheinen eine ausgewogene Lösung im Dilemma zwischen Bewahrung der Eigenart und Zugehörigkeit zum grösseren Kulturkreis gefunden zu haben: wir unterhalten uns in einem der zahlreichen Dialekte und sprechen schriftlich (und amtlich) in Predigten und Versammlungen hochdeutsch. Die Vorteile der erweiterten Kommunikation lassen uns die Mühe vergessen, mit der wir in den ersten Schulklassen die deutsche Fremdsprache lernen mussten. Wir können uns also den sprachlichen Partikularismus leisten, weil er aufs Mündliche und Private beschränkt bleibt und so auch unserem Schriftdeutschen eine manchmal sogar fast poetische Färbung geben kann.

Sprache als Nationalheiligtum

Der Nationalismus in seiner angeborenen Dummheit, wollte mit der Sprache Grenzen schaffen und meinte sogar, Sprachgrenzen seien ursprünglich vorgegebene Staatsgrenzen; aber die Schweiz ist dafür immer das einleuchtende Gegenbeispiel geblieben. Die Sprache wurde zum Nationalheiligtum erklärt, und der Staat war das Allerheiligste.

In der Schweiz ging das zum Glück nie so richtig, mit der Sprache nicht und mit dem Staat nicht. Die Schweizer sind zwar furchtbar patriotisch, aber nicht eigentlich nationalistisch. Es gibt zwar einen Mythos Schweiz, er ist aber kein Staatsmythos, sondern etwas schwerer Definierbares, am ehesten ein Gesinnungsmythos. Der Schweizer geht offenbar nicht so weit, den entmythologisierten Staat als eine organisatorische Vorrichtung zur Herstellung von Freiheit, Gerechtigkeit und Wohlstand aufzufassen. Eher sieht er die Schweiz als ein Haus an, in dem man sich wohl fühlt oder verpflichtet ist, sich wohl zu fühlen und von dem aus man gute und wenn möglich einträgliche nachbarliche Beziehungen pflegt. Sprachnationalismus ist in seinen Wirkungen gut, wo er das Kommunikationsfeld ausdehnt, die Verständigungsmöglichkeiten erhöht, schlecht, wo er es einschränkt, geistige Provinzen und partikularistische Aggressionen schafft.

Latein als Universalsprache

Die Finnen sind ein kluges Volk. In Finnland dürfen Dissertationen nicht in finnischer Sprache erscheinen; sie müssen in Englisch oder Deutsch geschrieben sein. Holland ist in verschiedenen Bereichen der Sozialwissenschaften führend; aber seine Erkenntnisse kommen nur mit grosser Verzögerung an, weil eben ausser den Holländern niemand holländisch kann. Die afrikanischen Staaten könnten sich nicht organisieren, wenn ihnen die Kolonialmächte nicht die englische und französische Sprache hinterlassen hätten, und es ist wieder typisch für das provinzielle Denken in der Südafrikanischen Union, dass dort Afrikaans Amtssprache ist. Die römische Kolonialmacht hatte uns das Latein hinterlassen, das einst wissenschaftliche Weltsprache war. Wie froh wären wir heute um dieses universale Kommunikationsmittel! Erst allmählich beginnt das Englische diese Funktion zu übernehmen.

Als die Menschen den Turm von Babel bauten, verwirrte Gott ihre Sprache und warf sie damit in den nationalistischen Partikularismus zurück. Wir wollen zwar keinen Turm mehr in den Himmel bauen, aber die wissenschaftlich-technische Zivilisation, mit der allein die heutigen und die in Zukunft sich verschärfenden Probleme der entwickelten und der unterentwickelten Welt gelöst werden können, setzt voraus, dass die Sprache in erster Linie als möglichst weitreichendes Kommunikationsmittel benützt wird und höchstens in zweiter Linie zur Selbstdarstellung und Pflege der Eigenart. Wird die zweite Möglichkeit auf Kosten der ersten verwirklicht, entsteht eine gemütvolle, seldwylerische Provinzialität und Folklore, aber eben nur das.

Sprache als Institution

Dass die Schweiz sich nie abgeschlossen hat von den grösseren europäischen Sprachgebieten, obwohl es, wie andere Beispiele zeigen, in der historischen Entwicklung durchaus möglich gewesen wäre, mag Symptom sein für ihre vielgerühmte Weltoffenheit, die ihr dauernd die Anstrengung der Toleranz und die in dieser liegende kritische Distanz zu sich selber abfordert. Zugleich muss der Schweizer, jedenfalls der Deutschschweizer, in der sprachlich sichtbaren Spannung zwischen der Hege des kleinräumig Eigenständigen und der Auseinandersetzung mit den grossen Nachbarn leben. So ist die deutsch-schweizerische Zweisprachigkeit eine Institution, die ihn zu dieser geistigen Haltung zwingt.

Ich bin mir bewusst, dass ich jetzt den schweizerischen Mythos weiterspinne, doch ist dieser Mythos so lange gut, wie er dazu zwingt, sich selber und sein Verhältnis zu den anderen als Problem zu sehen.

SOLL VÖLKERMORD VERJÄHREN?

Der Aufstand des schlechten Gewissens

Die Verfolgung der nationalsozialistischen Gewaltverbrechen ist in Deutschland, ganz im Gegensatz zum Ausland, das nicht ohne eine gewisse Selbstgerechtigkeit die Versuche der deutschen Justiz, diesen Teil der Vergangenheit zu bewältigen, kritisch beobachtet und gerne mit raschen und globalen Urteilen bedenkt, nie populär gewesen. In den Parteien geht, je weiter rechts, je deutlicher ausgesprochen, die Parole um, mit den Strafverfahren gegen «sogenannte Kriegsverbrecher» endlich Schluss zu machen, wobei bewusst übersehen wird, dass die Massenmorde an Wehrlosen mit dem Kriegsgeschehen nicht das geringste zu tun hatten. Als automatisch wirkendes und rechtlich beinahe unanfechtbares Mittel, mit der Strafverfolgung «Schluss zu machen», bietet sich die gesetzliche Verjährungsfrist an. Nach den neuesten Meinungsumfragen tritt die Mehrheit der Bevölkerung für die Verjährung der NS-Morde ein, während eine noch grössere Mehrheit die Unverjährbarkeit des einfachen Mordes, z. B. an Taxifahrern, befürwortet. Ein prominenter deutscher Journalist hat angesichts der Zwiespältigkeit dieser Reaktion und der Unpopularität der Strafverfolgung von NS-Tätern von einem Aufstand des schlechten Gewissens gesprochen. Politikern können solche Stellungnahmen nur Verluste an Wählerstimmen einbringen.

Mit den Mördern leben

Obwohl immer wieder gesagt wird, man dürfe sich vom Urteil des Auslandes nicht beeinflussen lassen, ist doch nicht zu verkennen, dass die Vorschläge des Bundesjustizministeriums zur Aufhebung der Verjährung für Mord und Völkermord und die anschliessende Debatte im Bundestag mindestens teilweise unter dem Eindruck der UNO-Resolution, welche die Unverjährbarkeit von Völkermord statuiert, zustandegekommen sind. Die zweifellos äusserst ungünstige Reaktion der Weltöffentlichkeit auf eine Verjährung der NS-Verbrechen, nachdem soeben für Völkermord die Unverjährbarkeit internationales Recht geworden war, sollte vermieden werden. Um der mehrheitlich renitenten Bevölkerung die Weiterverfolgung der NS-Verbrechen schmackhaft zu machen, wurden Argumente von eher zweifelhaftem Wert verwendet. So sprach Willy Brandt von einem Prozess der Freisprechung des deutschen Volkes, als ob eigene Schuld, wenn wirklich vorhanden, durch Verurteilung anderer getilgt werden könnte. Schon früher meinte der CSU-Abgeordnete und ehemalige Justizminister Jaeger, man müsse die Verjährungsfrist verlängern, um den Bürgern nicht zuzumuten, mit Mördern zusammenzuleben. Leider wird dies wegen verschiedener, teils gewollter, teils ungewollter gesetzgeberischer Missgriffe so oder so unvermeidlich sein. Die Alliierten haben nämlich nach der Gründung der Bundesrepublik bis 1958 alle von ihren Besatzungsgerichten zu Freiheitsstrafen verurteilten NS-Mörder begnadigt. Dabei handelte es sich grösstenteils um Hauptverantwortliche, die noch mehr und noch schwerere Taten begangen haben als diejenigen, die heute vor Gericht stehen. Die grössten Mörder befinden sich also heute auf freiem Fuss und können nicht mehr vor Gericht gestellt werden. Man muss mit ihnen leben. Die damaligen Begnadigungen erfolgten durchaus in Übereinstimmung mit der Meinung der deutschen Behörden und der Öffentlichkeit. Als in Polen 1951 die Einsatzgruppen-Mörder Ohlendorf, Blobel und Naumann sowie SS-Obergruppenführer und Chef des Wirtschafts-

Verwaltungsamtes der SS Pohl hingerichtet wurden, protestierte der Vizekanzler der Bundesrepublik, Dr. Blücher. Man war damals gegenüber NS-Mördern ausserordentlich milde gestimmt, was z. B. auch darin zum Ausdruck kam, dass sogar in amtlichen Verlautbarungen das Wort Kriegsverbrecher in Anführungszeichen gesetzt wurde. Erst als in zunehmendem Masse deutsche NS-Verbrecher-Prozesse stattfanden und das Ausmass der in keiner Weise kriegsbedingten Greuel noch einmal sichtbar machten, trat ein gewisser Umschwung der öffentlichen Meinung ein.

Wir stehen heute vor einer ungewöhnlich verfahrenen Rechtslage. Der grösste Teil der Verbrecher wird nie abgeurteilt werden können. Ein Teil der hauptverantwortlichen Täter ist begnadigt worden und lebt wieder in Freiheit. Auch von den durch deutsche Gerichte Verurteilten befinden sich viele in Freiheit, auf Grund von ärztlichen Zeugnissen, die ihnen wegen altersbedingter Gesundheitsschäden Haftunfähigkeit bescheinigen. Das Durchschnittsalter der Angeklagten liegt bei 60 Jahren und nimmt weiter zu.

Nicht zu vereinbaren mit dem Rechtsbewusstsein ist auch die privilegierte Behandlung derjenigen, die das Unrecht theoretisch befürworteten und rechtfertigten, die als angesehene Professoren oder als hohe Beamte des Regimes die zur Vernichtung führende Entwürdigung rhetorisch sanktionierten, dadurch den Tätern ein gutes Gewissen vermittelten und sie in ihrem Mordwillen bestätigten. Globke schrieb einen Kommentar zu den Blutschutzgesetzen, und Vialon verwaltete das von den Ermordeten stammende Raubgut. Beide wurden nach dem Kriege Staatssekretäre. Auch die anderen Theoretiker und Rhetoriker des Unrechts konnten weiterhin nach dem Kriege ihre Stellungen behalten und womöglich noch verbessern. Das Strafrecht kann eben blosse Worte, solange sie sich nicht zu einer eigentlichen Anstiftung oder psychischen Beihilfe konkretisieren, nicht erfassen.

Das Recht des schlechten Gewissens

Es wäre eine selbstgerechte und gefährliche Selbsttäuschung, zu glauben, mit den NS-Verbrecherprozessen könne heute noch eine allgemeine und gleiche Gerechtigkeit hergestellt werden. Zu gross und zu weitläufig war die Verstrickung ins Unrecht. Der Schatten, den der Unrechtsstaat noch wirft, kann nicht mit justiziellen Weissmachern abgewaschen werden. Erst mit der Generation der vor 1920 Geborenen wird er ganz verschwinden.

Wahrscheinlich ist es das Bewusstsein dieser allgemeinen Verstrickung — und nicht einfach sture nationale Unbelehrbarkeit —, das jenen Ruf nach stillschweigender Amnestie durch Verjährung laut werden lässt. Wie kann ich als Geschworener einen vor mir stehenden KZ-Mörder verurteilen, da ich mich doch erinnere, wie ich damals neugierig zuschaute, als die jüdische Nachbarfamilie von der Gestapo abgeholt und auf einen Lastwagen getrieben wurde, auf dem schon viele andere sassen? Vielleicht war ich sogar begeistertes Parteimitglied oder habe als junger SA-Mann in der Kristallnacht 1938 die Schaufenster jüdischer Geschäfte eingeschlagen. Muss ich da nicht irgendwie versuchen, von der Schuld des Angeklagten meine eigene abzuziehen? Möglicherweise ist das schlechte Gewissen derjenigen, die mit den NS-Verbrecherprozessen Schluss machen wollen, moralisch höher zu bewerten als das gute Gewissen der anderen, die derselben Generation angehören.

Trotzdem wäre der Eintritt der Verjährung die schlechteste Lösung. Ohnehin kann das Strafrecht, um mit Radbruch, dem grossen Strafrechtler und Rechtsphilosophen, Justizminister der Weimarer Republik, den die Nazis aller seiner Stellungen enthoben, zu sprechen, ehrlicherweise nur mit schlechtem Gewissen verwirklicht werden. Insofern hebt die Konfrontation mit den NS-Verbrechern eine Situation, die für die Strafrechtspflege allgemein ist, nur in besonders grellen Konturen ins Bewusstsein. Kriminalität ist nie ausschliesslich individuelle Erscheinung, sondern immer sind die von der Gesellschaft insgesamt sanktionierten Zustände mitkausal. Die Kriminalität wäre längst ausgerottet, wenn es nur darum ginge, die paar schwarzen Schafe samt ihren Erbfaktoren auszutilgen. In Wirklichkeit ist jedes weisse Schaf potentiell auch ein schwarzes, ganz abgesehen von den vielen grauen, und sie schaffen dauernd Bedingungen, unter denen einzelne von ihnen schwarz werden. Dies entschuldigt die schwarzen nicht, aber eben auch nicht die weissen.

Pflege des Rechtsbewusstseins im Bewusstsein des rechtlichen Ungenügens

Der Versuch der Bewältigung der Unrechtsvergangenheit in der Justiz gegenüber den NS-Verbrechern ist nicht zuletzt eine Geschichte der juristischen Pannen. Sie beruhen weithin darauf, dass der Mordtatbestand des Strafgesetzbuches, der von der Vorstellung eines individuellen Täters und eines individuellen Opfers ausgeht, geradezu wie ein Idyll anmutet gegenüber dem Ausmass und Gewicht dessen, was in den Vernichtungslagern, bei den Einsatzgruppen und bei den sogenannten Euthanasieaktionen geschehen ist. Der Gesetzgeber hat sich diese absolute Steigerung des Mordes ganz einfach nicht vorstellen können. Der gesetzliche Tatbestand und die strafrechtliche Dogmatik sind der ins Surrealistische überschnappenden Wirklichkeit des Bösen nicht gewachsen. Mord ist nach § 211 des deutschen Strafgesetzbuches die vorsätzliche Tötung, die entweder «aus Mordlust, zur Befriedigung des Geschlechtstriebs, aus Habgier oder sonst aus niedrigen Beweggründen» oder «heimtückisch oder grausam oder mit gemeingefährlichen Mitteln oder um eine andere Straftat zu ermöglichen oder zu verdecken», begangen wird. Kann dem Täter keiner dieser Qualifikationsgründe nachgewiesen werden, insbesondere nicht Grausamkeit oder niedrige Beweggründe, erfüllt er nur den Tatbestand des Totschlags. Dieses Delikt verjährt nach 15 Jahren und konnte nach 1960 nicht mehr verfolgt werden. Nach der Rechtsprechung des Bundesgerichtshofs sind aber bei den Massenmördern fast immer niedrige Beweggründe gegeben: Denn «wer mit Vorstellungen zur Tat schreitet, die bewusst an Hassinstinkte eines verbrecherischen Regimes anknüpfen, von denen er selber frei ist, handelt womöglich noch verwerflicher als ein anderer, der diese Hassgefühle teilt und sich unmittelbar von ihnen leiten lässt».

Überaus problematisch ist dagegen die ständige Rechtsprechung zur Abgrenzung von Täterschaft und Beihilfe, die noch auf das Reichsgericht zurückgeht. Danach soll auch derjenige nur als Gehilfe milder strafbar sein, der die Tat zwar selbständig begangen und in ihrem vollen Umfang ausgeführt hat, jedoch ohne eigenes Interesse, als innerlich widerstrebender Befehlsempfänger. Diese letztlich auf eine Leugnung der Selbstverantwortlichkeit der Person hinauslaufende Konstruktion führt dazu, dass die Praxis fast alle NS-Täter als blosse Gehilfen einstuft und nicht mit lebenslänglichem, sondern zeitlich begrenztem Freiheitsentzug bestraft. Nur von dieser Praxis und ihrer Begründung her ist zu verstehen, warum eine kürzlich erfolgte Gesetzesänderung ohne jede Absicht des Gesetzgebers zum Ergebnis führen konnte, dass bisher wenigstens als Mordgehilfen strafbare NS-Täter künftig zu einem grossen Teil wegen Verjährung straflos bleiben, gleichgültig, was der Bundestag in der Verjährungsfrage noch beschliessen wird. In einem neuesten Entscheid hat der Bundesgerichtshof den SS-Mann Hermann Heinrich, der wegen Mordbeihilfe in 6 Fällen vom Schwurgericht zu 6 Jahren Zuchthaus verurteilt worden war, wegen Verjährung ausser Verfolgung gesetzt.

Nach den Erwägungen des Bundesgerichtshofs, soweit aus den Zeitungsberichten über den noch nicht amtlich publizierten Entscheid ersichtlich, soll das überraschende Urteil eine Folge der Neufassung von § 50 StGB sein. Früher war der Gehilfe auch dann nach dem noch nicht verjährten qualifizierten Delikt des Mordes strafbar, wenn er selber keine niedrigen Beweggründe hatte, diese aber bei den Tätern, den eigentlichen Organisatoren der Verbrechen, vorlagen. Nach der Neufassung von § 50 muss auch der Gehilfe die Qualifikationsgründe des Mordes, insbesondere die niedrigen Beweggründe aufweisen, um wegen Beihilfe zum Mord bestraft zu werden. Ist dies nicht der Fall, hat er nur Beihilfe zum Totschlag geleistet, und diese ist verjährt. Wie allerdings der Bundesgerichtshof zur Annahme gelangen konnte, ein SS-Mann, der wehrlose Juden umbringt, handle ohne niedrige Beweggründe, ist unerfindlich.

Nur durch ein allgemeines Strafverfolgungsgesetz für NS-Verbrechen, das gleich nach der Gründung der Bundesrepublik erlassen worden wäre, hätten die heute bestehenden Ungleichheiten und Missstände vermieden werden können. Diese Gelegenheit ist vertan. Auch eine Aufhebung der Verjährung für Mord wird an der jetzigen Rechtsprechung, die einem grossen Teil der Massenmörder zugute kommt, nichts ändern können. Die Kontroverse zwischen der CDU und der SPD darüber, ob die Verjährung nur für die Haupttäter mit massgeblichen Kommandobefugnissen oder auch für untergeordnete Befehlsempfänger aufgehoben werden soll, ist weitgehend gegenstandslos geworden, nachdem die Rechtsprechung sie im Sinne der Auffassung der CDU entschieden hat.

So muss sich am Ende die Frage stellen, ob eine solche hinkende Gerechtigkeit eigentlich besser ist als gar keine. Nur zögernd und schlechten Gewissens wagt man die Frage zu bejahen: angesichts der völlig unerträglichen Alternative. Die Verfolgung, Verurteilung und Einsperrung der NS-Täter kann, wie sie in beschränktem Umfang heute noch möglich ist, weiss Gott keine «Wiederherstellung des Rechts» sein im Sinne Hegels. Sühne und Ausgleich, wie die schönen Schlagworte des klassischen Vergeltungsstrafrechts lauten, wären angesichts des ungeheuren Ausmasses der begangenen Verbrechen ohnehin reine Anmassung. Es kann nur noch darum gehen, durch den Einsatz der Strafjustiz glaubhaft zu demonstrieren, dass der Rechtsstaat, jetzt nicht und künftig nicht, weder in Deutschland noch anderswo, den Unrechtsstaat reaktionslos ablösen wird. Solche Demonstrationen werden immer wieder nötig sein, damit die Menschen den beschwerlichen Unterschied zwischen Gut und Böse als verbindlich im Gedächtnis behalten.

GANGSTERGELD IN DER SCHWEIZ

Eines der geheimnisvollsten Geheimnisse, das Bankgeheimnis, von vielen als schweizerisches Nationalheiligtum betrachtet und verehrt, ist wieder einmal Gegenstand politischer Überlegungen. Mit sanftem Druck versuchen die USA, den Bundesrat dahin zu bringen, dass er gesetzliche oder staatsvertragliche Möglichkeiten schafft, das Bankgeheimnis in Fällen verbrecherisch erworbenen Vermögens zu lüften. Dass es diese Fälle gibt und dass nicht wenige internationale Delinquenten mit nicht unbeträchtlicher Beute die Schweiz als eine Insel des Friedens und der Zuflucht betrachten, ist stark zu vermuten. Der spektakulärste Fall dürfte derjenige der Familie Trujillo sein, die aus Staatsvermögen Privatvermögen machte und einen grossen Teil davon in die Schweiz verschob. Staatsstreich, Morde, Erpressungen waren dem Erwerb vorausgegangen. Zweifellos haben auch einige Ölscheiche, Exkönige, Exdiktatoren samt ihren Vasallen sowie ehemalige Nazigrössen in der Schweiz Geld deponiert, wobei die Übergänge vom staatsrechtlich und rechtsstaatlich Bedenklichen zum moralisch Anrüchigen oder gar strafrechtlich Erfassbaren fliessend sind. Genaueres wissen nur die Banken selbst. Aber sie dürfen ja nichts sagen. Dürfen sie wirklich nicht?

Die Fama und die Wirklichkeit

Etwas vom Merkwürdigsten am Bankgeheimnis ist die grosse Diskrepanz zwischen Rechtsbewusstsein und Rechtswirklichkeit. Im Bewusstsein der Öffentlichkeit gilt das Bankgeheimnis als absolut und sakrosankt, unantastbarer als die Menschenwürde, keine

Ausnahme zugänglich; nach der gesetzlichen Regelung, einer ganz vernünftigen, wenn auch sehr lückenhaften Regelung, ist es bei weitem nicht so strikt geschützt wie etwa das Berufsgeheimnis der Ärzte, Anwälte und Geistlichen. Diese Personen haben z. B. ein Zeugnisverweigerungsrecht im Prozess, die Bankiers und ihre Angestellten nicht. Auch im Konkursverfahren müssen die Banken schrankenlos Auskunft geben, wie das Bundesgericht wiederholt entschieden hat. Nicht einmal im Steuerrecht ist die Rechtslage so eindeutig wie allgemein angenommen und praktiziert wird. Viele Steuergesetze statuieren allgemeine Auskunftspflichten, ohne zugunsten des Bankgeheimnisses eine Ausnahme zu machen. Die Praxis allerdings folgt hier mehr dem Rechtsbewusstsein als dem Wortlaut der Gesetze, und *sie* bestimmt schliesslich den tatsächlichen Rechtszustand. In Steuersachen — dies sei zur allgemeinen Beruhigung gesagt — ist das sonst poröse Bankgeheimnis wirklich dicht; gegenüber ausländischen Behörden sogar doppelt abgedichtet, nicht nur im Bundesgesetz über die Banken und Sparkassen, sondern auch im Strafgesetzbuch. Nach Art. 273 würde eine Bank auch noch wegen wirtschaftlichen Nachrichtendienstes bestraft, wenn sie ausländischen Stellen Auskunft gäbe, und dies grundsätzlich sogar dann, wenn der Kunde mit der Auskunfterteilung einverstanden ist, eine hilfreiche Bestimmung, auf die sich die Banken gerne und im stillschweigenden Einverständnis mit ihren Kunden berufen, wenn ihnen indiskrete Fragen gestellt werden.

Non olet

Vor Jahren bekam ich die Anfrage einer Bank, ob sie, auch ohne gefragt zu sein, über das Guthaben eines ausländischen Kunden zugunsten der Geschädigten Auskunft geben dürfe oder müsse, wenn sie weiss, dass der Kunde das Vermögen durch grosse Betrügereien erworben hat. Meine Antwort: Sie darf, und moralisch sollte sie, aber rechtlich muss sie nicht. Sie darf: Denn es gibt im Rechtsstaat keinen gültigen Rechtssatz, der unmoralisches Handeln oder Unterlassen gebietet, zumal nicht solches, das Vorteile sichert, die durch Verbrechen erworben worden sind, also rechtswidrige Zustände sanktioniert. Sie muss nicht (und darin zeigt sich das eigentliche Problem): Denn den Tatbestand der Hehlerei, an den der Naive und juristisch Unverbildete in diesem Fall — wie übrigens auch die Bank, was zu ihren Gunsten gesagt sei — denkt, erfüllt sie in aller Regel nicht. Hehlerei kann man nur an der diebisch, betrügerisch oder sonstwie deliktisch erworbenen Sache selbst begehen, nicht an ihrem Erlös. Insofern huldigt das Strafrecht dem Satz: Non olet. Das Geld, das der Verbrecher anlegt, ist wieder sauber, und die Bank, auf die er es überweist, kann nie Hehlerin sein, auch wenn sie die Vorgeschichte genau kennt oder nachträglich erfährt. Der traditionelle Hehlereitatbestand funktioniert also nur in kleinen Verhältnissen. Er ist von den modernen wirtschaftlichen Gegebenheiten, insbesondere vom abstrakten Zahlungsverkehr überholt. Jede künftige Strafrechtsreform wird sich mit dieser juristisch überaus schwierigen Frage zu befassen haben, wollen wir nicht bei einem Strafrecht stehen bleiben, das die von Versicherungen gedeckte Kleinkriminalität wuchtig bekämpft, aber die wirklich sozialschädlichen Verhaltensweisen unberührt lässt.

Die Verliechtensteinerung der Schweiz

Das Problem hat nicht nur rechtliche, es hat auch wirtschaftliche und vor allem moralische Aspekte. Die besten und berühmtesten Schweizer, von Zwingli, Gotthelf, Keller bis hin zu Dürrenmatt und Frisch, waren oder sind noch Moralisten. Daher meinen wir Schweizer, wir dächten nicht nur, sondern wir seien auch moralisch, und treten mit entsprechenden Ansprüchen, vor allem an andere, auf. Und da trifft sich leicht das Humane mit dem Allzuhumanen, z. B. Henri Dunant mit Hispano-Suiza, z. B. Biafra-Hilfe mit Biafra-Geschäft, z. B. Dienen mit Verdienen, gemäss dem Buch, nach dem so viele vergeblich in den Buchhandlungen Zürichs und «tieferer Städte» (Gottfried Benn) gefragt haben.

Die Schweiz kann sich auf die Dauer solche Vermischung und solche Diskrepanz zwischen dem moralischen Anspruch und seiner Erfüllung nicht leisten. Sie kann z. B. wissenschaftlichen Untersuchungen über wirkliche Aufwendungen für Entwicklungshilfe immer weniger dadurch standhalten, dass sie rein geschäftliche und hochrentable Investitionen in Entwicklungsländern als sogenannte private Entwicklungshilfe deklariert. Sie kann es sich auf die Dauer auch nicht leisten, von anderen Ländern oder vom Europarat auf ihre Rechtsprobleme aufmerksam gemacht zu werden. Eigentlich ist es doch ein wenig bedenklich und nicht so recht würdig, dass sie sich von den USA einladen lassen muss, über ihre gesetzliche Regelung des Bankgeheimnisses zu diskutieren. Man stelle sich vor, die Einladung wäre von Deutschland oder gar von Russland ausgegangen!

Die Schweiz liegt wohl nicht ganz zufällig neben Liechtenstein. Wenn wirklich die Prosperität der Schweiz wie offenbar diejenige Liechtensteins davon abhängt, dass Gelder aus dem Ausland hereinfliessen, die dringend auf das Bankgeheimnis angewiesen sind, wenn wirklich die Dreiecks-Geschäfte und von rechtlichen Skrupeln ungestörten Transaktionen Voraussetzung dafür sind, dass daneben eine subventionierte, urdemokratische, bergbäuerliche oder sonstwie touristisch attraktive Folklore bestehen kann, dann wäre dies ein Beweis dafür, dass die Schweiz ihren selbstgewählten Mythos und Auftrag verfehlt und ausserdem ihre Produktivkräfte gewaltig unterschätzt und dadurch gefährdet.

Entmythologisierung des Bankgeheimnisses

Die Schweiz lebt nicht vom Bankgeheimnis. Der Schutz des Bankgeheimnisses ist selbstverständlich wirtschaftlich sinnvoll, nicht weniger als der Schutz von Geschäfts- und Fabrikationsgeheimnissen. An seine Wahrung knüpfen sich durchaus legitime Interessen. Anderseits kann nicht vermutet werden, dass die Banken daran interessiert sind, Gangstergelder zu hüten, und es ist auch nicht einzusehen, warum das Bankgeheimnis durch einen zusätzlichen Mythos besser geschützt sein sollte als andere Privatgeheimnisse und auch besser, als die schon bestehende gesetzliche Regelung es vorschreibt. Bei nüchterner Betrachtung sind die praktischen Schwierigkeiten gesetzgeberisch durchaus lösbar. Sie liegen vor allem darin, dass die durch Delikte Geschädigten, zumal im Ausland, nicht wissen, bei welcher Bank der Delinquent das Vermögen deponiert hat, auf das sie Anspruch haben. Es sollten daher gesetzlich das Recht und die Pflicht der Bank geschaffen werden, einer Aufsichtsbehörde Meldung zu erstatten, wenn sie den Verdacht hat, dass der Erlös aus deliktisch erworbenem Vermögen bei ihr deponiert wurde, oder wenn entsprechende Anfragen von dritter Seite an sie gerichtet werden. Die Aufsichtsbehörde, selber gegenüber anderen Stellen, vor allem dem Fiskus, an das Bankgeheimnis gebunden, könnte den Fall prüfen und die Bank nötigenfalls verpflichten, bestimmten Personen Auskunft zu erteilen. Eine ähnliche Regelung hat sich beim ärztlichen Berufsgeheimnis bestens bewährt. Sie würde beim Bankgeheimnis moralische Erleichterung und rechtliche Klarheit schaffen, ohne wirtschaftlichen Schaden anzurichten.

DER BRIEF VON FRAU AXMANN

Mein Mann und ich haben 6 Jahre als Arbeitnehmer, d.h. als ganz normale Möbelverkäufer unser Geld verdient. Vor 3 Jahren haben wir uns selbständig gemacht, fast ohne einen Pfennig Geld. Heute haben wir 2 Geschäfte, fahren einen grossen Mercedes, haben ein neu eingerichtetes Einfamilienhaus (allerdings zur Miete), weihen gerade die neue Geschirrspülmaschine ein, werden in einigen Jahren oder eher ein Mietshaus kaufen und unser Vermögen wird wachsen. Wir freuen uns, dass es uns so gut geht und finden, dass jeder es so machen kann, wenn er tüchtig ist, Mut zum Risiko hat, an seinem Beruf Freude hat. Aber wie viele sind mit dem zufrieden, was sie haben, oder dann gibt es die Unzufriedenen, die gerne wollen, aber nicht können. Man kann es doch deshalb nicht auf eine Partei schieben.

Berlin   Christa Axmann, Möbel-Kauffrau

Die tüchtige, risikofreudige und daher jetzt glückliche Frau Axmann hat solches als Leserbrief dem deutschen Nachrichtenmagazin «*Der Spiegel*» geschrieben, als Reaktion auf eine Titelgeschichte, in welcher die Vermögensverteilung in der Bundesrepublik kritisiert wird.

Ähnliche Gedanken finden wir bei Hitlers erstem Finanzminister, Hjalmar Schacht: «*Wohlstand gibt es auf die Dauer und in der Menge nur für den Fleissigen und Tüchtigen, für den, der seine wirtschaftliche Verantwortung fühlt und erfüllt. Ihm gebührt Wohlstand, dem Faulen und Untüchtigen muss eine Existenzgarantie genügen.*»

Tüchtigkeit = Erfolg

Sonach wären die Einkommens- und Vermögensklassen nur die Folge bestimmter moralischer Eigenschaften, die sich mit dem Begriff Tüchtigkeit zusammenfassen lassen. Es lohnt sich, diesen Schlüsselbegriff genauer zu untersuchen. Wer tüchtig ist, hat Erfolg. Das wissen wir seit langem, zumal wir ja auch danach erzogen worden sind. Tüchtigkeit ist eine Eigenschaft, die Erfolg provoziert. Erfolg ist: höchstes Einkommen, mehr Vermögen, mehr Macht. Schon hier drängen sich kleinere Fragen auf: Wenn man infolge seiner Tüchtigkeit schon ein gewisses Mass an Vermögen und Macht erworben hat, muss man dann weiter tüchtig bleiben, oder genügt es, einmal tüchtig gewesen zu sein, um nun das rechtmässig Erworbene so richtig und ganz untüchtig zu geniessen? Ein wenig tiefer schürfend wäre zu fragen, wie es sich mit dem *moralischen* Wert der Tüchtigkeit verhält? Von ihr ist zwar in der griechischen und römischen Antike viel die Rede, gar nicht aber in der Bergpredigt, die Sanftmut und Friedfertigkeit und immer nur Konflikte passiv und einseitig lösende Eigenschaften erwähnt, aber nicht einmal das Arbeitsethos.

Aber es steht fest, die Tüchtigkeit führt zum Erfolg. Die Erfolgreichen nennen jedenfalls fast immer die Tüchtigkeit als Grund ihres Erfolges. Das führt zur Vermutung, dass die Tüchtigkeit mit dem Erfolg als Merkmal definiert wird. Das würde dann heissen: Tüchtig ist, wer Erfolg hat. Und umgekehrt: Wer Misserfolg hat, ist eben nicht tüchtig gewesen.

Nein, werden wir jetzt sagen oder hören, es gibt auch Tüchtige, die Misserfolg haben. Warum? Weil sie Pech hatten, weil das Schicksal gegen sie war. Tüchtigkeit allein genügt zum Erfolg, zur Vermögensbildung, zur Machtbildung nicht; es muss noch ein wenig Glück dazu kommen. Gut. Eine Portion Glück gehört dazu. Nicht alle Armen sind untüchtig, beileibe nicht. Nicht alle Reichen sind tüchtig. Sie hatten einfach Glück, hatten geerbt, reich geheiratet, glücklich spekuliert. So ist das eben im Leben.

Fünftausendmal tüchtiger

Jetzt sollte man eigentlich nicht mehr weiter fragen dürfen. Es ist doch so schön, wenn man einen Tüchtigen mit seinem Pech trösten und einen Untüchtigen mit seinem Glück zur Einkehr bringen kann. Eine gewisse pazifierende Funktion wird man dieser ganzen Ideologie nicht absprechen können. Doch wird es jetzt erst eigentlich interessant.

Nehmen wir den alten Flick, den wahrscheinlich reichsten Mann in Deutschland, von den Fürsten Thurn und Taxis und anderen Residuen aus dem Feudalismus abgesehen. Flick besitzt, vorsichtig geschätzt, zwischen 2 und 3 Milliarden DM. Er müsste also nach der bewährten Definition der tüchtigste Mann der Bundesrepublik sein. Vielleicht ist er das tatsächlich. Er verdient schätzungsweise 100 Millionen im Jahr, 5000mal mehr als ein schon etwas gehobener kaufmännischer Angestellter mit seinen 20 000. Ist er also auch 5000mal tüchtiger? Arbeitet er, leistet er 5000mal mehr, hat er 5000mal mehr produktive Einfälle, 5000mal mehr Intelligenz, ist seine Arbeitsstunde 50 000 DM wert? Naive Fragen, die zudem in eine bedenkliche Nähe des Marxismus führen: Eigentum an Produktionsmitteln schafft eben die Möglichkeit, fremde Arbeitskraft zum eigenen Vorteil auszubeuten. Die Alternative, die in den kommunistischen Gesellschaftssystemen bisher durchexerziert wurde, ist aber nicht verlockend. Der Kommunismus will absolute soziale Gerechtigkeit herstellen und scheitert dabei am Koordinationsproblem. Man kann eben nicht alle menschlichen Handlungen und Leistungen, auch im wirtschaftlichen Bereich nicht, vorausplanen. Die totale Planwirtschaft muss notwendigerweise auf Kosten der Produktivität und der Freiheit gehen. Denn die geplante Koordination kann nicht einmal mit dem staatlichen Aufwand an Zwang, den wir im kommunistischen System beobachten, verwirklicht werden, so dass schliesslich der Verlust an Freiheit nicht durch grössere Produktivität aufgewogen wird. Wir im Westen können uns damit beruhigen, dass es immer noch besser ist, einen sehr grossen Kuchen ungerecht verteilen, als einen winzigen halbwegs gerecht. Die ganz Reichen sind aber nur so lange erträglich, wie es die ganz Armen nicht gibt.

Der dritte Weg eines freiheitlichen Sozialismus fehlt uns noch, weil die Sowjetunion das historische Experiment in der Tschechoslowakei abgewürgt hat. Flick wird darüber nicht untröstlich sein; denn ein freiheitlicher und auch wirtschaftlich funktionierender Sozialismus hätte eine politische Attraktivkraft auch im Westen, die mindestens einzelnen Grosskapitalisten gefährlich werden könnte.

Die grossen Spieler

Die ganz grossen Vermögen entstehen immer auf einander sehr ähnliche Weise, nämlich durch grosse Spekulationen in Zeiten starker Wertschwankungen, in Krisen und Inflationen. Niemand kann in seinem ganzen Leben, er mag noch so genial sein, durch eigene Leistungen mehr erbringen, als etwa einem Vermögen von einigen wenigen Millionen entspräche. Was darüber ist, kann immer nur durch ein Ungleichgewicht zwischen Leistung und Gegenleistung bedingt sein. Nach dem letzten Kriege konnte man deutsche Aktien zu einem Hundertstel ihres heutigen Wertes kaufen. Wer damals 10 Millionen einsetzen konnte, hat heute eine Milliarde. Nachträglich gesehen, denn es hätte ja auch schiefgehen können. Die damaligen Kurse waren ja deshalb so tief, weil die meisten glaubten, dass die deutsche Wirtschaft sich nicht mehr erholen, dass das Wirtschaftswunder nicht stattfinden werde. War es also besondere Klugheit, wenn jemand schon vor der Währungsreform anders, richtig prognostizierte? Konnte man — nur mit einem vielleicht ungewöhnlichen Auf wand an Intelligenz, Kenntnissen und Überlegungen — wirklich voraussehen, dass der Wert der Aktien sich verhundertfachen würde? Der Spekulationsgewinn ist doch wohl nur zu einem geringen Teil Lohn für besondere Fähigkeiten. Von einem Roulettespieler, der fünfmal hintereinander auf der vollen Zahl gewinnt, von einem Lotterieteilnehmer, der das grosse Los gewinnt, sagt man wohl auch nicht, dass er besonders tüchtig, besonders vorausschauend gewesen sei. Die wirtschaftlichen Entwicklungen sind zwar sicher nicht rein zufällig, wohl aber von so vielen nicht kalkulierbaren Faktoren abhängig, dass eine richtige Prognose auf weite Sicht immer grösstenteils zufällig sein wird. War es z. B. wirklich vorauszusehen, dass die USA so schnell den Morgenthau-Plan für Deutschland verwenden würden? Auch sehen wir immer nur die wenigen grossen erfolgreichen Spekulanten, nicht die viel zahlreicheren weniger erfolgreichen oder gar ruinierten.

Ist ein System, das das Glück so gewaltig und im Vergleich zu produktiver Leistung unverhältnismässig belohnt, gerecht? Störender als die Gewinne sind aber die Verluste. Die Gewinne sind nicht nur durch neue Produktivität gemacht worden, sondern zu einem grossen Teil auf Kosten anderer. Wer unterbewertete Aktien verkaufte, möglicherweise gezwungen, weil er Geld brauchte, der hat unter Umständen ein wirklich erarbeitetes Vermögen verloren. Die Vorteile der ungeheuren Mobilität des Eigentums, in Wertpapieren verkörpert, die in einem kurzen Telephongespräch in beliebiger Menge gekauft und verkauft werden können, werden durch ihre Gefahren zumindest aufgewogen. Man stelle sich vor, wie unsicher und krisenanfällig das gesamte soziale Gefüge würde, wenn dasselbe etwa auch mit Grundstücken möglich wäre.

Aber das Risiko

Doch zurück zu Frau Axmann. Frau Axmann sieht es richtig: Es fängt erst an zu rentieren, wenn man Unternehmer wird und an fremder Arbeit mitverdient. Dafür trägt man das Risiko. Was für ein Risiko? Der Angestellte hat kein Risiko, er kann höchstens entlassen werden, und er findet sofort eine neue Stelle, jedenfalls heute. Der Unternehmer kann sein Vermögen verlieren, das im Geschäft steckt. Der Angestellte kann sein Vermögen nicht verlieren, wenn er welches hat. Aber auch Frau Axmann kann wieder Angestellte werden, wenn sie ihr Vermögen verloren hat. Sie kann nicht weiter zurückgeworfen werden als bis dahin, wo sie als Angestellte schon war. Vielleicht geht sie mit hohen Schulden aus dem Zusammenbruch ihres Geschäftes hervor; aber dagegen gibt es Rechtsformen, die die Haftung beschränken, wie die Aktiengesellschaft oder die GmbH.

Weder mit der Tüchtigkeit noch mit dem Risiko ist es also so weit her.

Aber bitte, jeder kann es ja so machen wie Frau Axmann. *«Nur sind eben die meisten mit dem zufrieden, was sie haben, oder dann gibt es die Unzufriedenen, die gerne wollen, aber nicht können.»* Jeder kann sich selbständig machen, Arbeiter und Angestellte beschäftigen und so entlöhnen, dass ein Teil des Lohnes ihm selbst zufällt. Jeder Bauarbeiter würde Bauunternehmer, jeder Bankangestellte Bankier, jeder Möbelverkäufer Möbelhändler. Es gäbe nur noch selbständig Erwerbende und keine Lohnempfänger mehr. Es ist klar, dass ein solches System nicht funktionieren kann, sowenig wie eine Armee, die nur aus Generälen besteht. Selbständige Unternehmer kann es nur geben, solange die Mehrheit bereit ist, Lohnempfänger zu bleiben.

Auch damit ist es also nichts.

Revolution oder Reform

Solche Beobachtungen und Erkenntnisse führen viele dazu, eine totale Umgestaltung des Gesellschaftssystems, wenn nötig mittels einer Revolution zu verlangen. Sie übersehen zweierlei. Zum einen ist Revolution als gewaltsame Veränderung ein zu kostspieliges und verlustreiches Verfahren, um Zustände zu verbessern. Sie ist in ihrem Verlauf nicht kontrollierbar und in ihren Auswirkungen und Ergebnissen nicht kalkulierbar. Sie muss daher in demokratischen Staaten, die nach Verfassung und politischer Realität andere, reformistische Wege zur gezielten rechtlichen Veränderung der Zustände offenhalten, als Mittel rationaler Politik ausscheiden. Zum anderen lehren Geschichte und Normensoziologie eine rational, nicht konservativ begründete Resignation.

In jedem, wie auch immer gearteten rechtlichen Normensystem gibt es ungerechtfertigte Ungleichheiten; es muss sie geben, weil in jedem Normensystem der Geschickte sich so anpassen kann, dass er auch ohne adäquate Gegenleistungen sich günstige Positionen sichert. So hat denn auch der Kommunismus nicht zu einer klassenlosen Gesellschaft geführt, sondern eine neue Klasse etabliert. Je verfestigter und geschlossener ein Gesellschaftssystem ist, um so grösser die Möglichkeit, solche Positionen zu erringen und auf die Dauer zu halten. Der Irrtum der Revolutionäre ist allemal der, dass es genüge, die Zustände ein für alle Mal zu ändern, und dann würden sie für immer gut bleiben. In Wirklichkeit haben die Zustände eine eigene Tendenz, sich zum Ungerechten zu verschlechtern. Rationale Politik muss daher permanent reformieren, von Fall zu Fall und immer da, wo zu grobe Ungleichheiten entstanden sind.

Revolutionen sind ruhmreich und schmerzhaft wie Chirurgie. Reform ist mühsamer, langweiliger und ruhmloser, dafür aber nicht nur weniger schmerzhaft, sondern auch weniger ungenau. Revolutionäre versprechen viel und halten viel, jedoch immer etwas anderes, als was sie versprochen haben. Reformer versprechen wenig, halten aber, was sie versprochen haben.

Revolutionäre denken prinzipiell, Reformer graduell. Der Revolutionär sagt zum Beispiel: Abschaffung des Eigentums an den Produktionsmitteln; der Reformer sagt: Begrenzung des Eigentums an den Produktionsmitteln. Der Revolutionär glaubt an Begriffe und Verallgemeinerungen wie Proletariat, Bürgertum, Nation, weiss und schwarz, links und rechts. Er neigt zum begrifflichen Dogmatismus, was sich vor allem später zeigt, wenn die Revolution erfolgreich war. Dann gerät das neue System unweigerlich in die Hände der Dogmatiker und der Konservativen. Man vergleiche Breschnew und Kossygin mit Lenin und Trotzki.

Der Reformer muss seine Begriffe immer wieder neu bilden und an der Realität überprüfen. Er sieht auch nur einen graduellen Unterschied selbst zwischen Revolution und Reform. Revolution kann eine mögliche Form der Reform sein, wenn die Zustände unerträglich ungerecht und die Wege der Reform verschlossen sind — wie im heutigen Griechenland.

Bei uns sind sie noch offen, wenigstens für die stimmberechtigten Männer.

VON DER INDUSTRIELLEN ZUR WISSENSCHAFTLICHEN ZIVILISATION

Über die Bevölkerungsexplosion, die wichtigste, aber beileibe nicht einzige Ursache der sich ständig beschleunigenden Vernichtung der Biosphäre, gibt es eine optimistische Theorie. Sie geht davon aus, dass die Bevölkerung nur in den unterentwickelten Ländern, vor allem in Südamerika und Ostasien, sich explosionsartig vermehrt, nur unwesentlich dagegen in den industrialisierten Staaten des Westens. Daraus wird gefolgert, dass auch die Bevölkerung jener Länder stabil bleiben werde, sobald auch dort die Schwelle der Industrialisierung überschritten ist. Nun verunmöglichen aber gerade das starke Wachstum der Bevölkerung und die damit verbundenen, kaum lösbaren Probleme in jenen Gebieten den erhofften Übergang ins Industriezeitalter. Dass die Dinge sich von selber und ohne Katastrophen einrenken werden, ist sicher eine Illusion. Abgesehen davon sind Urheber der Zerstörung der Biosphäre gar nicht die unterentwickelten Völker, sondern die hochindustrialisierten: allein die USA, mit nur 6% der Weltbevölkerung verbrauchten 40% der jährlich geförderten Rohstoffe und verursachten fast die Hälfte der gesamten Umweltverschmutzung.

Was tun?

Die Diagnose ist klar. Da die Menschheit offenbar ganz bewusst in ihre grösste Katastrophe hineinschlittert, drängt sich die Frage auf: Warum geschehen eigentlich immer wieder Dinge, die niemand oder doch nur eine ganz kleine Minderheit wirklich in allen ihren Konsequenzen will? Gibt es denn Sachzwänge, denen gegenüber alle, selbst der Mächtigste, ohnmächtig sind? Die extreme Linke bejaht diese Frage bedenkenlos und meint, diese Zwänge seien «systemimmanent» und könnten nur zusammen mit dem ganzen sogenannten kapitalistischen System beseitigt werden.

Die erste Hälfte dieser Feststellung ist zweifellos richtig: Es ist ein System von gegenseitigen Abhängigkeiten, vor allem der Konkurrenzzwang unter dem Diktat des Profitstrebens, ein System, in welchem Wirtschaftlichkeit mit finanziellem Gewinn gleichgesetzt wird, das dauernd Handlungen erzeugt, deren Ergebnisse nur wenige auf kurze Sicht, niemand auf längere Sicht haben will. Ein Vertreter der chemischen Industrie erklärte: «Was wollen Sie? Wir würden gerne einen totalen und undurchlässigen Emissionsschutz verwirklichen und unsere Produkte langwierigen und kostspieligen Prüfungsverfahren unterziehen, wenn alle unsere Konkurrenten dasselbe tun müssten. Tun wir es aber allein, sind wir die Dummen, in kürzester Zeit nicht mehr konkurrenzfähig. Nur wenn der Staat und nicht nur ein Staat, sondern alle industrialisierten Staaten uns durch ihre Gesetze zu solchem Verhalten zwingen, können wir es, ohne selbstmörderisch zu sein, verwirklichen.» Diese staatlichen und gar die zwischenstaatlichen Gesetze werden natürlich nur unter grössten Schwierigkeiten und entsprechender Verzögerung zustandekommen, nicht nur weil eben diese wirtschaftlichen Interessen, die einem allgemeinen und gleichen Zwang sich vielleicht noch beugen würden, sich dann doch, kommt es zum Schwur, gegen solche legislativen Projekte wenden, sondern vor allem weil wegen des systembedingten Vorranges und der Überbewertung der Gewinnerzielung niemand so richtig an den Erfolg einer solchen Gesetzgebung glaubt. Die Schwierigkeit liegt, genau wie bei den Dienstverweigerern, darin, dass es nichts fruchtet, wenn nur einer oder nur wenige das Gute tun.

Der zweite Teil der Feststellung der extremen Linken ist eindeutig falsch. Der hemmungslose Verbrauch der Elementarressourcen, die totale Vernachlässigung der externen Kosten sind keine Eigentümlichkeit des kapitalistischen Systems, sondern der industriellen Gesellschaft überhaupt. In Russland und in anderen nicht-kapitalistischen Staaten geschieht genau dasselbe wie bei uns, vielleicht sogar noch hemmungsloser, weil der Einzelne als Nachbar sich gegen die Staatsbetriebe nicht wehren kann. Und die unterentwickelten Staaten, die ihre Industrie erst aufbauen, wenden sich sogar mit besonderer Vehemenz gegen internationale Gesetzprojekte, die die Produktion dadurch verteuern wollen, dass sie den Umweltschutz als allgemeine Produktionsbedingung vorschreiben. Die Entwicklungsländer postulieren mit einem gewissen Recht: Gleiches Recht der Zerstörung der Umwelt für alle. Man kann gerechterweise auch nicht gut von den noch nicht industrialisierten Staaten verlangen, dass sie, zum Nutzen der anderen, Oasen der Sauberkeit und der unberührten Natur pflegen und auf den Aufbau einer rentablen Industrie verzichten.

Die Alternative liegt nicht da, wo die Linke meint. Es gibt zwar entgegen Hegel und Marx keine objektive Gesetzmässigkeit der Geschichte, darum auch keine absolut gültigen Generalprognosen über den «Gang der Menschheit» oder das «Walten des Weltgeistes», wohl aber kann bei einem gewissen Entwicklungsstand mit einer gewissen Wahrscheinlichkeit auf die nächste Entwicklungsstufe geschlossen werden. So wird wahrscheinlich die heutige industrielle Zivilisation, wenn sie nicht in die totale Vernichtung führt, die wissenschaftliche Zivilisation erzeugen. Diese wird dann auch eher in der Lage sein, die Sachzwänge zu lösen, die heute noch das kollektive Handeln beherrschen und vernünftige Lösungen verhindern. Sie wird ihr Denken und Handeln nicht mehr nur eingleisig auf Gewinnerzielung im momentanen Tauschhandel ausrichten, sondern sämtliche Faktoren berücksichtigen, die Bedingungen sind für das menschenwürdige und sinnerfüllte Dasein der Menschen jetzt und in Zukunft. Diese postmarxistische Evolution, realer und umwälzender als die kommunistische Revolution, wird freilich auch das Wertsystem der Belohnungen und zurücksetzenden Sanktionen verändern. Aber sie wird die totale Gewalt, die den relativen Stand der erreichten Entwicklung wieder aufhebt, vermeiden.

Einheitsfront von Konservativen und Progressiven

Gerade in der Frage des Umweltschutzes gibt es ein erstaunliches Phänomen, welches beweist, dass alte Fronten und Gruppierungen mindestens teilweise durch das Aufkommen einer neuen Betrachtungsweise — man könnte sagen: des Denkens der wissenschaftlichen Zivilisation — überholt sind. Die unreflektierte Fortschrittskonzeption des Industriezeitalters wird nämlich von zwei ganz entgegengesetzten Seiten angegriffen: von der emotional motivierten Besinnlichkeit der Konservativen und von der rationalen Ideologiekritik der Progressiven. Beide Lager finden sich in allen politischen Parteien. Die konservativen Kulturpessimisten und die kritische Avantgarde stimmen in erstaunlichem Mass in der Ansicht überein, dass es nicht mehr länger zulässig ist, von kurzsichtigen kommerziellen Überlegungen gesteuerte Entwicklungen weiterlaufen zu lassen und der sogenannten normativen Kraft des Faktischen sich zu beugen. Gemeinsam ist den Konservativen und Progressiven auch das Anliegen, dass gegenüber einem rein technischen, aufs momentane Funktionieren und auf momentane Vorteile gerichteten Denken eine Wertbesinnung und Wertkritik einsetzen muss, die nach weitergesteckten Zwecken und Zielen fragt. Wenn die Technik zu einem grossen Teil bald nur noch dafür eingesetzt werden muss, ihre eigenen Produkte unschädlich zu machen, dann wird man sich stark an das von Plutarch überlieferte Gespräch zwischen Pyrrhos und dem Philosophen Kineas erinnert fühlen. Kineas fragte Pyrrhos, der den Krieg mit Rom plante, was er nach dessen Unterwerfung zu tun gedenke. Pyrrhos sagte: «Aber Kineas, die Antwort versteht sich doch von selbst. Sind die Römer erst bezwungen, dann ist uns keine Barbaren- und keine Griechenstadt in Italien mehr gewachsen.» «König, wenn wir nun Italien genommen haben, was dann?» «Dann nehmen wir Sizilien.» «Und danach?» «Dann werden wir Libyen und Karthago bezwingen, Makedonien wiedergewinnen und Griechenland unangefochten beherrschen.» «Wenn wir nun alles unterworfen haben, was dann?» Da lachte Pyrrhos auf: «Dann wollen wir es uns bequem machen, jeden Tag beim Humpen sitzen und fröhlich miteinander plaudern!» «Warum sollen wir denn nicht schon jetzt», fragte der Philosoph, «wenn es uns Freude macht, beim Humpen sitzen und miteinander plaudern?»

Freilich muss man, nach allem was man vom Menschen bisher weiss, vermuten, dass seine Genüsse im Instrumentalen, in der ablenkenden Beschäftigung, in der er Befriedigung findet, liegen. Die Kritik, die nach dem letzten Zweck fragt, verfehlt ihr Ziel; denn um den letzten Zweck ist es den Menschen nie gegangen; die Frage nach ihm muss verdrängt werden. So schafft denn der institutionelle zivilisatorische Apparat Befriedigungen, die nur von und in diesem Apparat leben können. Der Fabrikant von Gummibärchen aus Zuckergelatine schafft etwas völlig Unnützes; aber durch seinen Erfolg, seine Rolle, durch das Bewusstsein, Arbeitgeber zu sein, anderen befehlen zu können, reich, beneidet zu sein, empfindet er Befriedigung. Und diese auf höchst indirekte Weise hervorgerufene Befriedigung scheint grösser und erstrebenswerter zu sein als die direkte Befriedigung eines geruhsamen Lebens unter tropischen Bananen.

Der Weg zu einer wissenschaftlichen Politik

Dennoch: längerfristiges, zukunftsbewussteres, nach dem Sinn des Ganzen fragendes Denken wird auch in der Politik immer mehr zur Notwendigkeit. Die Sinnlosigkeit der enormen Rüstungsausgaben, die die Staaten immer mehr dazu zwingen, elementare Aufgaben zu vernachlässigen, die Absurdität des Zwangs, aufzurüsten, nur weil auch der andere aufrüstet, scheint allmählich an das Gewissen selbst der abgebrühtesten Machthaber zu rühren. Auch diesen kann es wohl auf die Dauer kein Vergnügen bereiten, über Verzweifelte zu herrschen und ohne eigenen Gewinn Arme ärmer zu machen.

Anzeichen dafür, dass sich eine Entwicklung anbahnt, die zwar nicht gerade optimistisch zu stimmen, aber doch den im Ganzen gebotenen Pessimismus etwas abzubauen vermag, sind neue Wissenschaften mit allerdings noch grossen Orientierungsschwierigkeiten, Wissenschaften, die nicht mehr selbstzwecklich ihren eigenen Betrieb pflegen, sondern sich den dringendsten Problemen der Menschheit widmen: Ökologie (Umweltsforschung), Friedensforschung, Zukunftsforschung. Das Gewicht scheint sich von den technologischen Wissenschaften, die immer noch mit den grössten Geldern gepflegt werden, doch allmählich zu solchen interdisziplinären, vorwiegend sozialwissenschaftlich orientierten Forschungsgebieten zu verschieben, die in einer Prioritätenliste der Dringlichkeiten unter dem Gesichtspunkt des Überlebens der Menschheit ganz oben stehen müssten. Kineas, mit seiner eintönig wiederholten Frage «Wozu das alles?» lästig wie Sokrates, weil er die scheinbare Ruhe des Selbstverständlichen und Gewohnten zerstört, wird pötzlich wieder gehört. Schon jetzt bekommen in den USA die militärischen Forschungszentren für die Entwicklung von biologischen Kampfstoffen nur noch zweit- und drittrangige Wissenschafter. Die anderen machen nicht mehr mit.

Vielleicht wird das Gebot der Not sogar Vernunft hervorbringen. Wenn, was schon in naher Zukunft geschehen kann, der Tod durch die Vernichtung der Umwelt dringlicher vor Augen steht als das Phantom des gegnerischen Überraschungsangriffskrieges, das jetzt noch die Supermächte zum potentiellen over- und overkill treibt, dann wird die heute noch nur von Landesverrätern bestrittene Priorität des Militärbudgets, da der Umweltschutz noch gigantischere Mittel verschlingen wird und für beides nicht genug Geld vorhanden ist, von selber aufhören. Die verrostenden Waffen, die ihre Behälter zersetzenden chemischen Kampfstoffe werden dann nur noch ein Problem des Umweltschutzes sein, und die Realität wird jede Hoffnung übersteigen. Schön wär's.

RECHT UND RUHE UND ORDNUNG

Während des letzten Wahlkampfes stand im Wahlinserat einer Partei zu lesen, dass diese Partei «den Ausbau und die Verteidigung unseres Rechtsstaates als das derzeitige Problem Nr. 1 in der Politik» betrachte und auf diesem Gebiet das Schwergewicht ihrer Tätigkeit sehe. «Wir machten auch kein Hehl daraus, dass nach unserer Auffassung in den letzten Jahren in der Einstellung zum Rechtsstaat eine unerfreuliche Entwicklung zu verzeichnen ist und dass es insbesondere gilt, den Versuchen zur ‹Verunsicherung unserer Gesellschaft›, der in sogenannt ‹nonkonformistisch progressiven› Kreisen Mode gewordenen destruktiven Kritik am Staat und der fortwährenden Agitation gegen unsere Armee entgegenzutreten.» Diese Partei verdient es, selbst mit ihren Äusserungen im Wahlkampf ernstgenommen zu werden, schon deshalb, weil sie in ihrer weiter zurückliegenden Vergangenheit sich tatsächlich bedeutende Verdienste um den Rechtsstaat erworben hat. Den Rechtsstaat, den sie ausbauen und vor allem verteidigen will, hat sie allerdings in ihren letzten Wahlinseraten nicht definiert. Offenbar waren die Verfasser der Werbetexte der Meinung, den Rechtsstaat hätten wir schon und es gelte jetzt nur noch, ihn zu verteidigen. Jedenfalls sucht man im weiteren Text vergeblich nach Vorschlägen zum Ausbau des Rechtsstaates, findet dafür aber um so mehr Anregungen, wie er am wirksamsten zu verteidigen sei: durch Verstärkung der Polizei, der Landesverteidigung, Bekämpfung destruktiver Kritik.

Was bei der Lektüre solcher Ausführungen nachdenklicher stimmt, als ihre Verfasser offenbar waren ist dies, dass sie nicht nur einen unklaren, sondern offensichtlich auch unrichtigen Begriff des Rechts staats voraussetzen. Der Rechtsstaat ist aber nicht einfach derjenige Staat, in dem möglichst wenig «Verunsicherung» herrscht und in welchem etwa nur «konstruktive Kritik» zugelassen wäre. Permanente Machtkritik ist vielmehr geradezu seine Lebensgrundlage. Jede Ausübung öffentlicher Gewalt soll rational, also besonnen und überlegt, nach Normen, die in einer offenen Diskussion festgelegt worden sind, ausgeübt werden. Denn Recht ist ja nichts anderes als sorgfältig geplante, auf Freiheit und Gerechtigkeit hin reflektierte Verwendung von Macht. Die gesetzliche Ordnung kann im Rechtsstaat der Diskussion und Kritik also gerade nicht entzogen sein, ist diese Ordnung doch selber deren Produkt. Wenn man schon Schlagworte braucht, dann träfen nicht «Ruhe und Ordnung» und auch nicht «Recht und Ordnung», sondern «Unruhe und Ordnung» das Richtige. Aber mit einer solchen Parole kann man natürlich in den wenigen Wochen des Wahlkampfes keine Stimmen gewinnen.

Der Rechtsstaat, der seine Garantien allen in gleicher Weise gewährt, auch den Missliebigen und Verdächtigen, ist nie eigentlich populär gewesen, darüber dürfen wir uns keine Illusionen machen. Wir geniessen seine Wohltaten, ohne genügend zu bedenken, dass er vor allem auf Toleranz beruht, auf einem Vorrang des Denkens, auf dem Verbot unbedachten Handelns, raschen, impulsiven Emotionen gerade auch gegenüber Störern nachzugeben, auf dem Willen, Freiheit nicht nur zu beanspruchen, sondern auch anderen zu gewähren, und zwar den Andersdenkenden und Andersredenden, Anderssichgebärdenden. Denn jeder kann in die Lage kommen, zur Minderheit zu gehören, sogar Aussenseiter zu sein. Ein weiteres Kennzeichen des Rechtsstaates, besteht darin, dass er in der Wahl seiner Mittel selbst gegenüber denjenigen Gegnern behutsam und bedächtig ist, die seine Existenz bestreiten. Denn er ist sich dessen bewusst, dass er seine eigenen Grundlagen gefährdet, sich als Rechtsstaat aufgibt, wenn er Kritik und Diskussion (aus der er selber entstanden ist) abschneidet, um totale Ruhe und totale Ordnung herzustellen. Dass er dies tue, verlangt, wenn man es so abstrakt formuliert, allerdings niemand. In der konkreten Situation dagegen ertönt der Ruf nach der Polizei, und zwar nach einer energisch durchgreifenden Polizei, oft schon dann, wenn einem irgend etwas nicht passt, was andere in der Öffentlichkeit tun und sagen, vor allem bei Demonstrationen, Teach-ins, Verteilung von Flugblättern und dergleichen.

Die Polizei tut gut daran, sich nicht zum Instrument solcher Stimmungen machen zu lassen, sondern sich an ihren rechtlich definierten Auftrag zu halten. Dieser verlangt von ihr freilich etwas beinahe Unmögliches. Sie muss selbstverständlich auch und gerade im Rechtsstaat Verbrechen, vor allem Gewalttätigkeiten, verhindern und zu diesem Zweck rasch und wirksam handeln. Zugleich aber ist sie verpflichtet, die bürgerlichen Freiheiten aller zu achten, gefährliche Situationen von ungefährlichen zu unterscheiden und im Einsatz von allen erfolgversprechenden Mitteln immer das mildeste zu wählen. Schon Plato hat die Schwierigkeit dieser Aufgabe gesehen, als er bei der Schilderung der Aufgabe der Ordnungshüter im Staate fragte, ob es nicht zuviel verlangt sei, dass ein Mensch zugleich mild, friedfertig, besonnen und energisch und tapfer sei.

Da die Polizei meistens rasch handeln und auf sich ändernde Situationen reagieren muss, werden fehlerhafte Massnahmen immer wieder unvermeidlich sein. Um so mehr muss der Rechtsstaat dafür sorgen, dass alle polizeilichen und sonstigen administrativen Eingriffe in die Rechte des Bürgers sofort in einem legalen Verfahren vor dem Richter auf ihre Rechtmässigkeit und Angemessenheit hin überprüft werden können. In dieser Hinsicht ist die schweizerische

Rechtsentwicklung gegenüber dem internationalen Standard rechtsstaatlicher Vorstellungen, wie sie etwa in der Europäischen Menschenrechtskonvention niedergelegt sind, noch stark im Verzug. Der Rechtsstaat wird am besten geschützt, indem man ausnahmslos nach seinen Grundsätzen verfährt. Er ist zwar ein hochdifferenziertes, aber durchaus kein schwaches, sondern wegen seiner einmaligen Fähigkeit, Opposition aufzufangen und Konflikte gewaltlos zu lösen, ein starkes Gebilde. Keinesfalls dürfen wir der irrigen Meinung verfallen, von rechtsstaatlichen Grundsätzen abzuweichen, sei eben gegenüber den Feinden der Freiheit — wer immer unter diesen Begriff fallen mag — notwendig. Auf diese Weise könnte es geschehen, dass zur Verteidigung des Rechtsstaats der Rechtsstaat abgeschafft würde.

IST DIE SCHWEIZ EIN RECHTSSTAAT?

Als ich vor zwei Jahren im Auftrag der Justizkommission eines kantonalen Parlaments die Frage zu prüfen hatte, ob die Praxis in der Abgrenzung zwischen polizeilichem Ermittlungsverfahren und verhörrichterlicher Voruntersuchung mit der Strafprozessordnung übereinstimme, und in meinem Gutachten zum Schluss kam, dass sich die polizeiliche Ermittlung in nicht mehr gesetzeskonformer Weise — ähnlich wie in anderen Kantonen und im Ausland — auf Kosten der Voruntersuchung ausgedehnt habe, geschah etwas ziemlich Merkwürdiges. Polizei und Polizeidirektor fühlten sich durch mein Gutachten persönlich angegriffen und reagierten entsprechend polemisch, indem sie die Qualitäten des Gutachtens und des Gutachters in Frage stellten und sich gegen Vorwürfe verteidigten, die niemand erhoben hatte. Nur die Rechtsfrage, die das Thema des Gutachtens bildete und eigentlich hätte diskutiert werden sollen, blieb unerörtert.

Immer wieder kann man beobachten, dass sich das politische, gesellschaftliche und rechtliche Denken des Schweizers stark in persönlichen Kategorien bewegt. Missstände schreibt er gerne der Unfähigkeit oder Böswilligkeit von Personen zu, auch dann, wenn die Ursachen rein institutionell bedingt sind. Umgekehrt fühlt sich der Schweizer persönlich angegriffen, wenn schweizerische Verhältnisse kritisiert werden. Diese Haltung hat ihre unzweifelhaft positiven Seiten: Der Staat wird nicht als eine abstrakte und anonyme Organisation, sondern als eine persönliche Angelegenheit gesehen, die von Personen betrieben wird und für die Menschen verantwortlich sind.

Auch in andern Ländern und in der ganzen Betrachtungsweise, die bisher der Historie gewidmet wird, herrscht die Meinung vor, die Geschichte werde von bestimmten Einzelpersonen gemacht, meistens solchen, die später als hervorragend bezeichnet werden, und sei diesen zurechenbar. In Wirklichkeit sind politische Lösungen, die ein einzelner oder mehrere bewusst und gewollt in allen ihren Auswirkungen bedacht herbeigeführt haben, äusserst selten. Selbst absolute Machthaber wirken im Rückblick eher als Spielbälle denn als Spieler. Napoleon, Hitler, Mussolini, Stalin und früher die Grossen Alexander, Ludwige, Friedriche und wie sie alle heissen, kamen zufällig in bestimmte Machtkonstellationen und haben zufällig gewirkt, haben bewusst zwar Weichen gestellt, aber nie gewusst, wo dann schliesslich die Züge entgleisen würden. Die exakte Übereinstimmung des Gedankens, der Vorstellungen und des Willens gab es viel eher bei den reinen Verkündern und Philosophen: bei Buddha, Jesus, Sokrates, Marx. Aber da ist später immer alles anders gelaufen, als es die Gedanken und Verkündigungen vorausbestimmen wollten. Wer sich mit Geschichte befasst, muss zur selben Erkenntnis kommen wie der Senator McGovern: Präsidentschaftskandidaten werden eher durch geschichtliche Kräfte als durch ihr eigenes bewusstes Verhalten nach vorne geschoben. «Ich glaube, dass die Zeit für einen Mann meiner Art reif ist. Das Land eilte seinen Führern voraus; es wartet ungeduldig auf neue Massstäbe und Inhalte.» Auch mit dieser Aussage wird Geschichte zu sehr personifiziert, aber wenigstens nicht in einem allzu simplifizierenden Sinne.

«Zersetzende Kritik»

Auf der anderen Seite ergibt sich aus dieser Haltung ein problematisches Verhältnis zur Kritik, das eine sachliche politische Diskussion unter Umständen stark erschwert. Die Identifikation mit den staatlichen Einrichtungen kann so weit gehen, dass der Bürger die Kritik an ihnen als persönliche Beleidigung empfindet. Man spricht dann von zersetzender Kritik, obwohl niemand genaue Vorstellungen darüber hat, was das eigentlich für ein Vorgang oder Zustand ist: die Zersetzung. In Wirklichkeit ist Kritik als intellektuelle Kontroll- und Steuerungsfunktion für jedes menschliche Handeln absolut unentbehrlich. Durch das Verbot der freien Kritik oder die Beschränkung auf «konstruktive Kritik» entsteht ein Klima der Erstarrung, der Langeweile und Geistlosigkeit. Man lese nur die Zeitungen der Ostblockstaaten oder als Reisender die ermüdenden Parolen auf den Spruchbändern, die dort überall herumhängen, um dafür die Bestätigung zu finden. Ein staatliches System muss sich in dem Masse, als es Kritik ausschliesst, verschlechtern, sowohl in seiner Produktivität als auch in der Gerechtigkeit der Machtausübung. Entgegen einer landläufigen Meinung bildet also die freie Kritik einen Ordnungsfaktor ersten Ranges. Ohne sie verliert die Gesellschaft die Fähigkeit, auf ändernde Einflüsse von innen oder aussen, auf neue Situationen angemessen und optimal zu reagieren.

Demokratie und Rechtsstaat sind selber aus der kritischen Reflexion über die Frage nach dem für die Menschen besten Staat, nach der optimalen Verteilung und Handhabung der Macht im Staat hervorgegangen und bedürfen ihrer für ihren Fortbestand permanent. Demokratie ist nicht einfach Volksherrschaft oder Herrschaft der Mehrheit, sondern mehr noch Herrschaft rationaler, nach den Prinzipien der Freiheit, Gerechtigkeit und Toleranz ausgerichteter Reflexion im staatlichen und gesellschaftlichen Handeln.

Der bedeutende Rechtsphilosoph und Justizminister der Weimarer Republik, Gustav Radbruch, ha einmal gesagt, dass nach aller rechtshistorischen Er fahrung der beste Staat für den Menschen derjenig sei, der alle Merkmale sowohl des Rechtsstaates als auch der Demokratie in sich vereinige, dass aber ein Staatswesen, das nur Rechtsstaat und keine Demokratie sei, immer noch einer Demokratie vorgezogen werden müsse, die sich nicht zugleich als Rechtsstaat verstehe. Für uns Schweizer ist ein solcher Gedankengang kaum nachvollziehbar. Die direkte Demokratie nährt nämlich immer wieder den Glauben, dass ein von allen Bürgern getragener Staatswille, dass die Summe der Mehrheitsentscheidungen schliesslich immer auch das Richtige trifft. Nun gibt es aber auch einen demokratischen Absolutismus. Ihm ist z. B. Sokrates, der kritischste Geist der Antike, wegen seiner kritischen Fragerei zum Opfer gefallen, im demokratischen Athen, und typischerweise wurde das Todesurteil damit begründet, dass er die Jugend verunsichere und verderbe. Im Rechtsstaat wäre ein solches Urteil nicht möglich gewesen. Allerdings können wir im Hinblick auf das Gefühl der Bürger, die Dinge seien im Lot, der Staat sei anständig, gerecht und vernünftig, feststellen, dass sich Demokratie und Rechtsstaat weitgehend gegenseitig vertreten können: Demokratie als Ersatz für den Rechtsstaat, Rechtsstaat als Ersatz für die Demokratie. Viele unterschiedliche Erscheinungen im Staatsleben und im Staatsverständnis z. B. der Schweiz und der Bundesrepublik Deutschland lassen sich mit diesen beiden Möglichkeiten erklären. In Deutschland ist die Demokratie unterentwickelt, in der Schweiz der Rechtsstaat.

Entgegen einem in letzter Zeit besonders häufig auftretenden Missverständnis ist der Rechtsstaat nicht etwa dadurch gekennzeichnet, dass er bei der Vollziehung der Gesetze, z. B. gegenüber Kriminellen, besonders energisch durchgreift — dass können die modernen Despotien weit besser —, vielmehr trachtet er gerade danach, seine Machtmittel vorsichtig, wohldosiert und erst dann einzusetzen, wenn sich dies nach den rationalen, übergeordneten Prinzipien des Rechts als notwendig erweist. Der Rechtsstaat bildet den Versuch, den Staat als Instrument zur Herstellung von möglichst viel Gerechtigkeit zu konstruieren und zu benützen. Alle Macht im Staat, auch diejenige des Gesetzgebers, muss sich nach diesem Ziel ausrichten. Oberster Zweck des Staates ist also nicht seine eigene Macht, nicht seine Grösse und Bedeutung, sondern die Verwirklichung von Menschenwürde, Freiheit und Wohlfahrt seiner Bürger. Auch die staatliche Unabhängigkeit ist nur Mittel zu diesem Zweck, und das heisst, ein Staat, der sich diese Zwecke nicht setzt, hat keine Daseinsberechtigung. Der Staat darf keine Zwänge setzen, die nicht letztlich der Freiheit und Wohlfahrt aller dienen. Schon die Deklaration der Menschenrechte in der Französischen Revolution bestimmte: Der Staat hat nicht das Recht, etwas zu verbieten, was niemandem schadet. Das tönt überaus theoretisch, hat aber ganz konkrete und praktische Konsequenzen. Bestimmungen, die nur Konventionen sichern und keinen Schutzzweck verfolgen, z. B. Kleidervorschriften, Vorschriften über die Haartracht, wie es sie früher gab, aber auch manche heute noch geltenden Verbote des Sexualstrafrechts (Kuppelei, Konkubinat, unzüchtige Schriften usw.), die über den sachlich gebotenen Schutz der Jugend und der sexuellen Selbstbestimmungsfreiheit weit hinausgehen, sind rechtsstaatswidrig.

Freiheitsbezogene Gleichheit ist Chancengleichheit

Da sich nun die Freiheit des einen leider an der Freiheit des andern stösst, muss die Rechtsordnung dafür besorgt sein, die Freiheitsräume der Individuen möglichst gerecht gegeneinander abzugrenzen. Das geschieht mit dem Prinzip der Gleichheit: die Freiheit ist das zu teilende Gut, die Gleichheit das Teilungsprinzip. Mit Gleichmacherei hat dies nichts zu tun

Auch besteht, entgegen einer selbst in der Staatslehre verbreiteten Meinung, zwischen Freiheit und Gleichheit kein Gegensatz, kann doch von einem freiheitlichen Staatswesen sinnvollerweise nur gesprochen werden, wenn eine allgemeine Freiheit besteht, an der alle teilhaben, und nicht einige wenige alle Freiheiten für sich allein beanspruchen können. Anderseits kann nicht davon die Rede sein, dass etwa der Staat jedem einzelnen ein gleiches Mass an Freiheit und Lebensgütern zuteile wie während der Rationierung die Lebensmittel.

Die Freiheitsgarantien bedürfen zu ihrer Verwirklichung eines komplizierten, ausgewogenen staatlichen Organismus, eines offenen, beweglichen, sich selber reflektierenden Systems. Die traditionellen Stichworte dafür sind: Gewaltenteilung, richterliche Kontrolle der staatlichen Macht durch Verfassungs- und Verwaltungsgerichtsbarkeit, Bindung aller Gewalten an Verfassung und Gesetz.

Was ist davon in der Schweiz verwirklicht?

Der Katalog der Grundrechte in der schweizerischen Bundesverfassung ist bekanntlich sehr unvollständig. Das lässt sich zu einem grossen Teil historisch erklären. Zur Zeit der Entstehung der Bundesverfassung, 1848, ging es vor allem darum, die *damals* beschränkten und bedrohten Freiheiten des Bürgers zu sichern: Mit dem Gleichheitssatz wurden die Standesprivilegien abgeschafft, mit der Garantie der Pressefreiheit die Zensur, mit der Gewährleistung der Glaubens- und Kultusfreiheit die Zwänge, die von kirchlichen Mächten ausgingen, beseitigt, mit der Verankerung der Handels- und Gewerbefreiheit die Reste des Zunftwesens. Schon die damals bekannten Garantien der persönlichen Freiheit und des Eigentums fehlten in der Bundesverfassung, waren allerdings in den meisten kantonalen Verfassungen vorgesehen. Der Mangel wurde mehr als kompensiert durch eine damals in Europa einzigartige Regelung nach dem Vorbild der amerikanischen Verfassung.

Die Grundrechte sollten nicht nur Deklarationen und Richtlinien für den Gesetzgeber sein, sondern der Bürger konnte sich direkt vor den Gerichten auf sie berufen. Erst der zur Verfügung gestellte Rechtsweg entscheidet darüber, ob die verfassungsmässig garantierten Freiheiten, die wir ja auch in den Verfassungen der kommunistischen Staaten finden, schönfärberische Selbstdarstellungen des Staates sind oder effektiv durchsetzbare Ansprüche des Bürgers, denen sich der Staat beugen muss, wenn sie begründet sind. Die Anfänge der bundesgerichtlichen Rechtsprechung zu den Verfassungsrechten in den letzten Jahrzehnten des letzten Jahrhunderts sind imposant. Nicht nur hat sie ohne Bedenken auch ungeschriebene Verfassungsrechte anerkannt, z. B. das Recht auf persönliche Freiheit und die Eigentumsgarantie, sondern vor allem ist es ihr gelungen, aus dem Gleichheitssatz eine Praxis zu entwickeln, die allgemein jede willkürliche, sachlich unbegründete staatliche Entscheidung verbot. Diese Rechtsprechung war eine eigentliche juristische Pioniertat und ist als solche von vielen Verfassungsgerichten anderer Staaten übernommen worden.

Das Bundesgericht ist kein Bundesverfassungsgericht

Die Mängel an Rechtsstaatlichkeit, die inzwischen sichtbar und immer deutlicher auch spürbar geworden sind, liegen zum Teil in der Verfassung, zum anderen Teil in einer verhängnisvollen Stagnation der bundesgerichtlichen Rechtsprechung, die mit dem juristischen Positivismus, der Gesetzesgläubigkeit zusammenhängt. Die staatsrechtliche Beschwerde mit welcher die Verletzung von Verfassungsrechten gerügt werden kann, war immer nur gegen kantonale und Gemeindeinstanzen und deren Erlasse gegeben Bundesinstanzen und Bundesgesetze waren und sind ihr entzogen. Das Bundesgericht ist also nur ei

Verfassungsgericht über die Kantone und die Gemeinden, nicht auch ein Verfassungsgericht des Bundes.

Zwei Gründe sind dafür massgebend, wenn auch nicht überzeugend. Zum einen sagt man, die Bundesgesetze seien in der Schweiz wegen des fakultativen Referendums vom Volk sanktioniert und es sei unerträglich, dass ein Gericht den Volkswillen ausser Kraft setze. Diese Überlegung ist deshalb nicht richtig, weil erstens nicht bei jedem Gesetz das Referendum ergriffen wird und weil zweitens das Volk auch bei zur Abstimmung gelangenden Gesetzen nicht über jeden einzelnen Artikel befindet und weil es drittens unverlierbare Rechte von Minderheiten, selbst Einzelgängern gibt, die keine Mehrheit aufheben kann, wenn sie nicht zuvor bewusst für den demokratischen Totalitarismus (wie es ihn im antiken Athen gab) votiert hat. Das zweite Argument ist mehr prestigeorientiert und kann bei genauerer Überlegung eigentlich nicht ganz ernst genommen werden. Es besagt, dass Verwaltungsentscheide von Bundesbehörden unter der Verantwortung des Bundesrates stehen und daher nur an diesen weitergezogen werden können. Es sei aber unberechtigt, das Bundesgericht über den Bundesrat zu stellen. Das Argument ist durch die inzwischen ergangene Gesetzgebung selber entkräftet worden, allerdings unter Wahrung des Prestiges des Bundesrats. Die neuere Gesetzgebung hat nämlich einen umfangreichen Katalog von eidgenössischen Verwaltungssachen aufgestellt, bei denen das Bundesgericht auch gegen Entscheide von Bundesbehörden angerufen werden kann. Letzte Verwaltungsinstanz ist dann allerdings immer das Departement, nicht der Gesamtbundesrat. Auf diese Weise kann nie der Bundesrat als solcher vom Bundesgericht desavouiert werden, sondern höchstens ein einzelnes Departement.

Die Vorstellung, auf der dies beruht, ist eine reine Fiktion. Der Bundesrat würde, sofern es sich um Fragen der Rechtskontrolle handelt und nicht um politische Fragen, selbstverständlich immer gleich entscheiden wie das antragstellende Departement. Also kann man getrost alle Fragen der Rechtskontrolle über die gesamte eidgenössische Verwaltung dem Bundesgericht übertragen und den Gesamtbundesrat überhaupt von ihnen vollständig entlasten. Handelt es sich aber um eine politische Frage, so muss in jedem Falle eine richterliche Überprüfung mindestens darüber möglich sein, ob dafür hinreichende rechtliche Grundlagen bestehen. Lässt man darüber ein Gericht entscheiden, so wird dadurch nicht etwa eine neue Hierarchie geschaffen, nach welcher der Bundesrat dem Bundesgericht unterstellt wäre, sondern es würde nur klar gemacht und realisiert, dass alle Gewalten unmittelbar an die Verfassung gebunden sind.

Verknöcherte Rechtsprechung

Der zweite Grund für die unvollständige Rechtsstaatlichkeit hinsichtlich des richterlichen Schutzes der Grundrechte des Bürgers liegt in einer seit der Jahrhundertwende zunehmend verarmenden, ideenlosen, um nicht zu sagen bürokratisch verknöcherten Rechtsprechung des Bundesgerichtes. Unsere obersten Richter haben die Freiheitsrechte nicht erweitert, geschweige denn neue, ungeschriebene Freiheitsrechte durch Richterspruch konstituiert, sondern im Gegenteil den nach Verfassung, Gesetz und früherer Rechtsprechung gegebenen Rechtsschutz eher eingeengt. Es gibt einen erst seit etwa zehn Jahren überwundenen Tiefpunkt der staatsrechtlichen Rechtsprechung des Bundesgerichtes, der zweifellos mit schuld ist an einem gewissen rechtsstaatlichen Malaise, das immer noch besteht. Immer mehr hat, bis vor kurzem, das Bundesgericht seine Kognitionsbefugnis, d. h. Zahl und Umfang der Fragen, die es überprüfen kann, eingeengt. Zum einen wurde es zunehmend strenger in der Prüfung der Formalien der staatsrechtlichen Beschwerde und hat zahlreiche Rekurse wegen mangelnder Legitimation oder ungenügender Begründung abgewiesen. Zum andern hat es einerseits aus Rücksicht auf die Eigenständigkeit der Kantone die Rechte des Bürgers schliesslich nur noch dann als verletzt angesehen, wenn der Entscheid, gegen den sich der Bürger beschwerte, schlechthin willkürlich, mit keinen sachlichen Gründen vertretbar war. Der Freiheitsschutz wurde damit auf einen Willkürschutz reduziert. Es war praktisch aussichtslos, wegen ungerechtfertigter Verhaftung oder Zwangsversorgung das Bundesgericht anzurufen. Solange irgendein Rechtssatz vorhanden war, auf den sich die Massnahme stützen konnte, wies das Bundesgericht die Beschwerde ab, auch wenn der Rechtssatz selbst inhaltlich äusserst fragwürdig war, indem er Freiheitsentzug vor allem bei der Zwangsversorgung unter ganz allgemeinen und unbestimmten Voraussetzungen zuliess.

In den letzten Jahren ist allerdings ein erfreulicher Tendenzumschwung in der bundesgerichtlichen Rechtsprechung sichtbar geworden. Die Rechtsprechung ist insgesamt freiheitsbewusster geworden, weniger formalistisch und weniger positivistisch.

Alle Verfassungsgerichte der freiheitlichen Demokratien haben, nach ihrer Rechtsprechung beurteilt, ihre Höhepunkte gehabt und auch ihre glanzloseren Zeiten. Das schweizerische Bundesgericht macht da keine Ausnahme. Ohne eine freiheitsbewusste, schöpferische, mutige, unformalistische und nicht am Gesetzesbuchstaben klebende verfassungsgerichtliche Rechtsprechung bleiben aber die Deklarationen in der Verfassung blosse Leerformeln. Interessanterweise ist es meistens die Zeit nach dem Erlass einer neuen Verfassung, in welcher die verfassungsgerichtliche Rechtsprechung ihre höchste Qualität erreicht, so in der Schweiz, in Amerika und auch in der Bundesrepublik Deutschland. Auch unter diesem Gesichtspunkt würde es sich rechtfertigen, die Verfassungsgerichtsbarkeit in der Schweiz weiter auszubauen, vor allem durch eine Änderung von Art. 113 der Bundesverfassung

> *(Das Bundesgericht urteilt ferner: 1. über Kompetenzkonflikte zwischen Bundesbehörden einerseits und Kantonalbehörden andererseits; 2. über Streitigkeiten staatsrechtlicher Natur zwischen Kantonen; 3. über Beschwerden betreffend Verletzung verfassungsmässiger Rechte der Bürger sowie über solche von Privaten wegen Verletzung von Konkordaten und Staatsverträgen.)*

und auch Bundesgesetze und Einzelentscheide von Bundesbehörden der Beurteilung durch das Gericht zu unterwerfen.

Auch in Bundesgesetzen gibt es Artikel, deren Verfassungsmässigkeit äusserst zweifelhaft ist. Selbst das ehrwürdige Zivilgesetzbuch (ZGB) bleibt von solchen Zweifeln nicht ausgenommen. Es seien hier nur die auffälligsten Beispiele aus dem Familienrecht erwähnt. Das Eherecht ist in weiten Teilen noch patriarchalisch geordnet. Bei Meinungsverschiedenheiten über die Erziehung der Kinder usw. entscheidet der Mann, er verwaltet im Normalfall des gesetzlichen Güterstandes der Güterverbindung das Vermögen der Frau und kann dessen Ertrag behalten; der während der Ehe erzeugte Vermögenszuwachs geht bei Scheidung oder Tod zu zwei Dritteln an den Ehemann oder dessen Erben. Diese Ungleichheiten sollen allerdings in der gegenwärtigen Revision des Zivilgesetzbuches beseitigt werden. Die stärksten Eingriffe in die persönliche Freiheit gestattet das Vormundschaftsrecht des ZGB. Nach Art. 371 wird jeder, der zu einer Freiheitsstrafe von mindestens einem Jahr verurteilt wurde, entmündigt, auch wenn dies zur Wahrung seiner Interessen überhaupt nicht notwendig ist.

Absurde Bevormundung

Die Praxis setzt sich über diese Bestimmung allerdings weitgehend hinweg; man wird sie kaum dafür rügen können, zumal seit der letzten Revision des Strafgesetzbuches Freiheitsstrafen bis zu 18 Monaten bedingt verhängt werden können. Es wäre sicher absurd, einen Menschen, dessen Strafe ausgesetzt wurde, damit er sich in der Freiheit bewährt, durch eine Bevormundung in seinen bürgerlichen Rechten einzuschränken. Die segensreiche Einrichtung der Bewährungshilfe bedarf dieser Aufhebung der bürgerlichen Rechte nicht; im Gegenteil, der Erfolg kann dadurch nur gefährdet werden.

Nach Art. 406 ZGB kann jeder Bevormundete «nötigenfalls» in einer Anstalt untergebracht werden. Erforderlich ist dafür die Zustimmung der Vormundschaftsbehörde. Die vormundschaftlichen Versorgungen, gegen die praktisch kein Rechtsmittel gegeben ist, sind eine der unerfreulichsten Seiten unseres Rechtslebens. Die vielgelobte lapidare Kürze des Zivilgesetzbuches erweist sich hier als schwerer Verstoss gegen den Rechtsstaat. Die einzige Voraussetzung der Versorgung wird mit dem nichtssagenden Wort «nötigenfalls» bezeichnet. Man muss sich in diesem Zusammenhang auch vergegenwärtigen, dass zumindest auf dem Lande die Vormundschaftsbehörden meistens mit dem Gemeinderat der betreffenden Gemeinde identisch sind und dass diese Gremien kaum Gewähr dafür bieten können, dass derart schwerwiegende Massnahmen ausschliesslich nach rechtlichen und fürsorgerischen Gesichtspunkten getroffen werden.

Dass die gesetzliche Stellung des unehelichen Kindes und der unehelichen Mutter eine gegen den Gleichheitssatz verstossende Diskriminierung darstellt, dürfte unbestritten sein. Alle diese Mängel eines aus der Jahrhundertwende stammenden Gesetzes hätten durch eine verfassungsgerichtliche Rechtsprechung laufend und bruchlos korrigiert werden können. Da es sie nicht gibt, muss der Gesetzgeber eingreifen.

Auch das Schweizerische Strafgesetzbuch und die strafrechtlichen Nebengesetze enthalten nicht wenige Bestimmungen, die einer Überprüfung unter rechtsstaatlichen Gesichtspunkten bedürften. Die der schweizerischen Gesetzgebungstradition entsprechende Kürze und Einfachheit der Bestimmungen hat oftmals den Nachteil, dass die Grenzen der Strafbarkeit zuwenig genau gezogen werden, so dass der Bürger nicht mehr sicher erkennen kann, was strafbar ist und was nicht. Man spricht dann von sogenannten Gummiparagraphen. Wann z. B. eine Nötigung nach Art. 181 StGB, etwa die Drohung mit einer Strafanzeige, rechtswidrig ist und wann nicht, lässt sich nach dem Gesetzestext überhaupt nicht ausmachen. Ähnlich verhält es sich mit einigen Tatbeständen von Delikten gegen den Staat, die den Strafrechtsschutz teils zu weit ausdehnen, teils zu unbestimmt abgrenzen.

Völlig unbefriedigend sind die rechtlichen Regelungen des Strafvollzugs. Dieser ist an sich Sache der Kantone, doch hat der Bund, da ihm die Strafgesetzgebung zusteht, notwendigerweise auch die Kompetenz, Grundsätze über den Vollzug aufzustellen. Um so mehr ist es zu bedauern, dass bei der letzten Revision des Strafgesetzbuchs die Vollzugsbestimmungen gestrichen und in eine künftige Verordnung des Bundesrates verwiesen worden sind. Praktisch heisst dies, dass die Realität des Vollzugs, die Rechte und Pflichten der Gefangenen — da die Kantone ebenfalls keine Vollzugsgesetze erlassen haben — nur in den Anstaltsordnungen, also in blossen Verwaltungsverordnungen, geregelt sind, und auch da ganz unzulänglich. So begegnen wir denn den grössten Unterschieden und Ungleichheiten nicht nur von Kanton zu Kanton, sondern auch von Anstalt zu Anstalt.

Vor- und Nachteile des Föderalismus

Das wichtigste *strukturelle* Grundprinzip der schweizerischen Demokratie, der Föderalismus, überträgt einen Grundgedanken des Rechtsstaats gewissermassen vom Individuellen ins Kollektive. So wie der Rechtsstaat dem Individuum gewisse Grundrechte auch gegen jede mögliche Mehrheit garantiert, wird durch die föderalistische Aufgliederung bestimmten Territorialgemeinschaften, nämlich den Kantonen, eine praktisch unaufhebbare Eigenständigkeit gewährleistet. Die Vorteile des Föderalismus und der ihm letztlich zugrunde liegenden Gemeindefreiheit sind bekannt und auch genügend gelobt worden: In lokal und regional überschaubaren Bereichen sollen die öffentlichen Angelegenheiten von denjenigen geregelt werden, die selbst davon betroffen sind. Die Selbstregulierungskräfte der Gesellschaft werden mobilisiert und politisch legitimiert, das Freiheitserlebnis wird konkret im politischen Handeln, wird zugleich mit Verantwortungsbewusstsein verknüpft, weil der Bürger sofort sieht, dass das, was er entscheidet, schliesslich ihn selber betrifft und dass er die Minderheit respektieren muss, weil er das nächste Mal zu ihr gehören kann.

Dennoch muss der Föderalismus wegen seiner unübersehbaren Nachteile neu und rational, gelöst vom Mythos, der ihm anhaftet, politisch überdacht werden. Wo und unter welchen Voraussetzungen fördert er die Freiheit und Selbstverantwortung des einzelnen, wo dem Gemeinwohl dienende rationelle Lösungen, und wo bewirkt er eher das Gegenteil? Diese Grundfrage ruft sofort nach zwei weiteren Fragen: In welchen territorialen Grenzen ist der Föderalismus sinnvoll? Und in welchen sachlichen Bereichen? Die Antwort ist: Die alten Kantonsgrenzen umschliessen heute keine Gemeinschaften mehr, die gemeinsame, von andern Kantonen verschiedene Probleme haben, sondern die gemeinsamen Probleme und regionalen

Unterschiede gehen quer durch alle Kantone hindurch. Es gibt Städte, Agglomerationen, Agrargebiete, entwickelte und industrialisierte, sogar überindustrialisierte und unterentwickelte Gegenden, arme und reiche. Die zurzeit gesetzgeberisch vorbereitete Raumplanung enthält in dieser Hinsicht eine unausgesprochene und dennoch unüberhörbare Kritik an der territorialen Fixierung des Föderalismus. Aber auch der sachliche Bereich der föderalistischen Eigenständigkeit ist nicht mehr optimal umschrieben und organisiert. Boden- und Baurecht, Strassenwesen, Schulkoordination, Koordination des Steuerwesens seien hierfür nur als Stichworte erwähnt. Die Alternative heisst aber nicht einfach Zentralismus, sondern Neudefinition und Reaktivierung des Föderalismus.

Im Hinblick auf die Frage nach der Verwirklichung des Rechtsschutzes für den Bürger zeigt der Föderalismus ein ähnliches Doppelgesicht. Der Bürger kennt die Behördenmitglieder und die Personen, die in der Verwaltung zuständig sind, und sie kennen auch ihn. Diese Situation ist unter rechtlichen Gesichtspunkten durchaus ambivalent. Sie kann gütliche und zugleich rechtmässige Einigungen erleichtern, sie kann aber auch persönlicher Befangenheit und Willkür Vorschub leisten. Nicht zufällig wird ja gerade vom gerechten Richter verlangt, dass er den Parteien gegenüber unabhängig und von Emotionen frei sei. Nicht allzu selten finden etwa Minderheiten oder Aussenseiter erst bei höheren und entfernteren Instanzen Rechtsschutz, bei denen sie eben persönlich nicht bekannt sind. Aber die Fälle, die bis zum Bundesgericht weitergezogen werden, sind in der verschwindenden Minderzahl.

Zu kleine Kantone

Ein weiterer Grund für die Problematik des gegenwärtigen schweizerischen Föderalismus wird in juristischen Arbeiten über die Gerichts- und Verwaltungspraxis einzelner Kantone immer wieder sichtbar. Mindestens jeder vierte Kanton ist bevölkerungsmässig einfach zu klein, um einen Justizapparat zu tragen, wie er für die Verwirklichung der Prinzipien des Rechtsstaates unentbehrlich ist. Wenn etwa ein kantonaler Justizdirektor nur einen oder zwei Mitarbeiter hat und über sämtliche Rechtsfragen, in denen er oberste kantonale Verwaltungsbehörde ist, entscheiden muss, so wird er damit schlechterdings überfordert. Kein noch so hervorragender, vielseitig gebildeter Jurist kann auf allen Rechtsgebieten, die der Beurteilung der oberen Instanzen unterliegen, so gut beschlagen und informiert sein, dass seine Entscheide immer mit dem Gesetz und der allgemeinen Rechtsauffassung übereinstimmen. So wird denn eben mehr nach dem sogenannten gesunden Menschenverstand geurteilt, und häufig tritt der Kuhhandel an die Stelle des gesetzmässigen Entscheides, besonders da, wo, wie etwa im Planungs- und Bauwesen, starke Interessen sich durchzusetzen versuchen. Und im Steuerrecht beispielsweise beobachten wir, dass viele Kantone nach wie vor mit finanzkräftigen Privatpersonen Steuerabkommen abschliessen, obwohl ein Konkordat, dem fast alle Kantone beigetreten sind, dies bei Busse von 50 000 Fr. verbietet. Dass sich sogar Staaten strafbar machen, dürfte ein juristisches Unikum darstellen.

Wegen der Kompliziertheit der modernen Lebensbedingungen und ihres raschen Wechsels ist Gesetzgebung heute eine überaus schwierige Angelegenheit geworden, die nur gelingt, wenn die besten Sachkenner dabei zusammenwirken. In den wenigsten Kantonen sind für alle Gesetzgebungsmaterien die erforderlichen Experten vorhanden. Anderseits genügt es seit langem nicht mehr, bei der Gesetzgebung auf alte Sitten und Gebräuche zurückzugreifen; die Probleme sind überall neu, schwieriger und gewohnheitsrechtlicher Selbstregulierung der Gesellschaft entzogen.

Das gilt sogar für die traditionellen, in die kantonale Kompetenz fallenden Rechtsgebiete des Strafprozessrechts und des Zivilprozessrechts, um so mehr für die neuen Problemkreise der Raumplanung, der Verkehrsplanung und des Umweltschutzes. So müssen wir uns denn wohl noch auf weite Sicht damit abfinden, dass grosse Teile der kantonalen Rechtsordnungen veraltet, lückenhaft, unrationell und ineffektiv sind. Mit den daraus häufig folgenden Fehlinvestitionen mag man sich ebenfalls abfinden. Dass rechtlich ungenügend durchdachte Gesetze aber immer auch wieder eindeutiges Unrecht produzieren, wird man schon weniger leicht hinnehmen.

Das vielleicht deutlichste Beispiel bilden die kantonalen Zwangsversorgungsgesetze. Nach diesen kann auch dem nicht straffällig gewordenen Bürger nach ganz unbestimmten Vorschriften die Freiheit bis auf die Dauer von mehreren Jahren entzogen werden. Nach der Praxis wird die Massnahme dann meistens auch noch in Strafanstalten oder besonderen Abteilungen von Strafanstalten vollzogen. Nach den kantonalen Gesetzen genügen für die Versorgung im allgemeinen ein liederlicher, unsteter Lebenswandel allenfalls verbunden mit Alkoholismus, und ungesicherte finanzielle Verhältnisse. Wohlhabende Playboys werden natürlich nicht zwangsversorgt. Manchmal ist nach der Vorschrift erforderlich, dass der Betroffene familiäre Unterstützungspflichten vernachlässigt (dagegen wäre nichts einzuwenden, weil dies, wenn es vorsätzlich und trotz voller Arbeitstauglichkeit geschieht, schon nach dem Strafgesetzbuch strafbar ist), aber meistens genügt schon eine Vernachlässigung der eigenen Person, wie sie etwa bei Landstreichern angenommen wird. In den gesetzlichen Regelungen werden vielfach noch die Umrisse des früheren Armenhauses sichtbar und die ebenfalls vermeintlich der Vergangenheit angehörende Tendenz, soziale und fürsorgerische Probleme durch Eliminierung ihrer Opfer zu lösen.

Liederlicher Umgang mit liederlichen Menschen

Auch das Verfahren der Zwangsversorgung genügt rechtsstaatlichen Anforderungen nicht. In einem Teil der Kantone entscheiden immer noch ausschliesslich administrative Behörden, und einige andere Kantone sind erst in neuester Zeit dazu übergegangen, wenigstens eine Rekursmöglichkeit an eine gerichtliche Instanz einzuräumen. Das Bundesgericht hat, wiederum aus föderalistischem Respekt vor der Souveränität der Kantone, leider nur zögernd die schlimmsten Auswüchse beseitigt, z. B. die Zwangsversorgung ohne Anhörung des Betroffenen.

Die Gerechtigkeitsliebe einer Gesellschaft zeigt sich daran, wie sie mit ihren Minderheiten und ihren Aussenseitern umgeht. Auch für die Vernunft und Intelligenz kann diese Frage nach der Toleranz ein Test sein, denn jeder kann einmal in die Lage kommen, zur Minderheit zu gehören oder sogar Aussenseiter zu werden, sei es auch nur dadurch, dass man ihn dazu stempelt. Darum, als Test für die Bestimmung des Freiheits- und Toleranzklimas (Toleranz ist die Kehrseite und Voraussetzung der Freiheit), sind Erörterungen über derartige Gesetze, mögen sie auch nur wenige und einflusslose Menschen betreffen, so wichtig. Wie liederlich einzelne kantonale Gesetzgeber mit den Rechten liederlicher Menschen umgehen, mögen einzelne Bestimmungen aus Zwangsversorgungsgesetzen bezeugen.

Fürsorgerecht des Kantons Schaffhausen vom 2.10.1933, Art 12:

«Arbeitsscheue, liederliche und haltlose Personen vom 18. Lebensjahr an sind in Anstalten zu versorgen, wo sie zur Arbeit angehalten und erzogen werden. Die Einweisung in eine solche Anstalt geschieht für die Dauer von ein bis zwei Jahren. Im Wiederholungsfalle kann die Einweisung auf drei Jahre ausgedehnt werden.

Art. 13:

Arbeitsscheue Personen, welche schon mehr als zweimal in einer Arbeitsanstalt ohne Erfolg versorgt worden sind, und unverbesserliche Verbrecher können dauernd in einer Anstalt verwahrt werden.»

Gesetz des Kantons Wallis über die öffentliche Armenpflege vom 2.6.1955, Art. 64:

«Der Gemeinderat ist verpflichtet, unter Vorbehalt des Rekurses an den Staatsrat von seiten des Interessierten oder seiner Verwandten, in ein Arbeitshaus oder in eine Besserungsanstalt unterzubringen:

a) Personen, die der Armenpflege zur Last fallen oder namentlich durch schlechten Lebenswandel, Trunksucht, Trägheit usw. Gefahr laufen, ihr zur Last zu fallen.

b) Personen, die wegen Bettel oder Landstreicherei rückfällig sind.

Im Falle der Dringlichkeit oder der Untätigkeit von seiten der Gemeindebehörde kann das mit der Armenpflege betraute Departement diese Personen auf Kosten der beteiligten Gemeinden internieren lassen.

Hierzu ist das Verfahren betr. die administrative Internierung anwendbar.»

Die Texte sprechen für sich selbst. Sie scheinen der zweiten Hälfte des Satzes «Bete und arbeite» als ethischem Axiom zu huldigen, eine allgemeine Arbeitspflicht zu statuieren und dabei eine ungeschriebene Ordnung des persönlichen Lebenswandels vorauszusetzen. Von wieviel Wochen Ferien im Jahr an ist jemand arbeitsscheu? Was ist eigentlich Liederlichkeit? Wieviele berühmte Männer der Kunst- und Literaturgeschichte wären wohl von solchen Paragraphen erfasst worden? Und, um dem Puritanismus und der Selbstgerechtigkeit dieser Gesetzgebung ihre eigene Blasphemie vor Augen zu halten: Welcher geregelten Arbeit sind eigentlich Jesus und seine Jünger nachgegangen?

Für den Bund, der die internationalen Beziehungen der Schweiz zu pflegen hat und hin und wieder internationale Abkommen abschliessen muss, die auch die Rechte der Bürger der Vertragsstaaten regeln, sind solche Gesetze ziemlich peinlich. So musste denn Nationalrat Gerwig in einer Kleinen Anfrage an den Bundesrat am 6. Dezember 1971 darauf hinweisen, dass die Schweiz zwar dem internationalen Übereinkommen über Zwangs- oder Pflichtarbeit seit 1940 beigetreten ist, aber nach wie vor diesen Vertrag nicht erfüllt, wie dies aus der folgenden Anfrage des Internationalen Arbeitsamtes hervorgeht:

«Der Ausschuss stellt fest, dass in einzelnen Kantonen die Internierung von vagabundierenden Personen oder anderer Kategorien von Personen mit asozialem Lebenswandel durch ein Gerichtsverfahren erfolgt, während die meisten Kantone die Verwahrung solcher Personen auf dem Verwaltungswege beschliessen. Eine durch Verwaltungsverfahren verfügte Arbeitspflicht ist unvereinbar mit den Bestimmungen von Art. 2 Abs. 2c des Übereinkommens.»

Zwangsarbeit und Telefonabhörung

Der Bundesrat hatte die Feststellung des Internationalen Arbeitsamtes an die Kantone weitergeleitet, und diese verwiesen in ihren Antworten begreiflicherweise darauf, dass der Bund selbst im Zivilgesetzbuch die administrative Versorgung von bevormundeten Personen praktisch schrankenlos zulasse. Solche Rechtfertigungsversuche sind zwar verständlich, wenn auch nicht überzeugend. Noch weniger überzeugend mutet eine Vernehmlassung des Biga zu dieser Frage vom 15. Oktober 1971 an, in welcher ausgeführt wird:

«Aus den verfügbaren Unterlagen geht eindeutig hervor, dass die Arbeitskonferenz bei der Annahme des Übereinkommens über Zwangs- oder Pflichtarbeit im Jahre 1930 vor allem, wenn nicht sogar ausschliesslich, die Bekämpfung der Zwangsarbeit in der damals in Kolonialgebieten aufgetretenen Form bezweckte. Aus diesem Grunde hat sie sich bei der Redaktion nicht damit befasst, das Übereinkommen auch auf die Verhältnisse in denjenigen Ländern anzupassen, in welchen keine Zwangsarbeit im üblichen Sinne des Wortes besteht.

Aus der gleichen Sicht hat die Schweiz das Übereinkommen nur aus Solidarität ratifiziert, davon ausgehend, dass sich dieses Instrument ausschliesslich auf die Zwangsarbeit im eigentlichen Sinne beziehe und die Kolonien betreffe, wo solche Zwangsarbeit noch bestand. Soweit uns bekannt ist, hat der Sachverständigenausschuss selbst entsprechend dem Sinn und Zweck des Übereinkommens sein Augenmerk vorerst auf koloniale Gebiete gerichtet; erst später ist er, gestützt auf eine wörtliche Auslegung des Textes, über diesen Rahmen hinausgegangen. Auf dieser wörtlichen Auslegung von Art. 2 Abs. 2c beruht die unserem Lande zugegangene Bemerkung.›

Es dürfte kaum nötig sein, darzutun, dass die Schweiz keine Zwangsarbeit im gebräuchlichen Sinne des Wortes kennt. Wenn asoziale Personen bei Durchführung einer Versorgungsmassnahme zur Arbeitsleistung verpflichtet werden, so geschieht dies keinesfalls zur Erlangung eines finanziellen oder wirtschaftlichen Vorteils; es handelt sich vielmehr um etwas ganz anderes, nämlich um Arbeit mit therapeutischer oder erzieherischer Zielsetzung, die ausschliesslich im Interesse des Versorgten verfügt wird und ohne die eine Versorgung ihren Zweck der Wiedereingliederung in die Gesellschaft nicht erreichen könnte.

Unbesehen des Wortlautes der fraglichen Bestimmung bezweckte das Übereinkommen sicherlich nicht das Verbot einer solchen Form von Arbeit, es sei denn, sie diente nur der Vertuschung wirklicher Zwangsarbeit. Wir sind deshalb der Auffassung, dass eine rein wörtliche Auslegung über den Willen des internationalen Gesetzgebers hinausgeht oder diesem sogar widerspricht.»

Da kaum ein Leser dieser Zeilen selber Gefahr läuft, als asozial bezeichnet zu werden, werde ich mich mit kritischen Überlegungen nicht an das Eigeninteresse, sondern «nur» an das zunächst, wie es scheint, bloss altruistische Gefühl der Toleranz wenden können. Wie sehr aber der Rechtsstaat darüber hinaus Sache jedes einzelnen, auch des «sozial Eingegliederten», ist, zeigt sich am Beispiel der Telefonabhörung. Rechtlich gesehen ist die Telefonleitung jedes Bürgers undicht, und zwar aus folgenden Gründen: Das Bundesgesetz über den Telegrafen- und Telefonverkehr (TTVG) regelt die Frage, wann die PTT verpflichtet ist, behördlichen Begehren um Abhörung von Telefongesprächen stattzugeben. Dies ist dann der Fall, wenn die zuständige eidgenössische, oder kantonale Strafverfolgungsbehörde das Begehren stellt. Da die Telefonabhörung wie die Hausdurchsuchung oder die Überwachung des Briefverkehrs einen prozessualen Eingriff in die Rechte des Bürgers darstellt, muss sie im Strafprozessrecht eine gesetzliche Grundlage haben. Das TTVG, welches nur sagt, wann die PTT — diese gesetzliche Grundlage vorausgesetzt — ihre Einrichtungen zur Verfügung stellen muss, liefert diese strafprozessrechtliche Grundlage nicht. Nach dem Strafprozessrecht des Bundes und der meisten Kantone besteht dafür keine Rechtsgrundlage. Trotzdem wird, wie man weiss oder grösstenteils nur vermuten kann, in ziemlich grossem Masse abgehört. Da der Betroffene nie etwas davon erfährt, ist die gesetzwidrige Praxis für die zuständigen Behörden auch verhältnismässig risikolos. Würde es sich um Hausdurchsuchungen oder Kontrollen des Briefverkehrs handeln, hätte sie längst öffentliche Empörung herbeigeführt. So aber könnten wir, ohne es allerdings genau zu wissen, längst ein Volk von Abgehörten geworden sein. Dabei liesse sich die Frage ohne unüberwindliche Schwierigkeiten in rechtsstaatlich befriedigender Weise regeln. Da der Eingriff aber, anders als Verhaftung, Beschlagnahme, Hausdurchsuchung usw., nicht sichtbar und spürbar ist, kann man sich mit Gedankenlosigkeit oder mit dem Gedanken beruhigen, dass man wohl selbst nie davon betroffen wird. Diese Haltung ist genau die, an der der Rechtsstaat zugrunde gehen wird.

(*Anmerkung des Herausgebers:* Besonders bei diesem Artikel ist das Jahr seiner Abfassung zu beachten. Seit 1972 ist die Rechtslage zumal im Kindesrecht, beim fürsorgerischen Freiheitsentzug und bei der Telefon-Abhörung neu geregelt worden.)

FERNSEHGESPRÄCH
im Anschluss an drei Kurzfilme

Es ist doch nicht falsch zu behaupten, unser Recht stehe auf christlichem Boden und sollte daher moralisch gutes Handeln schützen oder sogar fördern? Christlich gesprochen handelt unser erster Fall — der des herzkranken Mannes — von einem schweren Fall mangelnder Nächstenliebe. Ist der Begriff «Nächstenliebe» für den Juristen überhaupt brauchbar?

Gewiss ist die Nächstenliebe Richtschnur auch für die Entscheidungen des Juristen, z. B. des Gesetzgebers, der sich fragt, was er vom Einzelnen in den Gesetzen verlangen soll. Aber hier muss der Gesetzgeber die Grenzen beachten, die ihm durch die Rücksicht auf das, was überhaupt möglich und durchsetzbar ist, und auf das, was um der Freiheit des Einzelnen willen geboten ist, gesetzt sind. Das heisst: er muss im Bereich des Praktikablen und des Beweisbaren bleiben. Verschiedene kantonale Gesetze statuieren eine allgemeine Hilfepflicht bei Unglücksfällen auch für Unbeteiligte. Das ist zwar vertretbar, aber doch auch nicht unproblematisch. Es stellen sich Zweifelsfragen, die zu willkürlichen Entscheiden führen können: Wer ist von mehreren Unbeteiligten in erster Linie zur Hilfe verpflichtet? Oder sind es alle? Muss einer noch helfen, wenn andere schon geholfen haben? Im Falle unseres kranken Mannes: müsste jeder Nachbar helfen oder nur derjenige, der zufällig um Hilfe angegangen wird? Wie ist es, wenn dieser nun zeitlich verhindert ist, z. B. den Zug oder das Flugzeug für eine geschäftliche Verabredung verpasst, wenn er der Hilfepflicht nachkommt? Muss er dann trotzdem helfen? Oder muss er einen anderen finden, der hilft? Muss er auch auf eigene Kosten helfen, wenn der andere kein Geld hat? Werden ihm die Kosten ersetzt? Von wem? Das Recht, vor allem das Strafrecht, muss für den Bürger und den Richter möglichst klar und eindeutig sein. Wo aber so viele Fragen auftauchen, ist die notwendige Rechtsklarheit beeinträchtigt. Das Recht geht daher bei der Befolgung des Gebotes der Nächstenliebe einen ganz anderen Weg. Es schafft Organisationen, die allgemein in solchen Notfällen Hilfe leisten müssen, und es stellt die entsprechenden finanziellen Mittel zur Verfügung. Das ist die Aufgabe des Sozialrechts, der Sozialfürsorge, der Krankenfürsorge usw. Das heisst, der Staat übernimmt die Aufgabe der Nächstenhilfe selbst und beauftragt damit seine Beamten. Das ist zwar der anonymere, der unpersönlichere, dafür aber sicher der wirksamere und der sicherere Weg.

Der zweite Fall — der von der Verfolgung — ist ein bisschen ungewöhnlich. Aber man kann sich auch auf andere Weise rächen und Leute schikanieren, ohne sich strafbar zu machen. Warum kann man etwas, was doch als verwerflich empfunden wird, juristisch nicht unterbinden?

Bei diesem Fall kann man sich fragen, ob die verfolgte Frau eventuell den Zivilrichter anrufen konnte. Aber das ist ja gar nicht die Grundsatzfrage. Es gibt in der Tat zahllose Fälle, in denen das Recht keinen Schutz gewähren kann. Fälle von Lieblosigkeit, Treulosigkeit, Schikanen, Intrigen, Verrat eines guten Freundes um der eigenen Karriere willen usw. Warum kann das Recht hier nicht schützen? Es kann es nicht oder nur sehr begrenzt, weil es nur beurteilen kann, was beweisbar ist. Beweisbar ist aber im Prinzip nur das, was man sichtbar feststellen kann. Lieblosigkeit und Treulosigkeit, soweit sie sich nicht in offensichtlichen Handlungen manifestiert, lässt sich aber eben nicht mit Sicherheit feststellen und darum auch nicht mit Sicherheit beweisen. Wenn aber ohne klare Beweise entschieden wird, so bedeutet das allemal Willkür. Dazu kommt noch ein weiteres. Man kann Liebe und Treue nicht befehlen und rechtlich nicht kontrollieren.

Im dritten Fall geht es um ein Geschäft mit der Wehrlosigkeit eines andern, mit dessen Ahnungslosigkeit. Da nützt einer seine eigene Stärke und Schlauheit aus. Genügen unsere Gesetze für solche Fälle?

Der dritte Fall allerdings zeigt nun ein Problem, das mit rechtlichen Mitteln weitgehend zu lösen wäre und immer noch ungenügend gelöst ist. Ich denke jetzt an grössere Fälle als an denjenigen, der im Film gezeigt wurde. Die wirklich ganz grossen Vermögen, also diejenigen von sagen wir über 100 Millionen, werden nicht durch fleissiges Arbeiten gemacht, sondern zu einem grossen Teil durch geschicktes Spekulieren, aber auch durch Ausbeutung von Notsituationen anderer, z. B. bei Kriegsgewinnlern, oder durch gewaltige und auch sozialschädliche Manipulationen im Wirtschaftsleben. Nur ein Beispiel: Durch Ausnützung von Insider-Informationen, also von Informationen, die nur wenigen hohen Angestellten von Grossfirmen zugänglich sind, sind an der Börse schon Riesengewinne auf Kosten anderer gemacht worden, ohne dass dies strafbar wäre oder sonst verhindert werden könnte, jedenfalls nicht in der Schweiz und auch nicht in andern Ländern Europas. In den USA hat man das Problem allerdings gesehen und zum Teil auch gelöst.

Auch sonst behält unmoralisches Verhalten nach wie vor grossen Spielraum. In früheren Gesellschaften, wo die Menschen näher beieinander wohnten, wurde ein Verhalten, das sich nicht bestrafen liess, mindestens sehr oft moralisch verurteilt. So einer wurde geschnitten. In einer immer anonymeren Gesellschaft fällt das fast ganz weg. Sähen Sie nicht die Möglichkeit, juristisch Kategorien wie «Gemeinheit» oder «Charakterlosigkeit» als Tatbestand zu erfassen?

Ich weiss nicht, ob die frühere Gesellschaft mit ihren Sanktionen besser war als die heutige. Wer wurde geschnitten oder gar ausgestossen? Zum Beispiel uneheliche Mütter und uneheliche Kinder. Das ist heute vielleicht gerade wegen der Anonymität der Gesellschaft doch etwas besser geworden. Ich kann auch nur warnen vor Gesetzen, die gemeines oder sittlich verwerfliches Verhalten oder gar den schlechten Charakter als solchen bestrafen. Solche Werturteile sind immer weitgehend rein subjektiv und führen daher unvermeidlicherweise in vielen Fällen zu willkürlichen Entscheidungen. Dass das Unrecht über das Recht siegt oder dass derjenige, der moralisch im Unrecht ist, Recht bekommt, wird immer wieder vorkommen, weil Gesetzgeber und Richter Menschen und nicht Götter sind. Wir müssen aber danach trachten, durch eine Verbesserung des Rechts, vor allem auch des Prozessrechts, diese Fälle an Zahl möglichst zu reduzieren. Aber es wird immer so sein, dass der Geschicktere und auch der Mächtigere in jeder Situation und in jeder Rechtsordnung mehr Chancen hat, seine Interessen durchzusetzen als der Ungeschickte und Schwache. Das Recht wird aber im sozialen Rechtsstaat sich darum bemühen und bemühen müssen, die Resultate dieser Benachteiligungen immer wieder zu korrigieren, d. h. die Menschen z. B. zu schützen vor Verarmung, vor Ausbeutung, und zugleich jedem etwa durch kostenlose Ausbildung gleiche Chancen zu eröffnen.

Wird in unserer Gesetzgebung die Freiheit des einzelnen nicht doch zu gross geschrieben, wenn man bedenkt, dass die Freiheit vor allem vom Starken und Gescheiten ausgenützt wird?

Die Freiheit des Individuums kann gar nicht gross genug geschrieben werden, wenn man sie versteht als die Freiheit *jedes* Einzelnen, auch des Benachteiligten, auch des Schwachen. Gerade diese Freiheit, nämlich des Schwachen und des Benachteiligten muss der Staat mit seiner Rechtsordnung schützen. Der Mächtige, der kann sich schon selber helfen. Das heisst:

Der freiheitliche Staat ist notwendig und folgerichtig ein sozialer Staat. Und ein Staat, der nicht sozial ist, ist auch kein freiheitlicher Staat.

DAS GEHEIME GEWISSEN

Zwei scheinbar weit auseinanderliegende Ereignisse weisen eine gemeinsame Problematik auf. Vor einigen Wochen hat der Landtag von Niedersachsen nach dem Rücktritt des SPD-Ministerpräsidenten und seines SPD/FDP-Kabinetts in zwei Anläufen schliesslich den CDU-Abgeordneten Albrecht zum neuen Ministerpräsidenten und damit eine CDU-Regierung gewählt. Die Wahl war geheim. Zwei Abgeordnete der SPD/FDP-Koalition müssen für den CDU-Kandidaten gestimmt haben. Gesetzwidrig war das nicht. Abgeordnete sind eben keine Wahlmänner, die wie bei der Präsidentenwahl in den USA von ihren Wählern einen bindenden Auftrag bekommen. Sie sind nur ihrem Gewissen verpflichtet.

Dennoch drängen sich zwei Feststellungen auf, die ein ungutes Gefühl zurücklassen. Es ist klar, dass die beiden Abgeordneten in offener Abstimmung anders gestimmt hätten, denn sonst wären sie aus ihrer Anonymität herausgetreten. Ebenso klar ist, dass sie sich von ihren Wählern seinerzeit haben wählen lassen aufgrund der Zusage, sie würden eine SPD/FDP-Koalitionsregierung unterstützen. Ihr Gewissen hat ihnen also verboten, ihr früheres Versprechen einzuhalten. Rechtlich ist das wie gesagt zulässig; denn die geheime Wahl ist ausdrücklich vorgeschrieben und muss wohl *auch* den Sinn haben, solchen unsichtbaren Gesinnungswandel zu ermöglichen und anonym zu lassen. Offen bleibt allerdings die Frage, ob solcher Sinn Vernunft hat.

Ebenfalls vor einigen Wochen hat der Stadtrat von Zürich (Erläuterung für Nichtzürcher: die Exekutive) dem Gemeinderat (Erläuterung für Nichtzürcher: die Legislative) beantragt, die Gemeindeordnung durch zwei Artikel zu ergänzen, die vorschreiben, dass die Mitglieder des Gemeinderates ohne Instruktionen stimmen und dass die Mitglieder der Behörden ihr Amt ohne Instruktionen ausüben. Damit werden die «Richtlinien für sozialdemokratische Behördenmitglieder», welche die SP der Stadt Zürich 1973 erlassen hatte und nach denen Parteibeschlüsse für die SP-Behördenmitglieder verbindlich sein sollten, scharf desavouiert.

Dass ein solches imperatives Mandat in der Demokratie unzulässig und auch gar nicht durchführbar ist, lässt sich kaum bestreiten. Die Partei ist gewissermassen nur Vermittler zwischen Wähler und Gewähltem; die Wähler sind jedenfalls das grössere Gremium und die breitere Legitimationsbasis. Aber der Stadtrat macht es sich doch etwas zu einfach, wenn er in der sonst einleuchtenden Begründung zu seinen Vorschlägen in einem Atemzug ausführt, dass Parlamentarier und Behördenmitglieder nur ihrer Einsicht und ihrem Gewissen zu folgen hätten, da sie vom Volk beauftragt sind und die Gesamtheit des Volkes vertreten. Das Volk als Ganzes kann man nur vertreten in Fragen, in denen das Volk als Ganzes eine einhellige Meinung hat und die infolgedessen gar nicht zur Diskussion stehen. In allen anderen Fragen müsste der «Gesamtvolksvertreter» jeweils sowohl ja als auch nein stimmen; oder es müsste gemäss der Theorie der Volonté générale von Rousseau ein einhelliger Volkswille fingiert werden, der dann konsequenterweise durch eine Einheitspartei oder gar durch eine charismatische Einzelperson repräsentiert würde.

Das Dilemma besteht darin, dass der Volksvertreter auf der einen Seite als Individuum mit individuellen Ansichten, Einsichten, Gewissensinhalten und auch Interessen gewählt wird, anderseits zugleich als Beauftragter die Interessen und Ansichten *seiner* Wähler und *seiner* Partei vertreten soll. Weder das gebundene Mandat noch die Fiktion eines einhelligen Volkswillens sind ein Ausweg aus diesem Dilemma. Vielmehr müsste der Wähler insgesamt besser und systematischer darüber informiert werden, wie seine Beauftragten denken, sprechen und abstimmen, damit er sich sein Urteil darüber bilden kann, *was* e wählt, wenn er *wen* wählt. Man kann doch angesichts der Initiativenflut auf der einen und der Stimmabstinenz auf der anderen Seite nicht mehr darüber hinwegsehen, dass grosse Teile des Volkes sich durch ihre Vertreter überhaupt nicht mehr vertreten fühlen. Nur wer nur sich selber vertritt, hat, soweit es um öffentliche Angelegenheiten geht, das Recht auf ein geheimes Gewissen und eine geheime Stimme, und das ist ausschliesslich der Wähler und Stimmbürger selbst.

MARX CONTRA HEGEL

«Die Vernunft ist die Substanz wie die unendliche Macht, sich selbst der unendliche Stoff alles natürlichen und geistigen Lebens, wie die unendliche Form, die Betätigung dieses ihres Inhalts. Die Substanz ist sie, nämlich das, wodurch und worin alle Wirklichkeit ihr Sein und Bestehen hat.»

Dieser in höchst ärgerlicher Weise durch Unklarheit und Vieldeutigkeit tiefsinnig sein wollende Satz Hegels lässt immerhin seine philosophische Hauptthese erkennen: Alles Wirkliche ist vernünftig, weil von der Vernunft produziert; die Ideen schaffen die Realität, nicht umgekehrt. Ausdrücklich auf diese These Hegels bezog sich Marx, als er schrieb: «Bei mir ist umgekehrt das Ideelle nichts anderes als das im Menschenkopf umgesetzte und übersetzte Materielle», und den berühmten Satz prägte, die Dialektik stehe bei Hegel auf dem Kopf: «Man muss sie umstülpen, um den rationellen Kern in der mystischen Hülle zu entdecken» (Nachwort zur 2. Aufl. von «Das Kapital», Band I).

Die Kontroverse dürfte heute durch die Erkenntnisse der modernen Sozialwissenschaften überholt sein. Wir wissen, dass eine ständige Wechselwirkung, zwischen Ideen und Fakten stattfindet, wenn wir auch wenig Ahnung davon haben, wie das genau funktioniert. Doch scheint gerade Marx selbst der historische Gegenbeweis seiner eigenen Hauptthese zu sein. Ohne seine Ideen hätte sich die kommunistische Revolution in Russland nicht oder ganz anders ereignet, als es der Fall war. Geblieben sind nicht seine ökonomischen Theorien, sondern die Religion des Kommunismus, die er gestiftet hat.

Die Aktualität dieser Ueberlegungen ergibt sich durch die Beobachtung, dass alle Staaten, die kapitalistischen nicht minder als die kommunistischen, sich in ihrer Praxis ganz der Marxschen, nicht der Hegelschen These verschrieben haben. Sie versuchen durch Veränderung der ökonomischen Bedingungen politische Zwecke zu erreichen, obwohl sich längst gezeigt hat, dass sich die Menschen dadurch nur sehr begrenzt und ungezielt — meist in einem andern als dem gewollten Sinne — motivieren lassen. Vor allem die Entwicklungshilfe ist ganz darauf ausgerichtet, Technologie zu vermitteln; selbst die Ausbildung zielt ausschliesslich darauf ab. Das ist richtig, reicht aber, wie sich überall zeigt, für die Lösung der Probleme in keiner Weise aus.

Allein Mao ist einen ganz anderen Weg gegangen. Er hat zuerst die Religion des Maoismus begründet und verbreitet, die eigentlich eine puritanische Morallehre ist. Und mit dieser Religion ist es ihm gelungen, die ökonomischen Hauptprobleme des riesigen Landes zu lösen. Indien ist dies nicht gelungen. Wohl lässt sich sagen, dass die Chinesen schon immer fleissiger gewesen sind als die Inder, doch auch hier handelt es sich um ein geistige Tradition, nicht etwa um ein biologisches Faktum.

Die Parallele zum Puritanismus fällt auch in historischer Sicht auf. Sicher ist es kein Zufall, dass die kapitalistische Wirtschaft und dann die technische Zivilisation zuerst und am erfolgreichsten in den protestantischen Ländern des Westens entwickelt worden ist. Die komplizierte Industriegesellschaft lässt sich nicht ohne ein minimales Mass an Fleiss,

Selbstverantwortung und Gewissenhaftigkeit der Individuen herbeiführen und erhalten. Diese puritanischen Tugenden liegen denn auch den gewaltigen Verzichtleistungen der Arbeiter zugrunde, mit denen der Kapitalismus des letzten Jahrhunderts die industrialisierte Wirtschaft aufgebaut hat, auf deren Weiterentwicklung auch heute noch unser Wohlstand beruht. Ob wir damit glücklich geworden sind, das ist freilich eine ganz andere Frage. Aber auch dann, wenn es jetzt und künftig darum geht, unsere Gesellschaft durch konkrete und gezielte Reformen zu verbessern oder doch wenigstens ihre krassesten Mängel in Grenzen zu halten, werden jene Tugenden unentbehrlich sein, unentbehrlicher als Geld und blinde ökonomische Produktivkraft.

DAMEN MIT UNTERLEIB

Ob das «älteste Gewerbe der Welt» in der Geschichte wirklich, wie man überall liest, das älteste Gewerbe ist, muss sehr bezweifelt werden. Man könnte sich immerhin vorstellen, dass die Steinzeitmenschen mit ihrem frühesten Tauschhandel vorerst einmal andere Bedürfnisse befriedigten und dass die Vorstellung, flüchtige «Liebe» zu kaufen, sich untrennbar mit einem gewissen Zivilisationsstand verbindet. In der Geschichte der Zivilisation allerdings hat sich die Prostitution als unausrottbar erwiesen.

Das Strafgesetzbuch verbietet die Bordelle und lässt die Strassenprostitution als das vermeintlich geringere Uebel grundsätzlich zu. In seiner früheren Praxis hat das Bundesgericht auch dieser einen Riegel zu schieben versucht, indem es das in Art. 206 StGB verbotene Anlocken zur Unzucht «durch Zumutungen oder Anträge» schon darin sah, dass die Dame «in auffälliger Kleidung nach Dirnenart langsam auf- und abging, umherblickte und Männer fixierte» und damit «deutlich genug» zu erkennen gab, «dass sie ihren Leib feilhielt» (BGE 82 IV 197). Nach der neueren Praxis dagegen ist für die Strafbarkeit erforderlich «ein Tätigwerden durch Zurufe, Anreden, Anfassen, Gesten und dergleichen (...), wodurch jemand veranlasst werden soll, die käuflichen Dienste der Prostituierten in Anspruch zu nehmen» (BGE 95 IV 133). Die Polizei kann nun nicht mehr viel gegen die Strassenprostitution tun.

Während die soziologische Forschung noch vor wenigen Jahren glaubte, dass mit der Zunahme der «Liberalität» der sexuellen Sitten ein zwangsläufiger Rückgang der Prostitution verbunden sei, zeigen die harten Fakten der Gegenwart eine erstaunliche Immunität des «ältesten Gewerbes» gegenüber solchen sozialpsychologischen Entwicklungen. Die Strassenprostitution ist in den letzten Jahren, besonders seit der Motorisierung, zu einer stetig zunehmenden Beeinträchtigung der Lebensqualität der am Geschäft nicht direkt Beteiligten geworden. In allen grösseren Städten der Schweiz gibt es Strassen und Quartiere, in denen der durch die Dirnen und ihre Freier verursachte Nachtlärm unerträglich geworden ist. Da der moderne Staat sich nicht mehr als Hüter der Moral verstehen kann, muss der Fragenkomplex einerseits als Umweltschutzproblem, anderseits im Blick auf die sozialen Nebenwirkungen gesehen werden. Der bisher völlig rechtsfreie Beruf der Dirne — die Freiheit vom Recht wird im Obligationenrecht noch besonders dadurch unterstrichen, dass ihre Verträge als «unsittlich» nichtig sind — lässt soziale Zwangsmechanismen entstehen (Zuhälterei und finanzielle Ausbeutung, Revierkämpfe um Standplätze, private Selbsthilfe der betroffenen Anwohner), an denen der Staat nicht achselzuckend vorbeigehen kann. Das wird besonders dann deutlich, wenn sich internationale Gangsterringe um Vermittlung, Schutz und Ausbeutung der einträglichen Damen bemühen.

Weder mit dem geltenden Strafgesetzbuch noch mit dem Verbot des «unnötigen Herumfahrens» im Strassenverkehrsgesetz ist den Belästigungen und den kriminellen Nebenfolgen, die mit der Strassenprostitution verbunden sind, beizukommen. Die einzig ehrliche und wirksame Massnahme wäre diejenige, die kürzlich von der schwedischen Vereinigung sozialdemokratischer Frauen vorgeschlagen wurde: die Schaffung von Bordellen unter staatlicher bzw. kommunaler Regie. Dies würde bedeuten, dass der Bund im Strafgesetzbuch den Gemeinden gestattet, die Prostitution zu kasernieren und dafür die Strassenprostitution vollständig zu verbieten. Die Vorteile einer solchen Regelung wären evident: der mit dem nächtlichen Gewerbe verbundene Lärm verschwände, ebenso die aktive, ausbeuterische Zuhälterei und die sonstige Begleitkriminalität wie Beraubung und Ermordung von Dirnen; die Polizei könnte sich sinnvolleren Aufgaben widmen als der Kontrolle von Strassendirnen, die am falschen Platz stehen, und die Gemeinden gewännen eine kaum je versiegbare neue Einnahmequelle. Dieses Geld stinkt so wenig wie die schon bisher von den Dirnen bezogenen Steuern und Bussen.

MECHANISMEN DER FREIHEITSZERSTÖRUNG

Bis in die Gegenwart zeigt die Geschichte, dass es immer nur an wenigen Orten und während kurzer Zeiten verhältnismässig viel Freiheit für verhältnismässig viele Menschen gegeben hat und gibt. Denn die sozialen Mechanismen, Folge der «Natur des Menschen», führen, sich selbst überlassen, zur Schichten-, Klassen- und Kastenbildung (gerade auch in den sogenannten klassenlosen Gesellschaften) mit der generellen Tendenz, dass immer weniger Menschen immer mehr Freiheit und immer mehr Menschen immer weniger Freiheit haben.

Freiheit für alle ist ein höchst subtiles Kunstprodukt, dessen Herstellung ausserordentlich viel Einsicht, wenn nicht Weisheit in der Bevölkerung eines gegebenen Gemeinwesens voraussetzt. Vor allem die Einsicht, dass die Bedingung der Freiheit die Toleranz ist. Die banale Feststellung, spätestens seit Kant auch philosophisch abgesichert, dass ich nur soviel Freiheit beanspruchen kann, wie ich bereit bin, dem anderen zuzugestehen, muss leider immer wieder neu ins Bewusstsein zurückgerufen werden. Auch der Entscheid der Mehrheit, den zu respektieren uns in der Schweiz als höchstes Gebot erscheint, schafft nicht automatisch Freiheit. Gerade von der Mehrheit ist Toleranz zu fordern; denn jeder kann einmal zur Minderheit gehören, so dass, wenn die Mehrheit tut, was sie will, alle schliesslich die Freiheit verlieren. Je mehr Intoleranz, desto weniger Freiheit, und umgekehrt. Es gibt heute Symptome steigender Intoleranz, an denen auch die sozialpsychologischen Mechanismen, die Freiheitsverlust verursachen, sichtbar gemacht werden können.

1. Bekenntniszwang. Wer für eine tolerante Lösung des Dienstverweigererproblems eintritt oder etwas am Militär oder den mit ihm verbundenen Ausgaben kritisiert, muss sich beeilen zugleich zu versichern, dass er nicht etwa gegen die Landesverteidigung sei. Andernfalls wird er auch als Nichtkommunist mit den Kommunisten in einen Topf geworfen, womit man sich die Auseinandersetzung mit seinen Argumenten erspart, da ja vorausgesetzt werden kann, dass Kommunisten nichts Anständiges oder Vernünftiges vorzubringen haben. Schon 1857 musste ein Zürcher Pfarrer, der für eine Verbesserung der Entlöhnung der Fabrikarbeiter eintrat, beteuern, dass dies nicht bloss «kommunistische Begehrlichkeit» sei.

2. Zuschreibung und Abstempelung: Wenn jemand eine Meinung zu einem bestimmten Problem kundtut, die mit der Meinung einer (z. B. extremistischen) Gruppe zum gleichen Problem übereinstimmt während er in vielen anderen Fragen ganz anderer

Meinung ist als diese Gruppe, so kann es ihm passieren, dass ihm diese anderen Meinungen der (z. B. extremistischen) Gruppe trotzdem zugerechnet werden und dass er als zu ihr gehörend abgestempelt wird. Dies kann dazu führen, dass nicht besonders mutige Naturen auch für solche politische Anliegen nicht mehr eintreten, die sie innerlich und privat durchaus befürworten, etwa aus Furcht vor Abstempelung. Denn schliesslich könnte es sogar gefährlich werden, den Satz «Die Erde ist rund» zu unterschreiben, wenn ein Faschist oder ein Kommunist ihn mitunterzeichnet. Das Beispiel ist (heute — *nach Galilei*) lächerlich; wenn wir es aber etwa auf Postulate zur Reform des Strafvollzugs oder der Untersuchungshaft übertragen, wird es plötzlich sehr real.

3. Polarisierung und Schablonendenken: Früher war man katholisch oder protestantisch, heute steht man links oder rechts; im Südjura ist man pro-bernisch oder projurassisch. Mit solchen Polarisierungen und den sie begleitenden Aggressionen sind immer starke Vereinfachungen des politischen Denkens (bis hin zur Schablone) verbunden. Es gibt nicht mehr zu jedem Problem je eine Meinung, sondern nur noch einheitliche Gruppenmeinungen zu ganzen Problemkomplexen. An welchem Kriterium sich die Geister scheiden und um welches sich die sich bekämpfenden Gruppen bilden, ist dabei ziemlich beliebig. Im Südjura ist der Gegensatz von links und rechts völlig zugedeckt durch die Polarisierung zwischen pro-bernisch und projurassisch.

4. Bekämpfung von Meinungen mit andern Mitteln als Meinungsäusserungen: Wenn die Reaktion auf eine politische Meinungsäusserung oder Haltung darin besteht, dass aussergesetzliche Sanktionen gegen den Betreffenden ergriffen werden, indem er z. B. die Stelle verliert oder als Freierwerbender keine Aufträge bekommt, dann zeugt dies von einem totalen Verlust des Freiheitsverständnisses. Es wird dann für den einzelnen wichtig werden, nicht aufzufallen,

wie im Militär oder im Gefängnis. Die Konsequenzen einer solchen Erziehung des Staatsbürgers sind unabsehbar.

SKEPTISCHE UND NAIVE FRAGEN

Die Zeitungen, d. h. diejenigen, die es sich leisten können (die anderen werden wohl eingehen), stellen jetzt ihren Druckbetrieb auf elektronisch gesteuerte Lichtsatzsysteme um. Wenn ich die technischen Beschreibungen dieses Vorgangs richtig verstanden habe, so bedeutet er, dass die Redaktoren, Korrespondenten und sonstigen Zeitungsschreiber künftig die Setzer ersetzen, indem sie ihr Manuskript direkt in einen Computer eintippen, der dann gleich auch die Druckmaschine bedient, oder so ähnlich; ich gebe zu, dass ich von dieser Technik nichts verstehe und dass sie mich auch nicht interessiert.

Hingegen interessieren mich andere, damit zusammenhängende Fragen. Worin liegt der Vorteil für den Konsumenten, in diesem Fall den Zeitungsleser? Er wird, versichert man, Nachrichten und Kommentare, da ja ein Abschreibevorgang eingespart wird, ein wenig schneller bekommen, d. h. bestenfalls eine Nummer, also einen Tag früher. Was soll's? Wäre ich glücklicher, weiser oder wenigstens zufriedener gewesen, wenn ich vom Tod Maos oder vom Einbruch in Cinceras Archiv einen Tag früher informiert worden wäre?

Gibt es eigentlich auch nur einen einzigen Verleger, der die gewaltigen Investitionen, die mit dieser Umstellung verbunden sind, freiwillig getätigt hat? Die Begründung, die man zu hören bekommt, tönt nicht danach: Rationalisierungszwang. Wer dekretiert eigentlich diesen Zwang? Die Konkurrenz. Ergo, wenn niemand damit anfinge, müsste keiner es tun. Ergo, die Freiheit der freien Wirtschaft besteht darin, sich dem Konkurrenzzwang zu beugen. Natürlich ist die *staatliche* Zwangswirtschaft, die *noch* schlechter funktioniert, keine Alternative. Aber wer beweist denn, dass wir immer nur zwischen zwei Modellen wählen können?

Der Satz «Was wirtschaftlich ist, ist vernünftig», nach dem wir uns sogar dann verhalten, wenn wir nicht an ihn glauben, stimmt nur zur Hälfte. Die Konkurrenz kann Höchstleistungen, aber auch Tiefstleistungen hervorbringen, letztere z. B. bei den Massenmedien: es gibt wohl nichts Niveauloseres als das frei konkurrierende kommerzielle Fernsehen. Auch der Rüstungswettlauf, diktiert von den Zwängen der Konkurrenz und der Technik, von niemandem eigentlich gewollt, also auch er ein echter Sachzwang, trägt kaum zur Glückseligkeit der Menschheit bei.

Rationalisierung, nicht freiwillig und nur dem Namen nach vernünftig (ratio = Vernunft), schafft vielfach Probleme, die grösser sind als diejenigen, die sie löst, namentlich menschliche und soziale Probleme, aber auch Umweltschutz und Energieprobleme. Merkwürdigerweise wird die «rationalisierte» Arbeit in der Regel inhaltsleerer und stumpfsinniger. Liesse sich denn dieser Vorgang, da doch dem menschlichen Erfindungsgeist anscheinend keine Grenzen gesetzt sind, nicht einmal umkehren?

Arbeitsplätze werden «wegrationalisiert». Das bedeutet nicht nur Arbeitslosigkeit, Notwendigkeit der Umschulung usw., also soziale Kosten, die der «Rationalisierer» gar nicht trägt — es sei denn, man führe eine Rationalisierungssteuer ein —, sondern entsprechend auch nutzlos gewordene Ausbildungsinvestitionen, ins Bewusstsein der eigenen Nutzlosigkeit versetzte Menschen, soziale Unsicherheit: der junge Mensch weiss nicht, ob es den Beruf, den er heute lernt, morgen noch geben wird.

Warum wird eigentlich mit anderen Investitionen nicht so unsanft umgesprungen? Für die Kernkraftwerke ist es doch ein ganz gewichtiges Argument, dass die Elektroindustrie bereits sehr grosse Summen investiert habe und dass bei einem Baustopp zahlreiche Arbeitsplätze verlorengehen würden. Und in der Tat: Bau- und Elektroindustriearbeiter demonstrieren gegen Kernkraftwerkgegner. Das einemal also ist die Erhaltung der Arbeitsplätze und die Amortisation der Investitionen ein Argument, das anderemal zieht man sich damit den Vorwurf der Maschinenstürmerei zu. Dass die Argumente in der Politik weithin austauschbar und beliebig sind, ist mir bekannt. Aber sind sie es auch in der Oekonomie?

TERROR VON UNTEN, TERROR VON OBEN

Was eigentlich selbstverständlich ist, wird als grosser Fortschritt gepriesen: die dem Europarat angeschlossenen Staaten, auch die Schweiz, haben eine Konvention zur Bekämpfung des Terrorismus geschlossen, nach welcher die Unterzeichnerstaaten sich verpflichten, Terroristen, also eine bestimmte Art von Straftätern, die auf ihr Territorium geflüchtet sind, entweder selber strafrechtlich abzuurteilen oder an den Staat auszuliefern, in welchem der Terrorakt begangen wurde.

Die Neuerung, die das Abkommen, wenn es ratifiziert wird, bringen soll, besteht darin, dass das politische Motiv bei Terrorakten wie namentlich erpresserischen Entführungen und Geiselnahmen den Täter nicht mehr vor der Auslieferung und Bestrafung schützen soll. Das ist gewiss ein Fortschritt, auch für die Schweiz, wenn man an den Fall des Attentäters denkt, der nach seinem misslungenen Anschlag auf de Gaulle vom 22. August 1962 in die Schweiz floh, dann aber weder ausgeliefert noch verurteilt, sondern nur (in ein Land seiner Wahl) ausgewiesen wurde. Die Franzosen hatten allerdings den Fehler gemacht, für diesen Fall ein Ausnahmegericht zu bestellen, was weder mit schweizerischen noch französischen Rechtsvorstellungen vereinbar ist.

Es gibt im schweizerischen Recht und ähnlich in ausländischen Rechtsordnungen einige Delikte, für die das sogenannte Universalitätsprinzip gilt. Das heisst, zur Strafverfolgung ist bei diesen Delikten jeder Staat berechtigt und verpflichtet, der den Täter fassen kann, gleichgültig wo und gegen wen das Verbrechen begangen wurde. Diesem Prinzip sind allerdings bis heute aufgrund von internationalen Abkommen nur ganz wenige Delikte unterstellt, z. B. der Frauen- und Kinderhandel, die Geldfälschung, die Luftpiraterie. Hinter dem Universalitäts- bzw. Weltrechtsprinzip steht der schöne Gedanke, dass die Bekämpfung der Kriminalität eine internationale, alle Staaten in gleicher Weise verpflichtende Aufgabe sei. Man möchte also erwarten, dass diese internationale Solidarität gegenüber dem Rechtsbrecher besonders da sich zeigt, wo die in den internationalen Deklarationen der UNO und des Europarats verkündeten Menschenrechte mit Füssen getreten werden. In Dutzenden von Staaten werden politische Oppositionelle mit Billigung der Regierung systematisch gefoltert und ermordet.

Dieser Terror von oben fordert unendlich viel mehr Opfer als der spektakulärere Terror von unten, womit dieser keineswegs verharmlost oder gar entschuldigt werden soll. Jedoch, wo bleibt die internationale Solidarität in der Bekämpfung des Terrors von oben? Dabei müsste doch die strafrechtliche Konsequenz aus dem international deklarierten Schutz der Menschenrechte völlig klar sein: Jeder Staat könnte die Folterknechte und Folterherren aus anderen Staaten vor seine Gerichte ziehen, wenn sie sich auf sein Gebiet begeben. Es könnte für diese dann unter Umständen riskant werden, in einem ausländischen Rechtsstaat Ferien zu machen.

Natürlich ist diese Vorstellung vollkommen utopisch. Auch Staaten, die ihren Bürgern nicht den geringsten Rechtsschutz gewähren und die schon Augustinus deswegen als nichts anderes denn grosse Räuberbanden bezeichnete, sind eben Völkerrechtssubjekte, Handels- und Vertragspartner. Die völkerrechtliche Doktrin der «inneren Angelegenheiten» deckt auch die krassesten Verletzungen der Menschenrechte zu. Eine Vereinbarung über die Bestrafung der Verbrechen gegen die Menschenrechte oder gar über die Einsetzung eines internationalen Gerichtshofs zur Beurteilung dieser Taten ist in der UNO nie zustande gekommen. Von daher also besteht kaum Hoffnung.

Um so mehr verdienen die Vorschläge Beachtung, nach welchen die Schweiz die Initiative zum Abschluss einer internationalen Konvention zum Schutz politischer Häftlinge ergreifen solle, wie dies aufgrund der Motion von Werner Schmid schon 1970 und 1971 im Nationalrat und im Ständerat einstimmig beschlossen wurde. Neuestens hat der Genfer Jurist J. J. Gautier diesen Gedanken durch den Vorschlag konkretisiert, es solle sich zunächst eine Gruppe von Staaten zur Ächtung der Folter und zur Zulassung von internationalen Kontrollkommissionen, die unangemeldet jedes Gefängnis und jede Polizeihaftzelle inspizieren könnten, verpflichten. Gewiss würden einer solchen Konvention zunächst nur diejenigen Staaten beitreten, die in dieser Hinsicht ohnehin nichts zu verbergen haben. Doch könnte mit der Zeit eine Sogwirkung auch für andere Staaten entstehen.

LEGENDE SCHWEIZ

Drei grosse Legenden durchziehen die schweizerische Geschichte und bestimmen das schweizerische Selbstverständnis: die Einigkeitslegende, die Legende von der militärischen Potenz und die Freiheitslegende. Die Aufzählung folgt der abnehmenden Bedeutung. Die Freiheitslegende nämlich beginnt und hört auf mit der Tell-Geschichte, und auch diese ist eher eine Geschichte der kollektiven Unabhängigkeit als der individuellen Freiheit. Die Legende von der militärischen Potenz, in allen Schlachtenberichten sichtbar, bis Marignano historische Realität, hat sich später zur Glaubenswahrheit weiterentwickelt. Die stärkste geschichtsbildende Kraft aber ist für die Schweiz die Legende von der Einigkeit. Sie wird seit je bis heute so eifrig beschworen, als gelte es, unseren ewigen Bund vor dem jederzeit drohenden Auseinanderfallen zu retten. Und in der Tat: Diese Legende, zugleich die Summe der anderen, hält die Eidgenossenschaft zusammen. Sie ist unsere Basisideologie.

Die Legende von der Freiheit

Sagen gibt es überall. Die schweizerischen Legenden aber sind unvergleichlich. Die griechischen Sagen enthalten grosse Gleichnisse von einzigartiger philosophischer, psychologischer und literarischer Dichte: Antigone, Ödipus, Orest, unerschöpflichen Stoff für Dramen. Das Nibelungenlied ist voll von blutigen Heldentaten und Moritaten; man denkt heute dabei eher an Western, Comic strips von Astronauten oder Horrorfilme als an politische Geschichte. Hier liegt der entscheidende Unterschied zu den schweizerischen Legenden, wobei ich allerdings bewusst von den vielen Lokalsagen über Berggeister, verhexte Kühe, brückenbauende Teufel absehe. Diese Kurzgeschichten gibt es überall auf der Welt, sie haben nie einen grösseren epischen Zusammenhang erreicht wie die griechischen und germanischen Sagen. Während nun zwischen den antiken und den mittelalterlich-germanischen Sagen sich viele Parallelen ergeben — etwa die Unverwundbarkeit von Achill und Siegfried, die Bündnisse der Götter mit verschiedenen Kriegsparteien —, fehlen solche Momente in der schweizerischen Legende gänzlich. Dafür unterscheidet sie sich in *einer* Eigenschaft von allen anderen Sagen, von episodischen Ausnahmen wie Jeanne d'Arc abgesehen: sie war von Anfang an mit der realen Geschichte mehr oder weniger eng verflochten und hatte offensichtlich die Funktion, politisches Bewusstsein hervorzurufen, politisches Handeln zu legitimieren, politische Zukunft vorwegnehmend zu formen. Weder die Ilias noch die Odyssee noch die Nibelungensage haben einen politischen Sinn. Ganz anders die Geschichten von Tell, Stauffacher, Arnold von Melchtal, Winkelried, vom Rütlischwur und von der Kappeler Milchsuppe. Das Heldentum, das in einigen von diesen Geschichten natürlich auch sehr dick aufgetragen vorkommt, bleibt nicht Selbstzweck, es ist nicht einmal vorrangig, sondern dient, manchmal in geradezu schulmeisterlicher Aufdringlichkeit, der politischen Lehre und Legitimation. Die historischen Renommierstücke wie Tells Apfelschuss sind denn auch nicht zufällig diejenigen Teile der Legende mit dem geringsten literarischen Niveau.

Allerdings finden wir eine — historisch noch bedeutendere — Parallele zu dieser Art politischer Legenden- und Nationenbildung: das Alte Testament. Das Volk Israel war nicht nur der erste monotheistische, sondern auch der erste nationale Staat, die Verbindung zwischen Monotheismus und Nationalismus scheint nicht zufällig. Auch die Geschichten des Alten Testamentes haben fast durchwegs neben dem religiösen einen politischen Sinn. Stets ging es um den Bestand des Gemeinwesens und um die Gerechtigkeit der Herrschaft. Zwischen den Geschichten von David und Goliath, den zehn Geboten vom Berge Sinai, Simson, den Kämpfern Gideons usw. einerseits und den schweizerischen Legenden andererseits ergeben sich wesentlich engere Parallelen als zwischen den jüdischen Legenden und den griechischen. Natürlich kann man nicht Tell und Winkelried mit David vergleichen oder Niklaus von der Flüe mit Jesaia; aber ein Gemeinsames ergibt sich eben doch im politischen Lehrsatzcharakter ihrer Gestalt und Aussage.

Dass Wilhelm Tell, hätte er gelebt, ein grosser Mann war, lässt sich schwerlich behaupten. Er ist nicht im entferntesten zu vergleichen mit Achill oder Siegfried — und das spricht für ihn —, aber noch weniger mit Odysseus und schon gar nicht mit den historischen, legendär verformten Gestalten seiner und der früheren und späteren Zeit, all den Mächtigen, die sich dann oft noch den Beinamen «der Grosse» oder «der Starke», «der Heilige», «der Weise» usw. zulegten. Mit Tell, dem Einfältigen («wär' ich witzig, hiess' ich nicht der Tell»), sollte ja gerade zu den «Grossen» ein Gegenbild aufgerichtet werden. Nicht einmal in dem ist er gross gewesen, dass er einen Grossen umgebracht hätte; denn auch Gessler weist keine bedeutenden Züge auf, er war ein kleiner, subalterner Beamter, der von seinen Vorgesetzten offenbar zu wenig kontrolliert wurde. Aber gerade darin, dass die schweizerischen Helden wie Tell und Winkelried aus der anonymen Masse kamen, liegt die gewollte Gegenposition zur Herausstellung der mächtigen und prächtigen Fürsten, und dies schon 500 Jahre vor der Ablösung des höfischen Dramas durch das bürgerliche und schliesslich durch das proletarische. Das Weisse Buch von Sarnen, das erstmals die mündliche Überlieferung schriftlich fixiert hat, bietet eine ziemlich dürftige und spröde Schilderung der Taten von

Tell und der Eidgenossen, die die Eidgenossenschaft gründeten. Übrigens, dass die Eidgenossenschaft zu ihrer Zeit etwas Einzigartiges gewesen sei, ist ebenfalls eine Legende. Überall im Heiligen Römischen Reich deutscher Nation gab es im 13. und 14. Jahrhundert Bünde von Gemeinden und Regionen, die sich Eidgenossenschaften nannten, weil sie durch feierliche Eide besiegelt wurden, meist auch für die Ewigkeit, nur war die Ewigkeit jeweils bloss von kurzer Dauer. Allein die Schweizerische Eidgenossenschaft hat bis heute gehalten, wenn auch mit mehreren Unterbrüchen.

Alle Bewunderer und Kritiker Tells sahen und sehen die Höhepunkte seiner Geschichte zum einen im Apfelschuss, zum anderen in der Erschiessung Gesslers in der Hohlen Gasse bei Küssnacht. Ich bin da ganz anderer Ansicht, aber hören wir zunächst, leidlich in modernes Hochdeutsch übertragen, die Apfelschussszene, wie sie das Buch von Sarnen beschreibt:

«Da fügte sich auf einmal, dass der Landvogt Gessler gen Uri fuhr und unter der Linde in Uri einen Stecken mit einem Hut darauf aufstellte, und dabei war ein Knecht und tat ein Gebot: wer da vorbeiginge, der sollte sich vor dem Hut verneigen, als wäre der Herr da, und wer das nicht täte, den wollte er strafen und schwer büssen, und darauf sollte der Knecht aufpassen. Nun war da ein redlicher Mann, der hiess der Tell, der hat auch mit dem Stauffacher und seinen Gesellen geschworen, und der ging nah an dem Stecken auf und ab und wollte sich nicht verneigen. Der Knecht, der den Hut hütete, verklagte ihn dem Herren. Der Herr kam herbei, ergriff den Tellen und fragte ihn, warum er seinem Gebot nicht gehorsam sei und nicht täte, was er geboten habe. Der Tell sprach: ‹Es ist ohne Absicht geschehen, denn ich habe nicht gewusst, dass Euer Gnaden die Sache mit dem Hut so wichtig nehmen, denn wäre ich witzig, hiesse ich anders und nicht der Tell.› Nun war der Tell ein gar guter Schütze, er hatte auch hübsche Kinder, die brachte der Herr zu ihm und zwang den Tellen mit seinen Knechten, dass der Tell einem seiner Kinder einen Apfel vom Haupt schiessen müsse, denn der Herr legte dem Kind den Apfel auf das Haupt. Nun sah der Tell wohl, dass er in der Macht Gesslers war, und nahm einen Pfeil und steckte ihn in sein Wams, den anderen Pfeil nahm er in die Hand, spannte seine Armbrust und bat Gott, dass er sein Kind behüte, und schoss dem Kind den Apfel von dem Haupt. Das gefiel dem Herrn wohl, aber er fragte ihn, was er mit dem anderen Pfeil gewollt habe.

Der Tell hätte es ihm am liebsten verschwiegen, da er fürchtete, er wollte ihn töten. Der Herr verstand seine Sorge und sagte: ‹Sag mir die Wahrheit! Ich will dich deines Lebens versichern und dich nicht töten.› Da sprach der Tell: ‹Da Ihr mir dies zugesichert habt, will ich Euch die Wahrheit sagen: Hätte ich mit dem Schuss gefehlt und mein Kind erschossen, so hätte ich mit dem zweiten Pfeil Euch oder einen der Euren erschossen.› Da sprach der Herr: ‹Da ich's dir versprochen habe, werde ich dich nicht töten.› Er liess ihn aber binden und sprach, er werde ihn an einen Ort bringen, wo er weder Sonne noch Mond je sehen könne.»

Die Geschichte mit dem Apfelschuss ist, wie wir lange wissen, Kolportage und Plagiat. Es gibt von ihr viel ältere Variationen aus Skandinavien. Auch als literarischer Einfall ist sie eher von minderer Qualität. Der treffsichere Schütze — man denke an David, Odysseus, Lederstrumpf, Old Shatterhand — kommt immer und überall vor, heute vor allem im Zirkus, er ist ein Bestandteil des legendären Jägerlateins.

Dieser Meinung war auch Gottfried Keller, als er 1861 im «Morgenblatt für gebildete Leser» schrieb:

«*Auch den Tell geben wir nicht auf und glauben an einen handlichen, rat- und tatkräftigen Schützen, der sich zu jener Zeit zu schaffen machte und unter seinen Mitbürgern berühmt war. Den Apfelschuss freilich geben wir preis, obschon man auch hier noch sagen könnte: sind nicht in neuester Zeit, als direkte Nachahmung des Tellschusses, von verwegenen Gesellen und Renommisten, z. B. in Amerika, dergleichen Schützenstücklein verübt worden? Wenn wir nicht irren so hat in den letzten Jahren ein Pfälzer seinem Sohne aus purem Übermut mit der Pistole einen Apfel vom Kopfe geschossen. Was wäre das nun so Menschenwidriges, Unwahrscheinliches, wenn damals in Uri ein uraltes nordisches Schützenmärchen, auf der Völkerwanderung mitgeschleppt und sprichwörtlich geworden, in Mutwillen und höchster Leidenschaft nachahmend aufgeführt worden wäre? Es gibt im Waffenleben überhaupt gewisse, eben deshalb faktisch wiederkehrende Streiche, weil sie sprichwörtlich sind.*»

Erst Schiller hat übrigens einen Schatten, der nach der alten, ursprünglichen Apfelschussszene auf Tells Charakter fällt, bemerkt und beseitigt. Nach dem Weissen Buch von Sarnen folgt Tell, da er sah, dass Gessler ihn in der Hand hatte, jedoch ohne unter einer genauer definierten Drohung zu stehen, dessen Befehl und setzt so das Leben seines Kindes aufs Spiel. Damit bringt er sich in den Verdacht, das

Leben seines Kindes zu riskieren, um sein eigenes zu retten. Der Moralist Schiller hat dies natürlich sofort gesehen, und ihm ist es denn auch zu verdanken, dass unserem Nationalhelden eine solch schnöde Motivation nicht mehr unterschoben werden kann. Denn seit Schiller ist klargestellt, dass sich der Dialog zwischen Tell und Gessler wie folgt abspielte:

GESSLER: *Du wirst den Apfel schiessen von dem Kopf des Knaben — ich begehrs und wills.*
TELL: *Ich soll mit meiner Armbrust auf das liebe Haupt des eignen Kindes zielen? — eher sterb ich!*
GESSLER: *Du schiessest oder stirbst mit deinem Knaben.*
TELL: *Ich soll der Mörder werden meines Kinds! Herr, ihr habt keine Kinder — wisset nicht, was sich bewegt in eines Vaters Herzen.*

Erst die Drohung mit der Tötung des Kindes versetzt Tell in einen echten Notstand, und erst damit wird die Handlungsweise Tells moralisch einwandfrei. In dieser Hinsicht viel schlechter steht der Held einer anderen, späteren Kolportage der nordischen Apfelschusslegende da, nämlich der Wildschütze William in der englischen Ballade von Adam Bell, die erstmals 1536 gedruckt wurde. William prahlte mit seinen Schiesskünsten vor dem König, von dem er, da er wegen Verbrechen geächtet war, einen Freibrief erhalten wollte, und anerbot sich, seinem siebenjährigen Sohn einen Apfel vom Kopf zu schiessen. Damit hat William sich sowohl für die höhere Literatur als auch als Held einer nationalen Legende selber disqualifiziert.

Die oberflächliche Dramatik der Apfelschussszene lenkt leider die Aufmerksamkeit ab von der nach ihrem gedanklich-rationalen wie auch symbolisch-emotionalen Gehalt wirklich grossartigen Episode vom Hut auf der Stange. Besser lässt sich in so kurzer und drastischer Form die brutale Selbstdemonstration der Macht als reiner und selbstzwecklicher Macht nicht darstellen, besser als in der souveränen Verachtung für diese Symbolik, die bei Tell wenigstens in Ansätzen zum Ausdruck kommt, auch nicht das Freiheitspathos. Gewiss ist nach der Geschichtsschreibung der aufgesteckte Hut ein altes Rechtssymbol zur Bekräftigung eines Herrschaftsanspruchs, gewissermassen die bei Tieren übliche Markierung eines Reviers; es aber gerade in der Tellszene zu verwenden, in der Konfrontation mit einem freien Mann zu konkretisieren, dies scheint mir die hervorragende literarische Leistung des ursprünglichen Legendenerzählers. Die Macht, die immer besonders dann gern mit Prunk und Pomp einhergeht, wenn sie keine rationale Legitimation besitzt, soll als nichtig, hohl und lächerlich entlarvt werden. Und diesen Fall gibt es natürlich bis heute in allen staatlichen und privaten Herrschaftsordnungen: zwecklose Verbote, bürokratische Schikanen, unverständliche Gesetze, Disziplin um der Disziplin willen. Rings umstellt von Hüten, die auf Stangen aufgepflanzt sind, muss der einzelne durchs Leben finden. Die Kritik, die in der Szene vom Hut auf der Stange symbolischen Ausdruck findet, ist schliesslich in der Deklaration der Menschenrechte von 1789 gesetzgeberisch formuliert worden: Das Gesetz darf nur Handlungen verbieten, die für andere schädlich sind. Das heisst: die Macht darf nur eingesetzt werden, um das Wohl des einzelnen und der Gemeinschaft zu schützen und zu fördern, nicht aber für sich selbst. Gewiss fängt dann erst die Problematik an, wenn gefragt wird, wo dieses Wohl liegt und wer darüber befindet; aber es war schon ein grosser Fortschritt, das Prinzip überhaupt zu erkennen.

Hier nun, bei der Szene mit dem Hut auf der Stange, trifft das Buch von Sarnen in *einem* Detail besser als Schiller den Sinn der Rolle Tells. Während Tell bei Schiller, von Gessler zur Rede gestellt, warum er den Hut nicht gegrüsst habe, sich damit entschuldigt, dass er es aus Unbedacht unterlassen habe, und dann sogar sagt: «Ich bitt um Gnad, es soll nicht mehr begegnen», ist seine Verteidigung in der Darstellung des Sarner Chronisten um einiges aggressiver und auch gewichtiger: Er habe nicht bedacht, dass Gessler die Sache so hoch einschätze und ihm sein Verhalten so übelnehme. Darin liegt eine kaum verkennbare Ironie. Wie könne denn jemand ahnen, dass Gessler einen leeren Hut, auf eine Stange gepflanzt, für so wichtig halte, dass er damit die Ehre des Reichs verbinde!

In anderen Punkten dagegen ist die viel breitere Erzählung Schillers entsprechend aufschlussreicher, und man könnte meinen, Schiller habe die Schweizer von heute gekannt. Die Leute von Altdorf meiden den Hauptplatz, auf dem die Stange mit dem Hut sich befindet, sie gehen der Konfrontation solange wie möglich aus dem Wege. Auch als Tell gefasst wird, tun sie ausser heftigen Worten nichts. Wahrscheinlich fand man es auch sehr unvorsichtig von Tell, dass er über den Platz ging, und übertrieben, ja extrem, wie er reagierte, hätte er doch nachträglich sich noch verneigen können, nachdem er vorher nicht aufgepasst hatte, statt jetzt den Helden zu spielen. Erst als Tell den Gessler erschossen hatte, ging der Aufstand los.

Die Darstellung vom Aufstand der drei Waldstätte im Weissen Buch von Sarnen enthält eine Fülle von Angaben, die, auch wenn sie, wie wir heute wissen, unhistorisch sind, in der Geschichte immer wieder zur Legitimation von Revolutionen gedient und sich dann auch andernorts tatsächlich so oder ähnlich ereignet haben: im Bauernkrieg, in der amerikanischen und in der Französischen Revolution. Weltberühmt wurde die Geschichte von Tell und der Entstehung der Eidgenossenschaft erst durch Schillers «Wilhelm Tell» von 1804. Es ist kaum anzunehmen, dass in der Französischen oder der amerikanischen Revolution die schweizerische Befreiungslegende allgemein bekannt war, und doch ergeben sich auffällige Parallelen, die darauf hindeuten, dass Volksaufstände sowohl in ihrer Durchführung als in ihrer Rechtfertigung gewissen Regeln folgen. In den Waldstätten wie in der amerikanischen und in der Französischen Revolution war z. B. ein auslösendes Moment steuerrechtlicher Art. Zu hohe Steuern können für die Obrigkeit oder Kolonialmacht gefährlich werden. Die Vögte — nach dem Buch von Sarnen — «beschatzten den einen hier, den andern da und trieben grossen Mutwillen», nahmen den Leuten ihre Habe weg, dazu noch die Frauen und Töchter, wenn sie hübsch waren. Zur Vorbereitung oder späteren Rechtfertigung einer Revolution gehört es auch, dass die Träger der früheren Herrschaft als sadistische und geile Bösewichte dargestellt werden, ähnlich SS-Männern in Horrorfilmen, wie denn auch heute noch in den durchschnittlichen Kriminalfilmen derjenige, der umgebracht wird, seinen späteren Tod durch ein besonders tadelnswertes Betragen vorbereitet. Der Umsturz wird zur verdienten Strafe, die Geschichte zum Tribunal. Besonders übel trieben es, wie man weiss, die Herren von Landenberg und Wolfenschiessen. Jener wollte dem Melchtal seine schönen Ochsen stehlen, und als Melchtal wegen seines Widerstandes fliehen musste, rächte sich der Bösewicht, indem er dem Vater Melchtals, einem ehrwürdigen Greis, die Augen ausstechen liess. Der Herr von Wolfenschiessen war ein Wüstling, den nach fremden Weibern gelüstete. Von der Frau eines Biedermannes in Altzellen liess er sich ein Bad bereiten, um darin mit ihr seiner Lust zu frönen. Die züchtige Hausfrau aber konnte rechtzeitig ihren Mann herbeirufen, und dieser segnete dem bösen Wolfenschiessen das Bad mit der Axt. Solche Greuelmärchen wurden vor und nach der Französischen Revolution auch über Ludwig XVI. und Marie Antoinette verbreitet.

Die Kolportage des Buches von Sarnen verfährt also nach einem geradezu klassischen Schema, und es könnte sein, dass der oder die Verfasser das älteste Vorbild einer Schilderung der Nachteile der absoluten Herrschaft gekannt haben, nämlich die Rede Sanuels über die Rechte des Königs im Alten Testament:

« Dies wird des Königs Recht sein, der über Euch herrschen wird: Eure Söhne wird er nehmen zu seinem Wagen und zu Reitern, und dass sie vor seinem Wagen herlaufen, und zu Hauptleuten über tausend und über fünfzig, und zu Ackerleuten, die ihm seinen Acker bauen, und zu Schnittern in seiner Ernte, und dass sie seine Kriegswaffen und was zu seinen Wagen gehört, machen. Eure Töchter aber wird er nehmen, dass sie Salbenbereiterinnen, Köchinnen und Bäckerinnen seien. Eure besten Äkker und Weinberge und Ölgärten wird er nehmen und seinen Knechten geben. Dazu von Eurer Saat und Euren Weinbergen wird er den Zehnten nehmen, und seinen Kämmerern und Knechten geben. Und Eure Knechte und Mägde und Eure schönsten Jünglinge und Eure Esel wird er nehmen, seine Geschäfte damit ausrichten. Von Euren Herden wird er den Zehnten nehmen, und Ihr müsst seine Knechte sein. Wenn Ihr dann schreien werdet zu der Zeit über Euren König, den Ihr Euch erwählt habt, so wird Euch der HERR zu derselben Zeit nicht erhören.»

Dass die Befreiung der Alten Eidgenossenschaft nicht so stattgefunden hat, wie sie die Legende beschreibt, ist heute unter Historikern unbestritten. Die Befreiung der Bauernkantone war ein ganz allmählicher Vorgang und richtete sich weniger gegen die Habsburger als gegen kleinere Territorialgewalten und Grundbesitzer, wie vor allem die Klöster. Die braven Landleute der Waldstätte, vor allem von Schwyz, waren weniger unterdrückt als die Leute in den Landschaften von Zürich, Bern und Luzern, und eben deshalb konnten sie sich die Loslösung und schliesslich die offene Empörung leisten.

Was die Schlacht von Morgarten und spätere Kriege gegen die Habsburger auslöste, war denn auch keineswegs die Unterdrückung, vielmehr der Expansionsdrang der alten Innerschweizer, vor allem der Schwyzer. Wiederholt überfielen ihre Jungmannschaften das Kloster von Einsiedeln, bis es den Habsburgern als Schirmherren zu bunt wurde und sie dann die glücklicherweise missglückte Strafexpedition von Morgarten veranstalteten. Der Expansionsdrang der Bauern hatte allerdings eine sozialrevolutionäre Komponente, die von der nationalstaatlichen Legende der Gründung der Schweizerischen Eidgenossenschaft in der Geschichtsschreibung zuwenig klar herausgestellt wird. Die alten Schweizerkriege bis und mit den Burgunderkriegen waren nicht einfach Kriege zwischen Machthabern um die Grösse ihrer Territorien, sondern zugleich die damals einzigen erfolgreichen Befreiungskriege von Bauern und Stadtbürgern gegen feudale Territorialherren. Die Gegner der alten Eidgenossen auf den Schlachtfeldern waren zum grössten Teil Adlige aus dem Gebiet der heutigen Schweiz, also die herrschende Oberschicht auf dem gleichen Territorium, die sich freilich mit den «fremden Herren» verbündet hatten. Die Schlaueren unter diesen kleinen Fürsten begaben sich in die Städte, vor allem nach Bern, und beteiligten sich dort am bürgerlichen Regiment, nicht immer zum Schaden des Gemeinwesens, aber im Stil der Führung unverkennbar, in Bern bis heute.

Insofern also ist die Freiheitslegende berechtigt, als sie, wenn auch in naiver und verklärter Form und fälschlicherweise allein auf die Unabhängigkeit von aussen bezogen, die im 14. und 15. Jahrhundert in Wirklichkeit vollzogene Befreiung von inneren feudalen Herrschaftsverhältnissen darstellt.

Weder der damaligen noch der heutigen Zeit ist dies völlig bewusst geworden. Und daher blieb das Verhältnis der Schweizer zur Freiheit immer zwiespältig. Es störte sie zwar, Untertanen zu sein, nicht aber, Untertanen zu haben, z. B. im Tessin, Aargau, Thurgau, in der Waadt. Aber so stark ist die schweizerische Legende, dass auch in diesen Gebieten nicht Napoleon, ihr wirklicher Befreier, verehrt wird, sondern genauso wie überall Wilhelm Tell. Indessen, die Schwierigkeit, die Freiheit der anderen mit der eigenen zu identifizieren, zeigt sich nach wie vor. Untertanenverhältnisse scheinen die Schweizer so lange zu akzeptieren, wie sie andere betreffen und nicht unvorteilhaft sind, besonders wenn sich Vorstellungen von Ruhe und Ordnung damit verbinden. Die Untertanenverhältnisse in Chile, Brasilien, Argentinien und Südafrika stören kaum und gehören irgendwie zum Inventar des Unabwendbaren in der Weltpolitik. Eine etwas andere Haltung besteht gegenüber den vom Sowjetkommunismus beherrschten Staaten. Wiederum aus der schweizerischen Legende erklärbar, wird die moralische Entrüstung grösser, wenn der Eindruck einer Fremdherrschaft (eben Sowjetrusslands, das möglicherweise zugleich eine Bedrohung der Schweiz sein könnte) entsteht, als wenn es sich bloss um «innerstaatliche» Unterdrückungen handelt, mit denen die Schweiz ja selber auch immer gelebt hat.

Die Legende von der militärischen Potenz

Die Legende von der militärischen Potenz der Eidgenossenschaft war historische Wirklichkeit bis Marignano 1515. Entstehung und Verschwinden der militärischen Überlegenheit der schweizerischen Heere, besser gesagt: Kriegerhaufen, lässt sich heute unschwer mit kriegstechnischen Entwicklungen erklären. Den eingepanzerten Rittern, die nach einem festen Ritual zur Schlacht antraten, mussten die beweglichen, unkonventionell kämpfenden, mit dem äusserst zweckmässigen Instrument der Hellebarde ausgerüsteten, vierzehn- bis zwanzigjährigen, rauflustigen Burschen aus dem «gemeinen Volk» zwangsläufig überlegen sein. Ebenso zwangsläufig musste diese Überlegenheit wieder verschwinden, nachdem die Gegner die Kriegstechnik der Eidgenossen übernommen hatten und als zudem der allgemeine Gebrauch der Schusswaffen aufkam. Dass die Schweiz später überlebte, war nicht ihrer militärischen Stärke zu verdanken, sondern der Anlehnung an Frankreich und dem Gleichgewicht der Grossmächte in Europa.

In unserer Erinnerung besteht die Schweizergeschichte aus lauter siegreichen Schlachten und nichts anderem. Als Kind bekam ich eine «Schweizergeschichte in Bildern». Das Bilderbuch sollte die Jugend «mit Ehrfurcht vor der Pflichttreue, Mannhaftigkeit, Vaterlandsliebe und vielen anderen guten Eigenschaften der alten Eidgenossen» erfüllen und sie lehren, «wie heisser Kämpfe, wie freudigen Einstehens mit Gut und Blut es bedurfte, um die heutigen gesicherten und relativ glücklichen Zustände herbeizuführen. Es sind Ruhmesblätter unserer Geschichte, nie welkende Lorbeerblätter, welche, zu einem Kranz vereinigt, ein Bund von Schweizer Künstlern auf Helvetias Haupt gesetzt hat. Wenn sie dazu beitragen helfen, den nationalen Gedanken frühzeitig in den Herzen der Jugend zu wecken und zu pflegen, dann ist der Zweck dieses Buches erfüllt.» Und wie er sich erfüllt hat! Durch das ganze Buch hindurch wird fast nur gehauen und gestochen und gestorben. Da die Helden Bauern waren und keine Geschichtsschreiber hatten, die mit ihnen ins Feld zogen, musste die Legende ihnen Namen geben, z. B. Winkelried, und grosse Sätze in den Mund legen: «Eidgenossen, ich will euch eine Gasse machen, sorgt für mein Weib und meine Kinder! Einer für alle, alle für einen!» Wobei freilich, vielleicht sogar bezeichnenderweise, nur der erste Teil des Satzes im Geschehen sichtbar wird. Oder die grimmige Geschichte vom Hauptmann Arnold Schick von Uri, der sterbend auf dem Schlachtfeld von St. Jakob an der Birs lag. Ihm rief der Ritter Mönch von Mönchenstein höhnisch zu: «Heute baden wir in Rosen!» Im Text der nationalen Bilderbibel heisst es weiter: «Da raffte der Sterbende seine letzte Kraft zusammen und mit den Worten: Da friss eine der Rosen! schleuderte er einen Feldstein in das Gesicht des Ritters, der davon nach wenigen Tagen starb.»

Mit der schweizerischen Armee, wie sie heute unsere Verehrung geniesst, hatten die Krieger der alten Eidgenossen allerdings wenig gemeinsam. Es gab zwar eine allgemeine Dienstpflicht, aber sie wurde kaum durchgesetzt. Begüterte Personen konnten einen bezahlten Ersatzmann stellen, und dies führte zum Söldnerwesen innerhalb der Schweiz. Die Obrigkeiten hatten ihre liebe Mühe, die Gemeinden dazu zu bringen, ihnen die erforderliche Zahl von tauglichen Dienstpflichtigen zu stellen. Auch die Hilfspflicht der Orte untereinander wurde nicht immer freudig erfüllt; so schickten die Freiburger zum Pavierzug «viel liederlicher und schlechter Gesellen». Und immer wieder beklagen sich die Hauptleute, dass ihnen die Truppen davonlaufen. Dienstverweigerung aus Disziplinlosigkeit, wegen Hunger oder Heimweh oder weil die Ernte eingebracht werden musste, war völlig normal. Gegenüber der eigenmächtigen Selbständigkeit der alten Schweizer Krieger, die ihren Obrigkeiten mit Abzug oder Meuterei drohten, wenn ihnen etwas nicht passte, muten die heutigen Soldatenkomitees geradezu harmlos an. Auf der anderen Seite führten die jungen Krieger der Alten Eidgenossenschaft häufig auch Kriegszüge auf eigene Faust, ohne jede politische Planung und Absicht, allerdings dann aber meistens erfolgreich, sonst hätte die Schweiz nicht überlebt. Selbst die schicksalsentscheidenden Burgunderkriege sind auf diese Weise durch eine Rotte von Berner Burschen, die auf eigene Faust nach Pontarlier und später in die Waadt zogen, ausgelöst worden. Doch in den Entscheidungsschlachten waren eben diese unbändigen und disziplinlosen Rabauken in ihrem tollkühnen Draufgängertum unschlagbar, und in letzter Minute pflegte meistens auch der Zuzug und Aufmarsch zu funktionieren. Trotzdem scheint es ein Wunder, dass eine solcherart «organisierte» Militärmacht sich behaupten konnte.

Als Schaufelbergers Buch über den alten Schweizer Krieger, zweifellos die exakteste und zugleich packendste historische Darstellung des Themas, 1952 erschien, wurde ihm von einem Kritiker allen Ernstes vorgeworfen, es sei landesverräterisch. So stark hat sich die Legende vom geordneten und politisch und militärisch geplanten Aufbau der freien Eidgenossenschaft in den Köpfen und Herzen festgesetzt. Den Vergleich mit dem gedrillten und untertänig gehorsamen, in braver Reihe ins feindliche Feuer laufenden

Soldaten, der dem militärischen Ideal der unmittelbaren Vergangenheit entspricht, mag indessen der ungebärdig freie Schweizer Krieger der historischen Wirklichkeit bei allen seinen nicht zu übersehenden negativen Eigenschaften getrost bestehen. Auch ist es nicht völlig unlogisch, dass, wer mit dem Leben zahlt, auch befiehlt. Es lässt sich nicht länger verdrängen, dass die schweizerische Kriegsgeschichte — und die Schweizergeschichte *ist* zum grössten Teil Kriegsgeschichte — als Sozialgeschichte einen Befreiungskampf zeigt, der für den einzelnen Krieger weithin ein schlichter Verzweiflungskampf war. Das Kriegshandwerk diente der Beseitigung der Arbeitslosigkeit der viel zu zahlreichen Bauernsöhne, die den Hof nicht erben konnten. Ihre Not war die Tugend, der dieses Land seine Existenz verdankt. Schon vor der Wende von Marignano waren sie, die vierzehn- bis zwanzigjährigen Bauernkinder, selbst in den Heeren der Städte zu 90 Prozent vertreten. Später wurden sie als Reisläufer an fremde Staaten verkauft und halfen auf diese Weise mit, den Wohlstand der Schweiz zu begründen. Die Unterschicht trägt die Oberschicht, wie könnte es anders sein, schon nach der Statik. In unsere Legende sind diese tapferen Kinder, ihr Hunger, ihr Heimweh und ihr Sterben, nur am Rande eingegangen.

Als die Schweiz als europäische Grossmacht nach Marignano nichts mehr zu berichten hatte, schuf die Legende das Bild von der friedliebenden, friedensstiftenden, neutralen, ihre guten Dienste stets bereithaltenden Schweiz. Neben das weisse Kreuz trat das rote. Aus der Tatsache, dass das Internationale Komitee vom Roten Kreuz ausschliesslich aus Schweizern besteht, leiten wir das Recht ab, uns für besonders hilfsbereit zu halten. Mit gleich viel Grund könnten sich die Italiener auf eine besonders innige Frömmigkeit und Kirchlichkeit berufen, da doch die Päpste seit langem Italiener sind.

Die Situation, welche die freilich erst im letzten Jahrhundert entstandene Selbstinterpretation von der humanitären Friedensmission ermöglichte, war die Stillegung der Schweiz zunächst im Westfälischen Frieden, dann definitiv am Wiener Kongress von 1815. Die Eidgenossen selbst nannten dies «stille sitzen». Die Neutralität wurde zur grossen Friedensgeste hochstilisiert und als ewig bezeichnet: Auf ewig haben die Nachbarn von der Eidgenossenschaft nichts mehr zu befürchten. Zugleich blieben die Erinnerung und der Glaube an die eigene militärische Potenz und Unüberwindlichkeit lebendig. Da sie jedoch in den langen Friedenszeiten nie auf die Probe gestellt werden konnten, führten sie zu einem theatralischen Opferwillen auf imaginären Schlachtfeldern, wie er etwa in der früheren Nationalhymne zum Ausdruck kam: «... nie vor Gefahren bleich, froh noch im Todesstreich ...» Damit erklären sich die ausserordentlich starken Emotionen, die sich mit den Problemen der Landesverteidigung und der Dienstverweigerer verbinden. Auch Völker unterliegen dem bekannten psychologischen Mechanismus, wonach Aggressionen, die sich nicht gegen aussen abreagieren können, sich gegen innen richten. Der Kampf gegen wirkliche und vermeintliche Subversive und Landesverräter hat nicht zuletzt diesen Sinn, und die Einführung der Todesstrafe gegen Landesverräter durch Notrecht im letzten Kriege lässt sich zumindest *auch* als Ersatzkriegshandlung interpretieren.

Bei kaum einem anderen Thema stösst sich die Legende so hart an den Fakten wie bei der humanitären Mission der Schweiz. Die Flüchtlingspolitik des letzten Krieges, begründet mit der schlicht unwahren, aber durchaus nicht unpopulären Behauptung des Bundesrats von Steiger, das Boot sei voll, ist eines der düstersten Kapitel der ganzen Schweizergeschichte. Wenig altruistisch ist auch das Verhalten gegenüber den ausländischen Arbeitern, ihre Behandlung als rein wirtschaftlicher Faktor, nämlich als Krisenreserve, die man je nach der konjunkturellen Lage aufbaut oder abbaut. Bei der Entwicklungshilfe steht die Schweiz unter den westlichen Industrienationen mit 0,14% des Bruttosozialprodukts an letzter Stelle.

Aber erstmals seit 1515 ist die Schweiz wieder eine europäische Grossmacht, wirtschaftliche Grossmacht. Ihre Banken könnten, wenn sie wollten, fremde Währungen zerrütten, indem sie, wenn sie wollten, in riesigem Ausmass Fluchtgelder aufnähmen. Sie könnten, wenn sie wollten, fremde Gewaltherrscher gegen den Willen ihrer Völker mit Krediten an der Macht halten, und sie könnten, wenn sie wollten, gestürzten Gewaltherrschern, die mit der Staatskasse geflohen sind, diese verstecken helfen. Ob sie es tun, wissen wir nicht, und wenn sie es täten, wäre es nicht zu beweisen, denn natürlich sieht man es dem Geld nicht an, woher es kommt und wie es gemacht wurde. Es bedarf grosser Verluste, um Selbstbesinnung zu erwecken. Vielleicht bedeutet Chiasso eine ähnliche Wende wie Marignano.

Vielleicht sollte man es hoffen, und zwar nicht nur aus moralischen, sondern auch aus politischen Gründen. Eine Demokratie kann, auf die Dauer gesehen, nicht nach innen demokratisch und nach aussen undemokratisch sein. Sie muss der Versuchung, über andere Macht auszuüben, widerstehen. Ist sie nach aussen autoritär, so wird sie es auch im Innern. Historia docet, vom antiken Rom bis zum modernen Amerika, wo der Übergang von Nixon zu Carter mit der Abkehr vom Imperialismus und der Wiederentdeckung der Menschenrechte, die in Amerika erstmals formuliert wurden, auch die innerstaatliche Demokratie gerettet hat.

Schon damals, vor Marignano, hat es der Schweiz nicht gutgetan, Grossmacht zu sein. So wie sie sich im besten Sinne versteht, wenn auch nicht immer verwirklicht: als freiheitliche Demokratie, in der die Vielgestaltigkeit keinen Störungsfaktor bildet, kann sie, solange sie die wirtschaftliche Grossmacht spielt, auf die Dauer unverändert nicht bestehen.

Mächtige sind unbeliebt, man hofft und wartet auf ihren Fall. Die Schweiz aber ist auf die gutnachbarlichen Beziehungen zum Ausland angewiesen, auch wirtschaftlich. Hat schon früher die Liebe des Auslands zur Schweiz eher ihrer Landschaft als ihren Bewohnern gegolten, so war sie zudem mit der Tatsache verbunden, dass man sie als harmlos einschätzte. Diese Zeiten sind vorbei. Die Schweiz und die Schweizer sind im Ausland keineswegs beliebt, und es erhöht ihre Beliebtheit nicht, wenn sie es nicht merken. Die Ansichten, die andere über uns äussern, können uns nicht einfach gleichgültig sein, denn es geht nicht um unser Selbstbewusstsein, sondern, auf die Dauer gesehen, um unsere Existenz. Um den Goodwill zu erhalten, auf den die Schweiz auf längere Sicht in Anbetracht der zunehmenden internationalen Verflechtung künftig eher mehr angewiesen ist als früher, genügt es nicht, im Glauben an die humanitäre Mission fest zu bleiben und auf Kritik allergisch zu reagieren, wie etwa gegenüber dem Buch von Jean Ziegler, dem in der Tat 92 Fehler nachgewiesen wurden, womit man sich die Auseinandersetzung mit der Grundthese ersparen konnte: ob die Schweiz an der Ausbeutung der Entwicklungsvölker massgeblich mitbeteiligt sei.

Die Legende von der Einigkeit

Die grösste, seit dem Rütlischwur am häufigsten beschworene Legende, die Legende von der Einigkeit, ist mehr noch als die andern, da sie Geschichte machte, wahr geworden. Mit ihr wurde ein früh, ohne jede Realitätsgrundlage vorweggenommener Gedanke Realität. Die immer wiederkehrende Beschwörung der Einigkeit mag als gedankenloses 1.-August-Ritual wie ein ebenso absolviertes Gebet erscheinen, ist aber für die Existenz der Schweiz offensichtlich unentbehrlich. Die geographisch, sprachlich und auch historisch unnatürlichen Grenzen versprechen wenig Zusammenhalt. Sie umfassen auch durchaus nicht einen eisernen Bestand von geschichtlichen Ablagerungen, die zwar in eine seltsame Form, aber doch zwangsläufig gewachsen wären. Dass das Fricktal und der Jura dazugehören, jedoch nicht Konstanz und das Veltlin, beruht auf historischen Zufällen, die keinen besonderen Sinn in sich tragen. Dass die Schweiz in ihrer Vielgestaltigkeit einzigartig sei, ist eher eine Legende für Touristen. Es gibt Staaten, die mehr und grössere Unterschiede hinsichtlich Haut- und Haarfarbe, Sprache und Religion aufweisen als die Schweiz. Auch der Föderalismus als mögliche Lösung des Problems findet sich an anderen Orten verwirklicht; er ist ein allgemein bekanntes staatspolitisches Rezept. Auch gibt es viel wichtigere und ernster zu nehmende Gegensätze als die immer wieder genannten, z. B. bei Vermögen und Einkommen, Beruf und Bildung.

Jede politische Legende bekämpft eine Realität. Wenn sie dabei erfolgreich ist, wird sie selber Realität; doch kann auch der Fall eintreten, dass sie die bekämpfte Realität nur aus dem Bewusstsein verdrängt. Auch das mag immerhin eine beträchtliche Leistung sein. Die geschmähte Methode, das Symptom zu bekämpfen, bewährt sich, wenn das Symptom das eigentliche Übel bildet. Schon dann, wenn das Trennende nur vergessen wird, obwohl nach wie vor vorhanden, hat die Einigkeitslegende ihren politischen Zweck erfüllt. Bestehen bleibt die Tatsache, dass in einem Staatswesen, dessen Bürger sich so häufig zur Einigkeit auffordern müssen, starke zentrifugale Kräfte wirksam sein müssen.

Selbst das Weisse Buch von Sarnen ist ein Produkt solcher Spannungen. Als der Obwaldner Landschreiber Hans Schriber zwischen 1470 und 1472 das Weisse Buch verfasste, kurz vor den Burgunderkriegen, lief die Alte Eidgenossenschaft Gefahr, am Gegensatz zwischen den fortschrittlichen und expansiven Städten und den konservativen ländlichen Orten auseinanderzubrechen. Das Weisse Buch war eine Streitschrift, mit der dargetan werden sollte, dass die Urkantone und nicht die später hinzugekommenen Städte die eigentlichen Begründer der Eidgenossenschaft waren. Das Sarner Buch hatte also etwas Sonderbündlerisches und war keineswegs als Einigkeitslegende für die damalige Schweiz gedacht. Dass es für die ganze Schweiz trotzdem zu einer solchen wurde, zeigt die Stärke dieser Legende.

Bezeichnenderweise stammte die Idee zur Gründung der Eidgenossenschaft von einer Frau. Margarethe Stauffacher, von der alle Stauffacherinnen abstammen, war es, die nach der Schilderung des Sarner Buches ihrem Mann riet, in Uri und in Unterwalden «vertraute und verschwiegene Männer» zu suchen und die Rütliverschwörung anzuzetteln, die nach Gesslers Tod zum Aufstand führte. Nach der Geschichte, jedenfalls nach dem Bundesbrief von 1291, ist das alles weder so geheim noch so aufrührerisch zugegangen. Es handelte sich um einen Landfriedensbund, wie er in den damaligen unsicheren Zeiten des öfteren zwischen verschiedenen Gemeinwesen abgeschlossen wurde zur Wahrung des äusseren und inneren Friedens. Ein Dokument der Einigung, nicht der Erhebung.

Auch in der späteren Zeit waren Einigung, Zusammenhalt, Vermeidung von Sonderbündnissen einzelner Orte mit auswärtigen Mächten das Hauptproblem der Eidgenossenschaft. Dass dieses Problem für einen Bund von Staaten mit verschiedenartigen Interessen besteht — heute etwa für die Nato oder die EWG —, ist weniger verwunderlich als die Tatsache, dass dank der Einigkeitslegende die Schweiz schliesslich alle Zerfallskrisen überstanden hat, ohne dass der Bund durch eine Hegemonie ersetzt worden wäre wie etwa in Deutschland durch die Herrschaft Preussens.

Ihre religiöse Weihe erhielt die Einigkeitslegende nach der Überwindung der ersten Krise der Alten

Eidgenossenschaft im Stanser Verkommnis. Nach der Schulgeschichte sollen sich die Urkantone nach den Burgunderkriegen mit den Städten über der Frage der Teilung der Burgunderbeute und über der Aufnahme von Freiburg und Solothurn in die Eidgenossenschaft zerstritten haben, bis der inzwischen heilige Bruder Klaus kurz vor Weihnachten 1481 der Tagsatzung von Stans eine Botschaft überbrachte, die nach zwei Monaten ergebnisloser Verhandlungen innerhalb von einer Stunde die Einigung herbeiführte dank der Kompromissformel: Die Beute wird nach den Wünschen der Urkantone geteilt, dafür werden die Städte Freiburg und Solothurn in den Bund neu aufgenommen. Sicher geht es nicht am Sinn der Schweizergeschichte vorbei, dass nicht Tell und nicht Winkelried, sondern Niklaus von der Flüe Nationalheiliger geworden ist, da er den schweizerischen Kompromiss und Kuhhandel wenn nicht erfunden, so doch in einem dramatischen Ereignis durch seine Person geprägt hat. Ebenso bemerkenswert ist, dass die Eidgenossen sich freiwillig und ohne lange Überlegung dem Richterspruch eines frommen, introvertierten Einsiedlers, der freilich zugleich ein äusserst geschickter politischer Taktiker gewesen sein muss, unterziehen, als wären sie der Suggestion seiner übersinnlichen Autorität erlegen. In Wirklichkeit scheint es eher so gewesen zu sein, dass alle darauf hofften und warteten, dass von irgendeiner Seite die erlösende Kompromissformel gefunden werde, die allen ermöglichte, den Bürgerkrieg zu vermeiden, den keiner wollte; aber die Verhandlungen waren festgefahren, und eine Lösung, bei der keiner das Gesicht verlieren musste, konnte nur noch von aussen kommen. Eine immer wiederkehrende Situation: Die Angst vor dem Krieg rettet den Frieden; die Schweizer hatten sich angesichts der immerhin schon über 100 Jahre dauernden Ehe so aneinander gewöhnt, dass sie wenigstens vor den Widrigkeiten einer Scheidung zurückschreckten. Was Niklaus von der Flüe den Tagsatzungsmitgliedern in Stans durch den Pfarrer Heinrich am Grund, der in letzter Stunde zu ihm auf das Flüeliranft eilte, mitteilen liess, ist historisch nirgends dokumentiert. Nach der Legende sollen es die Grundlinien des Stanser Kompromisses gewesen sein und dazu die Worte: «Seid einig, einig, einig! Mischet euch nicht in fremde Händel ein!» Der Frieden, in Wirklichkeit kein gleichgewichtiger Kompromiss, sondern weitgehend ein Sieg der Städte, war populär. Als er um 5 Uhr nachmittags geschlossen war, läutete man die Kirchenglocken, jedenfalls in Stans, und der Solothurner Stadtschreiber Hans vom Stall schrieb am 31. Dezember 1481, 9 Tage danach: «Es ist gross Freud in allem Land mit Freud, Läuten und Singen der Einhelligkeit.»

Die Herstellung der Einigkeiten im Stanser Verkommnis durch Überwindung einer der ersten Polarisierungen in der Schweiz geschah typischerweise nicht nur durch den Kompromiss, sondern zugleich durch ein in der späteren Geschichte immer bewährter gewordenes Mittel, das allerdings schon im «Pfaffenbrief» von 1370, einem der zahlreichen eidgenössischen Landfriedensbündnisse, staatsvertraglich verankert worden war. «Sonderbare gefährliche Gemeinden, Sammlungen oder Anträge», von welchen «Schaden, Aufruhr oder Unfug entstehen möchte», sollten verboten sein. Das unziemliche Benehmen der primitiven Kriegsgesellen aus der Unterschicht, die für die anderen die Schlachten schlugen und sich ihre Gegner nicht gerade von politischer Weisheit geleitet aussuchten, sollte schon im Ansatz unterdrückt werden. Die Eidgenossenschaft hätte militärisch, und wie ausdrücklich zu sagen ist, auch geistig sich nicht wesentlich weiterentwickelt, hätte dieses obrigkeitliche Ordnungsdenken sich tatsächlich durchgesetzt. Die sympathische, aber unhistorische Betrachtungsweise von Salomon Vögelin, der 1872 in seinem «Lehr- und Lesebuch für die Volksschule» diese Bestimmungen des Stanser Verkommnisses als Abschaffung des Vereinsrechts, des Versammlungsrechts und des Petitionsrechts tadelte, liegt nahe und zeigt auch in der Tat die Ambivalenz der Einigkeitslegende. War damals die innere Gefährdung ein ständiges Problem, war ihre Ursache, nämlich die unzähmbaren kriegerischen Bauern- und Taglöhnerkinder, deren Arbeitserwerb die Beute war, dieses chaotische und anarchistische Element, zugleich Garant für die äussere Sicherheit, da ja nur mit diesen Kindern die Unabhängigkeitskriege zu gewinnen waren, so ist später, als jenes Problem durch die innere Festigung der eidgenössischen Stände gelöst war, die Einigkeitslegende bis heute dazu missbraucht worden, Unruhe auch in unschädlichen Formen, vor allem geistige und kritische Unruhe, als unschweizerisch zu ächten. Nichts macht den Zwiespalt deutlicher als die von heute aus gesehen geradezu auch historisch naive Feststellung des Historikers Johannes Dierauer: «Die Eidgenossen zeigten sich entschlossen, im Interesse des Landfriedens und einer verstärkten obrigkeitlichen Gewalt die willkürlichen, leicht zu anarchischen Zuständen führenden Ansammlungen grösserer Volksmassen zu beschränken und durch strenge Handhabung der vereinbarten Massregeln ihre republikanische Freiheit gegen die unberechenbaren Übergriffe leichtfertiger Rottenführer zu schützen. Später freilich, nach der Reformation, in den Zeiten des staatlichen Absolutismus, hat die missbräuchliche Anwendung dieser Artikel den oligarchischen Trägern der öffentlichen Gewalt als wirksamste Handhabe zur Unterdrückung der Volksrechte gedient. Ein Auflauf von Schwyz im Juni 1489 zur Beseitigung dieses Artikels hatte denn auch keinen Erfolg.» Die Erklärung zwischen dem ersten und dem zweiten Satz des Zitats fehlt. Trotzdem oder vielleicht gerade deswegen zeigt die Stelle die Schwierigkeiten, mit der schweizerischen Geschichte zu leben, besonders deutlich.

Die zweite Zerreissprobe war die Reformation. Aber die geschichtliche Katastrophe des Dreissigjährigen Krieges blieb der Eidgenossenschaft erspart. Der zweite Kappelerkrieg war eine kurze Schlacht, die die Sache rasch zugunsten der fünf alten katholischen Orte entschied. Der erste Kappelerkrieg dagegen fand gar nicht statt, dafür produzierte er die wohl schönste literarische Ausformung der schweizerischen Einigkeitslegende: die Geschichte von der Kappeler Milchsuppe. Wollte man den Vorfall vergeistigen, was historisch natürlich unzulässig ist, könnte man sagen: das erste ökumenische Abendmahl. Bullinger beschreibt die Episode so:

«Nun was es in den 5 orten traffenlich thuwr, und grosser mangel und hunger. Imm Zürych lager mocht man haben ein mutt kernen umm ein guldin, ein maasz wyn umm ein halben batzen. Desz liessend sich ettlich fruntlich gesellen der 5 orten mitt flyss, üeber die wacht hinus, die wurdent denn gefangen, fur den houptman gefurt, und, mitt Brot begabet und wider heym geschickt.

Uff ein zyt namend vil dappfferen xellen von den 5 orten, ein grosse muutten mit milch, und stalltents uff die march (= Grenze) in mitten, schruwend den Zurychern zu, sy habind da wol ein gute milch prochen, aber nut darin zu brochen. Da luffend redlich gesellen der Zurychern hinzu, mit brot, und brocheten yn, Und lag yetweder teyl uff sinem erterich (= Erdreich, Gebiet), und aaszend die milch mitt einandren. Wenn denn einer uber die halb mutten usz greyff, und aas, schlug inn der ander teyl (in Schimpff) uff die hand, und sagt fryss uff dinem erterich. Und deren schimpffen giengend ettlich me fur, dasz do es dem Stattmeister von Strassburg J. Jacoben Sturmen, der ouch under den Schidluthen was, furkamm, sagt er, Ir Eydgnossen sind wunderbar leuth, wenn ir schon uneins sind, so sind ir eins, und vergässend der allten frundschafft nitt.»

Auch diese frühe, höchst vergängliche interkonfessionelle Versöhnung enthält typischerweise ein Element des Kuhhandels: die Innerschweizer brachten die Milch, die Zürcher das Brot, und keiner sollte mehr bekommen, als er beigetragen hatte. Möglicherweise hat sich die Geschichte tatsächlich so, wie Bullinger sie schildert, ereignet. Die historischen Gründe dafür sind leicht zu fassen. Die Angehörigen der Unterschicht, die Kriegsknechte auf beiden Seiten, kannten sich zum Teil noch von den Mailänder Feldzügen her, wo sie Seite an Seite gekämpft hatten, und es gelang ihnen nicht, den Sinn des Religionskriegs, den die Regierungen führen wollten, einzusehen, zumal den Zürchern nicht, da Zwingli — mit Recht, aber den sozialen Realitäten weit voraus — das Reislaufen verboten hatte. Für die arbeitslosen Jugendlichen war es eben nach wie vor existenznotwendig, ihre Existenz aufs Spiel zu setzen und dabei, im Fall des Überlebens, wenigstens Beute zu gewinnen. Dass die Innerschweiz hauptsächlich deswegen die Reformation ablehnte, ist bekannt. Die Symbolkraft der Kappeler Milchsuppendarstellung hat nicht nur dieses Problem überstrahlt, sondern auch die Tatsache, dass die Inneren Orte sich damals mit dem «Erbfeind» der Eidgenossenschaft, Habsburg, gegen Zürich verbündet hatten.

Als zwei Jahre später, 1531, der zweite Kappelerkrieg dann wirklich geführt wurde und mit der Niederlage Zürichs, dem Tod Zwinglis und dem zweiten Kappeler Frieden endete, zeigte sich, dass man nicht ungestraft um mehr als 300 Jahre der Geschichte vorauseilt. Zwinglis Verbot des Söldnerwesens und Söldnerverkaufs, das diesem mutigen, konsequenten, sich selber treuen Mann, der nicht nur wie Luther Religionsreformer, sondern auch, wenn auch mit sehr verspätetem Erfolg, Sozialreformer war, den Tod brachte, hat erst mit dem Bundesstaat von 1848 sich durchsetzen können. Erst da wurde die Annahme von Pensionen (Bundesverfassung Art. 12) den Soldatenverkäufern verboten, gegen die schon Zwingli gewettert hatte: «Sie sind den Metzgern glych, die das Vech gen Constantz trybend. Die trybend das Vech hinaus und nämend das Gält darum und kumend one das Vech wieder heim.»

Noch deutlicher als im Stanser Verkommnis werden in den Auseinandersetzungen der Reformationszeit die Techniken und Taktiken der schweizerischen Konfliktvermeidung sichtbar. Die eine Möglichkeit, geeint zu bleiben, ist die Trennung. Appenzell teilte sich in das reformierte Ausserrhoden und das katholische Innerrhoden. Glarus, noch einfallsreicher, installierte auf demselben Territorium zwei souveräne Regimes, den katholischen Rat und den evangelischen Rat. Das wäre, wie wenn wir heute in Zürich oder anderswo einen linken Kantons- und Regierungsrat und einen rechten Kantons- und Regierungsrat hätten. Die Linken regieren über die Linken und die Rechten über die Rechten wie damals in Glarus die Protestanten über die Protestanten und die Katholiken über die Katholiken. Wie das funktionierte, und welche Rezepte für moderne Politik man daraus gewinnen könnte, wäre eine Frage, die mir wissenschaftlich vertiefter Diskussion wert scheint. Der Föderalismus, der strikt auf Territorien bezogen bleibt, ist ja nur *eine* Möglichkeit, in Uneinigkeit zusammenzubleiben.

Eine andere, nun freilich äusserst fragwürdige, in der Schweiz aber nach wie vor streng praktizierte Möglichkeit findet sich erstmals staatsvertraglich formuliert im zweiten Landfrieden vom 31. Januar 1532 nach der eidgenössischen Sieg-Niederlage von Kappel. Die reformierten Orte durften ihren Glauben behalten, mussten dagegen die fünf Orte und ihre «Mithaften» bei «ihrem wahren, unbezweifelten christlichen Glauben *ungedisputiert*» für alle Zeiten bleiben lassen. Noch heute werden viele Probleme in der Schweiz dadurch «gelöst», dass sie «ungedisputiert» bleiben. Da ein Problem unter Umständen erst durch das Problembewusstsein geschaffen wird, kann diese Methode sogar erfolgreich sein; ob moralisch zulässig, ist eine andere Frage. Die schweizerische Abneigung gegen offen ausgetragene Diskussionen; die heimliche Sehnsucht nach einer ausgewogenen, wenn möglich offiziell sanktionierten Meinung, die Neigung, unliebsame Meinungen, die auf ungelöste Probleme hindeuten, ungedisputiert mit Schlagworten wie «extremistisch» usw. abzutun, kommt also nicht von ungefähr; sie hat ihren historischen Hintergrund. Dasselbe gilt für die Methode der Herstellung von Einigkeit durch Trennung. Die ideologischen

Gruppierungen rücken auseinander, jeder sucht sich die Gruppe, in der er seine Meinung vorfindet, es kommt zwar zwischen den Gruppen zu Konfrontationen, aber nicht zu Diskussionen, vorgefasste Meinungen werden an das Problem herangeführt, gerade so aber bleibt es ungedisputiert. Auf diese Weise verdrängt oder aufgeschoben, kann das Problem, einmal bewusst geworden, natürlich nicht wirklich gelöst, der Konflikt nicht vermieden werden. Dieser wird dann vielmehr mit anderen Mitteln als durch Verhandlungen ausgetragen, im schlimmsten Fall durch Gewalt, vielleicht auch durch Intrige oder Einschüchterung.

Die Disputationen, die in Zürich und in Bern zur Einführung, in Baden (für die Innerschweiz) zur Ablehnung der Reformation führten, waren freilich eine Farce. Sie fanden jeweils in Abwesenheit der Gegenpartei statt, so dass das Ergebnis von vornherein feststand.

Neben der grossen Einigkeitslegende der Kappeler Milchsuppe gibt es mehrere kleinere, z. B. die Geschichte vom Friedensschluss zwischen Zürich und den fünf Orten vom 16. November 1531. Danach sollen sich die Sprecher der beiden Parteien, Schultheiss Golder aus Luzern und Hauptmann Escher aus Zürich, einander in tiefer Rührung wieder als «getreue, liebe Eidgenossen» begrüsst haben. Aus welchen historischen Dokumenten Dierauer die tiefe Rührung herleitet, ist unbekannt, wahrscheinlich aus seinem eigenen Gefühl, das von der Einigkeitslegende geprägt war. Eine andere Geschichte hat als Helden den Schultheiss Niklaus Wengi von Solothurn. Solothurn war zwischen Reformierten und Katholiken gespalten. Der Rat hatte den neuen Glauben verboten. Die Reformierten fassten darauf «den unbesonnenen Entschluss, sich durch einen Gewaltstreich die Gewissens- und Kultusfreiheit zu erzwingen.» Sie wurden verraten. Die katholische Partei wollte darauf das Haus auf dem rechten Aareufer, in das sich die Reformierten zurückgezogen hatten, vom linken Aareufer aus beschiessen. Da stellte sich Niklaus Wengi vor die Mündung der Kanone und rief: «Soll Bürgerblut fliessen, so fliesse denn mein Blut zuvor!» Die Reformierten verliessen darauf die Stadt und zogen sich auf Berner Gebiet zurück. Historisch exakt ist nur, dass Wengi, entschiedener Anhänger des alten Glaubens, in langen und schliesslich erfolgreichen Verhandlungen die Reformierten von Solothurn dazu gebracht hat, die Stadt zu verlassen. Aus der Vertreibung hat die Legende eine Versöhnung gemacht.

RECHTSPHILOSOPHISCHE ASPEKTE
DER STERBEHILFE

Problemsicht

1. Dem Problem der Sterbehilfe kann die juristische Sicht nur bedingt und nur zu einem ganz geringen Teil gerecht werden. Mit dem Tod endet die Persönlichkeit, Tote sind keine Rechtssubjekte mehr. *Vorher* aber gilt rechtlich dem Leben der volle und unbedingte Schutz, den das Grundgesetz und das Strafgesetzbuch gewähren. Der rechtlichen Betrachtungsweise erschliesst sich also eigentlich nur ein Gegensatz von Alles oder Nichts. Daher auch die Schwierigkeit der Juristen, mit dem Problem der Sterbehilfe fertig zu werden. Der Übergang vom Leben in den Tod, das Sterben, ist juristisch nicht erfassbar. Sterbehilfe im eigentlichen und im guten Sinne, nämlich menschliche Hilfe für denjenigen, der im Sterben liegt, damit er einen guten Tod finde, lässt sich rechtlich nicht normieren, lässt sich nicht vorschreiben. Durch Gesetz und Interpretation des Gesetzes kann höchstens versucht werden, diese Sterbehilfe im eigentlichen und guten Sinne zu ermöglichen. Aber dies ist vom Recht aus gesehen nicht einfach, da eben nach der gewissermassen genuin rechtlichen Betrachtungsweise das Leben ein absoluter Wert, somit Lebensverlängerung immer positiv, Lebensverkürzung immer negativ zu bewerten ist, gleichgültig, in welchem Stadium das Leben sich befindet und wie es von der Person erlebt und empfunden wird; denn eine Diskussion darüber, ob ein Leben mehr oder weniger wert sei, kann das Recht unmöglich zulassen, schon deshalb nicht, weil sich ja sofort die Frage stellt, *wer* über diesen Wert urteilt, nach welchen Kriterien und von wem aus gesehen er urteilt.

Die Funktion des Rechts und der Rechtswissenschaft bei unserem Thema muss demnach sich darauf beschränken, Grenzen zu ziehen, möglichst klare und verlässliche und dauerhafte Grenzen, Grenzen zwischen dem, was verboten und strafbar ist, und dem, was nicht verboten und nicht strafbar ist. Diese Grenze muss so gezogen werden, dass einerseits der Schutz des Lebens voll erhalten bleibt und dass andererseits nicht gerade dieser Schutz dazu führt, dass das Sterben unter unwürdigen Bedingungen stattfinden muss. Aber nicht einmal diese Mindestforderungen nach klaren und einsichtigen Grenzen zwischen dem Erlaubten und Verbotenen können in diesem Falle der Jurist und die Jurisprudenz erfüllen, und zwar deshalb nicht, weil das Sterben per se *der* Grenzfall ist — den es zu umgrenzen gälte — und weil das Verlöschen des Lebens wie auch sein Entstehen ein allmählicher, kontinuierlicher Prozess ist, ohne von der Natur her gegebene Zäsuren.

Noch mehr zur Bescheidenheit, wenn nicht zur Resignation führt die Einsicht, dass wir uns in den meisten Fällen in einer Situation der gewissermassen existenziellen Ungewissheit befinden. Es sind immer nur die *Lebenden,* die in dieser Allgemeinheit über die Sterbenden und deren Tod diskutieren und urteilen. Selbst die individuelle Kommunikation mit dem Sterbenden ist häufig nicht mehr möglich, und mit dem Tod bricht sie vollständig ab. Das bedeutet natürlich nicht, dass der Tod so definiert werden darf, dass er mit dem Abbruch der menschlichen Kommunikation gleichgesetzt wird, wie einzelne Autoren, allerdings keine Juristen, dies vorschlagen. Darauf werde ich zurückkommen. Hier sei nur soviel vorweggenommen: Wenn Leben gleichgesetzt wird mit der Möglichkeit der zwischenmenschlichen Kommunikation, dann bedeutet das, dass Menschen, bei denen diese Kommunikation nicht oder nicht mehr möglich ist, tot, also Leichen sind. Diese Annahme hätte Konsequenzen, die auf keinen Fall tragbar sind.

2. Spätestens in der Diskussion, die vor wenigen Jahren ziemlich plötzlich einsetzte und seither sehr intensiv geführt wird, ist klargestellt worden, dass das Problem der Sterbehilfe, wenn nicht entstanden, so doch aktualisiert wurde durch die Entwicklung der medizinischen Technik. Sie ist demnach, soziologisch gesehen, immer noch kein aktuelles Problem an denjenigen Orten und bei denjenigen Personen, wo diese Technik aus finanziellen oder sonstigen Gründen gar nicht eingesetzt werden kann. Für die grosse Mehrheit der auf der Erde lebenden Menschen ist die Sterbehilfe nach wie vor zumindest kein juristisches Problem, z. B. nicht für die Hunderttausende von Menschen, die vor allem in Ostasien und Lateinamerika am Hunger oder an den medizinischen Folgen des Hungers sterben.

Der Tod wurde immer als der grosse Gleichmacher angesehen. Das ist er offenbar nicht, selbst dann nicht, wenn man von der höchst unterschiedlichen Lebenserwartung der Reichen und Armen und der reichen und armen Völker absieht. Vielleicht kann man sogar sagen, dass beim Sterben die Ungleichheit, die im Leben bestand, sich umkehrt. Vielleicht haben die Armen einen natürlicheren und damit möglicherweise auch humaneren Tod als die Reichen und Mächtigen. Keiner von uns würde sich wahrscheinlich wünschen, so zu sterben, wie Franco, der sich zu seinen Lebzeiten Generalissimus nannte, starb. Und auf der anderen Seite würde ich zwar gerne länger leben als mein Urgrossvater, der mit 54 Jahren an einer Lungenentzündung starb, aber ich würde gerne so sterben wie er, im Kreis der ums Bett versammelten Familie, im Gespräch und bis zuletzt bei vollem Bewusstsein. Damit will ich natürlich nicht sagen, dass in unseren Gegenden die Art des Sterbens eine Frage des individuellen Reichtums sei. Es kommt vielmehr darauf an, ob jemand Intensivpflege bekommt oder nicht. Reiche bekommen sie auch in armen Ländern, und in reichen Ländern bekommen sie auch Arme.

3. Wie ich schon sagte, neigt der Jurist von seiner genuinen Betrachtungsweise her zu einer biologisch-absolutistischen Betrachtungsweise, wenn er das Problem der Sterbehilfe angeht. Praktisch bedeutet dies: Lebensverlängerung um jeden Preis. Die jetzige Diskussion hat aber nun doch mehr und mehr dazu geführt, an die Stelle dieser Sicht eine gewissermassen personalitätsbezogene Auffassung zu setzen: Lebensverlängerung nur, soweit und solange sie vom Betroffenen selbst gewünscht wird oder, wenn er bewusstlos ist und sich nicht mehr äussern kann, mutmasslich gewünscht würde.

Auf dem Gegensatz dieser Grundauffassungen beruhen die meisten Differenzen, die sich bei einzelnen Grenzfragen in der juristischen Literatur ergeben haben.

Einzelfragen

1. Vorausschicken möchte ich, dass meines Erachtens nach dem geltenden Recht und den Konstruktionen, die die strafrechtliche Dogmatik anbietet, nicht alle Grenzfragen sich zweifelsfrei und befriedigend lösen lassen. Die Konsequenz muss nach dem rechtsstaatlichen Grundsatz «keine Strafe ohne Gesetz» darin bestehen, dass mangels einer eindeutigen gesetzlichen Grundlage jeder Arzt, der in diesen Zweifelsfragen seinem Gewissen folgend entschieden hat, straffrei bleiben muss. Jedenfalls geht es nicht an, sich auf den primitiven Standpunkt zurückzuziehen, das Gesetz verbiete jede Tötung und deshalb sei jede Handlung und Unterlassung, die das Leben des Sterbenden verkürze, ebenfalls verboten. Da die Sterbehilfe eine neue Problematik enthält, die so jedenfalls bei der Entstehung der geltenden Gesetze nicht gegeben und nicht bekannt war, darf in den kontroversen Zweifelsfällen die Strafbarkeit nicht einfach durch Richterrecht begründet werden, zumal eine Verurteilung sich

ja auch nicht auf einen allgemeinen Konsens in der juristischen und medizinischen Doktrin oder gar in der Gesellschaft berufen könnte.

2. «Die Sterbehilfe betrifft den im Sterben liegenden Menschen. Ein Sterbender ist ein Kranker oder Verletzter, bei dem der Arzt aufgrund einer Reihe klinischer Zeichen zur Überzeugung kommt, dass die Krankheit irreversibel oder die traumatische Schädigung infaust verläuft und der Tod in kurzer Zeit eintreten wird» (Schweizerische Akademie der medizinischen Wissenschaften, Kommentar zu den «Richtlinien für die Sterbehilfe», Schweizerische Ärztezeitung, 1977, S. 644).

Für die strafrechtliche Beurteilung aller Fälle, die beim Thema Sterbehilfe zur Diskussion stehen, erweist sich diese Definition als zu eng, indem sie die unmittelbare zeitliche Nähe des Todes voraussetzt. Die Schweizerische Akademie selber nämlich schlägt die gleiche Regelung wie für Sterbende auch für zwei weitere Fälle vor, nämlich für die irreversibel Bewusstlosen (apallisches Syndrom) und für die Neugeborenen mit schweren zerebralen Störungen, die nur «dank des fortdauernden Einsatzes aussergewöhnlicher technischer Hilfsmittel leben» können.

Tote bedürfen keiner Sterbehilfe, und sie können weder durch Handlung noch durch Unterlassung getötet werden. Insofern ist auch die Todesdefinition ein Problem unseres Themas. Während früher bekanntlich als Kriterium des Todes auf den Stillstand der Herz- und Atmungstätigkeit abgestellt wurde, musste wegen der Entwicklung der Reanimationstechnik ein neues Kriterium gesucht werden. Man glaubte es gefunden zu haben mit dem Elektroenzephalogramm, das eine flache Hirnstromkurve aufweist. Neuestens ist aber auch dieses Kriterium unsicher geworden, vor allem weil Fälle nachgewiesen sind, in denen diese Kurve längere Zeit flach verlaufen war und trotzdem der Patient wieder zu einem vollbewussten Leben erwachte. Für die rechtliche Beurteilung hat dies die Konsequenz, dass der Tod erst angenommen werden darf, wenn sämtliche Lebensfunktionen erloschen sind. D. h., der Begriff des Lebens muss soweit wie möglich ausgedehnt werden und zwar deshalb, weil ein Toter auch aktiv nicht getötet werden kann, weil mit anderen Worten nicht über die Todesdefinition die aktive Tötung zugelassen werden darf. Die Probleme stellen sich demnach gar nicht bei der Todesdefinition, sondern bei der Frage, wie lange der Arzt und das Pflegepersonal zu lebenserhaltenden und lebensverlängernden Massnahmen verpflichtet sind. Z. B. dürfte das Mädchen Karen Quinlan, auch wenn es eine flache Hirnstromkurve aufwiese, nicht erschossen oder erwürgt werden, wohl aber dürfte man die künstliche Beatmung und Ernährung abstellen.

3. Nach einhelliger Meinung verboten und strafbar ist die sogenannte aktive Euthanasie. Auch der Sterbende darf nicht durch eine Handlung, z. B. durch die vielgenannte barmherzige Spritze, getötet werden. Das Tötungstabu bleibt scheinbar unangetastet. Aber schon in diesem Bereich der aktiven Euthanasie gibt es mindestens *einen* höchst problematischen Fall. Es ist der Fall der sogenannten *indirekten Sterbehilfe*. Zu ihr hat sich schon Papst Pius XII. in seiner Ansprache auf dem 9. Italienischen Kongress für Anästhesiologie am 24.2.1957 geäussert:

«Wenn die Verabreichung narkotischer Mittel von selbst zwei verschiedene Wirkungen hervorruft, einerseits die Linderung der Schmerzen und andererseits die Verkürzung der Lebensdauer, so ist sie erlaubt» (zitiert bei Geilen, Rechtsfragen der Euthanasie, Festschrift für Friedrich Wilhelm Bosch, 1976, S. 282).

Die Juristen sind in dieser Frage, wie Geilen sagt, zu einem grossen Teil «päpstlicher als der Papst». Die einen wollen diesen Fall überhaupt als strafbare vorsätzliche Tötung einstufen, andere wenigstens dann, wenn die Nebenfolge der Beschleunigung des Todes als sicher vorausgesehen wird (Stratenwerth). Für die rigorose Stellungnahme eines Teiles der Juristen zu diesem Fall gibt es zwei verschiedene Gründe. Der eine ist die biologistisch-absolutistische Auffassung vom Leben; der andere liegt darin, dass mit der auf Mord und Totschlag zugeschnittenen Strafrechtsdogmatik der Fall befriedigend nicht aufgefangen werden kann. Die Neigung der Juristen, an dieser Dogmatik, ohne sie zu ändern, auch beim Problem der Sterbehilfe festzuhalten, führt auch bei anderen Fragen, wie wir noch sehen werden, immer wieder zu unangemessenen, teils sogar inhumanen Lösungen.

4. Nach ganz einhelliger Meinung erlaubt ist die *passive* Sterbehilfe, d. h. die Unterlassung lebensverlängernder Massnahmen *dann,* wenn der Patient bei Bewusstsein und urteilsfähig ist und die Unterlassung weiterer Massnahmen *wünscht*. Dies folgt aus der Autonomie der Person. Der Tatbestand der Tötung auf Verlangen kann demnach durch Unterlassung gar nicht erfüllt werden (Stratenwerth).

Problematisch sind nur die Fälle, in denen der Patient bewusstlos oder aus einem anderen Grunde nicht urteilsfähig ist. Hier gelten meines Erachtens, zunächst einmal ungeachtet einer dogmatisch widerspruchsfreien Begründung aus dem bestehenden System, folgende Grundsätze:

a) Es ist *passive Euthanasie* und nicht aktive, wenn eine Behandlung nicht eingesetzt oder nachträglich eingestellt wird. Das Abschalten des Respirators wird nicht zur aktiven Euthanasie, obwohl äusserlich gesehen eine Handlung vorliegt. Wer mit einer lebensverlängernden Behandlung aufhört, ist rechtlich nicht anders zu beurteilen als derjenige, der mit der Behandlung erst gar nicht beginnt.

b) Jeder Sterbende und jeder irreversibel Bewusstlose (Apalliker) hat Anspruch auf *natürliche* Pflege und, soweit erforderlich, auf Schmerzstillung.

Die Schweizerische Akademie der Medizinischen Wissenschaften hat dies in Ziff. IV ihrer Richtlinien so formuliert:

«Der auf den Tod kranke, lebensgefährlich Verletzte und der sterbende Patient haben einen Anspruch auf die ihren Umständen entsprechende und in der gegebenen Situation mögliche Pflege.»

Im Kommentar wird dazu ausgeführt:

«Die passive Sterbehilfe ist der Verzicht auf lebensverlängernde Massnahmen beim Todkranken. Sie umfasst die Unterlassung oder das Nichtfortsetzen von Medikationen sowie von technischen Massnahmen, z. B. Beatmung, Sauerstoffzufuhr, Bluttransfusionen, Hämodialyse, künstliche Ernährung.

Ärztlich ist der Verzicht auf eine Therapie bzw. die Beschränkung auf eine Linderung von Beschwerden begründet, wenn ein Hinausschieben des Todes für den Sterbenden eine nicht zumutbare Verlängerung des Leidens bedeutet und das Grundleiden mit infauster Prognose einen irreversiblen Verlauf angenommen hat.»

Die Unterscheidung — natürliche Pflege einerseits, künstliche Lebensverlängerung andererseits — scheint irgendwie selber natürlich und wird auch in der Diskussion weitgehend akzeptiert, obwohl sie, zumindest rechtlich gesehen, keineswegs ausdiskutiert ist. Die sehr populäre Feststellung, der Arzt habe die Aufgabe, Leben zu erhalten, nicht aber die Aufgabe, das Sterben zu verlängern, löst das Problem nicht, sondern verschleiert es. Jeder Akt der Lebensverlängerung, ist, wenn der Tod naht, zugleich ein Akt, der das Sterben verlängert.

Auch der Hinweis auf den Rechtfertigungsgrund der mutmasslichen Einwilligung des Patienten, den die überlieferte Dogmatik hier anbietet, ist eine eher unsichere Konstruktion. Sie trägt da, wo der Patient subjektiv Leiden und Schmerz empfindet und wo demnach die Vermutung begründet ist, er würde, könnte er entscheiden, den Tod diesem Leiden vorziehen. Wo wir ein solches Leiden nicht feststellen können, und das ist wohl bei ständig oder fast ständig bewusstlosen Patienten immer der Fall, können wir nicht wissen, ob er den Tod seiner jetzigen Existenzform vorziehen würde. Wir wissen nicht, was in ihm vorgeht, ob und wie er erlebt. Wenn wir sagen, *Wir* möchten so nicht sterben, dann müssen wir uns klar dessen bewusst sein, dass wir *unsere* Vorstellungen in den Bewusstlosen hineinprojizieren, als Lebende in den Sterbenden, ohne Kommunikation. Damit müssen wir uns abfinden; denn es gibt gar keine andere Möglichkeit als immer nur die der Projektion vom Leben auf den Tod — und keine Rückantwort.

Dasselbe gilt von der Unterscheidung zwischen natürlicher Pflege und künstlichem Eingriff. Wir *Lebende* empfinden es als unwürdig so zu sterben, wie etwa Franco starb. Wir Lebende empfänden es allerdings als ebenso unwürdig, ohne die sogenannte natürliche Pflege zu sterben, obwohl der *Bewusstlose* den Unterschied wohl nicht mehr empfinden würde, ob er unter freiem Himmel erfriert oder in Ermangelung einer Bluttransfusion seinem Leiden erliegt. In allen diesen Fällen der unwiderruflich Bewusstlosen stehen sich, worauf in der juristischen Literatur verschiedentlich hingewiesen wird, nicht die Pflicht zur Erhaltung des Lebens einerseits und die Pflicht zur Leidensverhütung und Schmerzstillung andererseits gegenüber; denn der Bewusstlose empfindet aller Wahrscheinlichkeit nach keine Schmerzen. Wie also kann der Abbruch der lebensverlängernden Massnahmen in diesen Fällen begründet werden? Auch hier sind die Meinungen der Juristen kontrovers. Nach Stratenwerth (S. 16) soll entscheidend sein, «dass die längerdauernde Pflege auf der Intensivstation einen ganz unverhältnismässigen personellen und materiellen Aufwand bedeutet, wenn die Wiederherstellung sinnhaften menschlichen Lebens als ausgeschlossen erscheint.» Man komme also nicht darum herum, Drittinteressen, Interessen der Allgemeinheit, der Familie, Interessen unbestimmter anderer Patienten gegen das Leben des unwiderruflich Bewusstlosen abzuwägen. Stratenwerth sieht allerdings selber sehr deutlich, dass damit die Gefahr droht, den «Wert eines Menschenlebens nach seinem gesellschaftlichen Nutzen» einzuschätzen. Eine ganz andere Begründung, die allerdings in ein ähnliches Dilemma führt, finden wir bei Geilen (S.284). Nach ihm ist der Abbruch der künstlichen Massnahmen in diesen Fällen erlaubt, weil sonst eine «Auslieferung des Moribunden an unwürdige, weil nur noch technische Manipulationen» stattfände. Diese Begründung scheint mir einleuchtender. Es gibt wohl auch ein *Recht* darauf, *würdig zu sterben* oder doch wenigstens nicht unter entwürdigenden Umständen. Dabei müssen wir es in Kauf nehmen, dass wir *unsere* Vorstellungen von einem würdigen Tod auf den Sterbenden projizieren und damit eben doch indirekt über den Sinn eines erlöschenden Lebens richten.

c) Erst die seit kurzem entstandene Diskussion um die Sterbehilfe hat auch die Frage in grosser Häufigkeit auftreten lassen, ob eine früher abgegebene mündliche oder schriftliche Erklärung des jetzt bewusstlosen Patienten, er wolle im Zeitpunkt des Sterbens keine lebensverlängernden Massnahmen mehr an sich dulden, rechtlich verbindlich sei. Auch hier begegnen sich wieder, wenn auch nicht so schroff, der absolutistische und der personalistische Standpunkt. Nach *jenem* ist die frühere Willensäusserung schlechthin unverbindlich, weil es ausschliesslich auf den aktuellen Willen ankommt; nach *diesem* bindet sie den Arzt zwar nicht bedingungslos, wohl aber hat er sie dann zu berücksichtigen, wenn er nach Abwägung aller übrigen Umstände zur Auffassung kommt, der Patient würde auch jetzt noch zu seiner Erklärung stehen, wenn er sie erneut äussern könnte.

d) Schliesslich sind noch kurz jene tragischen Fälle zu erwähnen, bei denen man nicht mehr von Sterbehilfe sprechen kann, die aber in diesem Zusammenhang immer wieder erwähnt werden. Es hat Situationen gegeben — früher vor allem bei der künstlichen Niere — und wird sie weiterhin geben, in denen der Arzt zum Entscheid darüber gezwungen ist, welche von mehreren Patienten vor dem Tode gerettet werden sollen und welche nicht. Der Arzt muss dann Leben gegen Leben abwägen und indirekt Todesurteile fällen. Das Recht bietet für diese Situation keine Lösung an, sondern kapituliert vor ihr: Der Arzt handelt in jedem Falle rechtmässig, mindestens aber entschuldigt, wenn er seinen Entscheid gewissenhaft trifft; denn niemand ist gehalten mehr zu tun als das, was möglich ist.

ATTACKE AUF JOHANNES GUTENBERG
oder: Lob des mündlichen Verfahrens

Alle grossen Erfinder müssen sich, sind sie wie Einstein ehrlich, als Zauberlehrlinge vorkommen. Die Geister, die sie riefen, werden sie nicht mehr los, sie oder ihre Nachfahren. Obwohl er bisher nicht in diesem Verdacht gestanden hat, gilt dies auch für Johannes Gensfleisch, genannt Gutenberg. Hätte er geahnt, welche Lawine von Gedrucktem seine Erfindung 500 Jahre später auslösen würde, hätte er seinen Einfall vielleicht geheimgehalten und wäre nach dem Rezept von Friedrich Dürrenmatt ins Irrenhaus gegangen. Mit Dürrenmatt bin ich auch schon bei Peter Schneider. Nie gab es in Mainz und nie gab es für Dürrenmatt ein so grosss Publikum wie damals, als Dürrenmatt auf Einladung von Peter Schneider in den Saal der Liedertafel kam und die erste Fassung seines später zum Monstervortrag angewachsenen Essays über Recht und Gerechtigkeit vortrug. Ich erinnere mich, dass ich damals hilflose Hilfspolizisten und Feuerwehrleute beruhigen musste, welche sagten, sie würden im Brandfalle jede Verantwortung ablehnen. Meine Verantwortung, ihnen die Verantwortung abzunehmen, konnte ich um so leichter übernehmen, als ich gute statistische Argumente hatte, die dann auch von der Wirklichkeit bestätigt wurden. Niemand gedenkt derjenigen Zauberlehrlinge, bei denen die Geister, die sie riefen, nicht kamen. Und das ist doch immerhin die grosse Mehrzahl, Gott sei Dank.

Sicher hängt es mit den Gesetzmässigkeiten des Alterns zusammen, dass man meint, in früheren Zeiten sei mit viel geringerem Aufwand viel Grösseres hervorgebracht worden als heute. Allgemein bekannt sind die schönen Geschichten von den kleinen, primitiven Labors, in denen die grössten Entdeckungen gemacht, z. B. die Grundlagen für die Herstellung der Atombombe und der Raketen geschaffen wurden. Das lässt sich auch leicht erklären. Für Galilei genügte es noch, einen Stein von der tieferen Brüstung des schiefen Turms von Pisa fallen zu lassen, um das Fallgesetz zu entwickeln. Inzwischen müssen wir und durch einen immer dickeren Brei von gedrucktem Wissen hindurchfressen, um endlich, völlig appetitlos, ins Schlaraffenland zu gelangen. Einen neuen Gedanken zu konzipieren, ist viel einfacher und lustvoller als die mühsame Überprüfung der Frage, ob er wirklich neu ist. Wer diese Arbeit ehrlich auf sich nehmen wollte, müsste ihr sein ganzes Leben widmen, und inzwischen hätte sicher schon ein anderer dieselbe Idee gehabt und publiziert.

Die Vermehrung des Gedruckten hängt nicht nur mit der Ruhmsucht, sondern auch mit dem Hang zur Unvergänglichkeit zusammen. Was geschrieben ist, gilt als ewig (wahrscheinlich sehr zu Urecht - s. oben: Atombomben und Raketen), zugleich als unverrückbar, das blosse Mündliche gilt als vergänglich und ist urheberrechtlich nicht geschützt.

Ich möchte — gegen Gutenberg — ein — diktiertes, dann geschriebenes und schliesslich gedrucktes Wort einlegen für die beflügelte Vergänglichkeit und Herrenlosigkeit der nur mündlichen, aber dafür eben unvermittelten und unmittelbar inspirativen, zugleich verschenkten Mitteilung. Ich behaupte, dass selbst die Wissenschaft mit dieser Methode mehr gewinnt, heute erst recht, als mit Schreiben, Drukken, Archivieren.

Sokrates hat nie etwas publiziert, er wäre nie habilitiert worden, im Gegensatz zu Plato, dem jede Fakultät jeder Universität den Ehrendoktor verleihen würde, wenn es die Bestimmungen erlauben.

Jeder von uns Professoren bekommt jede Woche einige Sonderdrucke von Kollegen. Einer von ihnen ist, hörte ich, bereits dazu übergegangen, mit vorgedruckten Karten dafür zu danken, einige versenden als Gegengabe einen eigenen Sonderdruck, die meisten reagieren überhaupt nicht. Die Zahl der Bücher, bei denen stark zu vermuten ist, dass ausser dem Autor sie nie jemand gelesen haben wird, steigt ständig an. Publish or perish. Bereits wird in Amerika die Bedeutung eines Autors allen Ernstes daran gemessen, wie oft er in den Fussnoten der Publikationen anderer Autoren (und seiner eigenen) vorkommt. Ein noch exakteres Kriterium würde man, schiene mir, dadurch gewinnen, dass man die Schriften eines Autors nach Kilogrammen wägen und in Relation zum Alter des Autors setzen würde. Damit wäre man auch der Mühe enthoben, nach Ausflüchten dafür zu suchen, warum man die Schriften nicht gelesen hat. Vielleicht ergehe ich mich in Kulturpessimismus, doch scheint mir fraglich, ob das Wort Kultur auf das beschriebene Phänomen wirklich passt. Sicher wird seit langem viel mehr geschrieben und gedruckt, als gelesen werden kann, selbst im engsten eigenen Fachbereich. Schon wären wir froh, wenn es sich nur um Sekundärliteratur und nicht um Tertiär- oder Quartärliteratur handelte. Zugleich muss man freilich einsehen, dass die Wissenschaft als Dialog legitimierterweise aus Gedanken über Gedanken anderer besteht.

Darum und aus einem anschliessend noch zu erwähnenden Grund wäre auch ein so radikaler Vorschlag zur Abhilfe wie der folgende, den ich kurze Zeit erwog, nicht nur unnütz und wirklichkeitsfremd, sondern zugleich gefährlich: Jeder Autor müsste den Druck seiner Werke aus der eigenen Tasche bezahlen und wäre dadurch gezwungen, sich zu überlegen, wieviel wert ihm seine eigenen Gedanken sind. Vielmehr dürften wir, um wieder an Peter Schneider anzuknüpfen, wohl doch auf die Funktionsfähigkeit des optimistischen liberalen Rezepts vertrauen, nach welchem sich die Welt immer wieder von selbst einrenkt, wie spät auch immer. Der Turmbau von Babel ist schliesslich auch eingestellt worden, ohne dass es befohlen wurde, und obwohl alle ihn vollenden wollten. Je mehr das Gedruckte in seiner eigenen Masse verschwindet, desto mehr verliert es an Wirksamkeit und Wertschätzung, und desto eher gelangt das Mündliche mit seinem eingestandenen Hang zur Vergänglichkeit wieder zu Ansehen und zu einer, wenn auch urheberrechtlich nicht verankerten, Wirksamkeit, in Gesprächen, wie Sokrates sie führte, mag sein auf tieferem oder anderem Niveau — zum Mündlichen gehört auch die Freiheit von der ständigen Qualitätskontrolle, die ohnehin nach einigen Gläsern aus Rheinhessen oder dem Rheingau lockerer wird, ganz und gar nicht zum Schaden des Gespräches —, z. B. im Studierzimmer von Peter Schneider, von wo die Aussicht fast so schön ist, als hätte er sie selber gemacht.

NACHWEISE

Die letzten Menschen, Basel 1950.

Jesus und das Gesetz. Rechtliche Analyse der Normenkritik in der Lehre Jesu. Sammlung gemeinverständlicher Vorträge und Schriften aus dem Gebiet der Theologie und Religionsgeschichte, Heft 253, Tübingen 1968.

Ungehorsam. Eine Predigt, gehalten am 1. Dezember 1978 in der Predigerkirche Zürich, in Tages-Anzeiger Magazin Nr. 22 vom 2. Juni 1979, S. 23–26.

Die ethische Begründung der Strafe (Unveränderter, durch Anmerkungen ergänzter Text der am 22. Juni 1961 an der Rechts- und Wirtschaftswissenschaftlichen Fakultät der Johannes Gutenberg-Universität Mainz gehaltenen Antrittsvorlesung). Recht und Staat, Heft 244, Tübingen 1962.

Der Alternativentwurf
a) Abschnitt aus: Straflose Schwangerschaftsunterbrechung. Die Vorschläge des Alternativentwurfes eines deutschen Strafgesetzbuches, in: NZZ Nr. 109, 5. 3. 1972, siehe unten.
b) Erster Rundbrief zum AE mit dessen kriminalpolitischer Grundkonzeption, abgedruckt in: Jürgen Baumann, Beschränkung des Lebensstandards anstatt kurzfristiger Freiheitsstrafe. Neuwied und Berlin 1968, S. 99–102.

Das Verhältnis von Recht und Moral nach dem Alternativentwurf. Entwurf eines Vortrags vom 4. Oktober 1969. Unveröffentlicht.

Straflose Schwangerschaftsunterbrechung. Die Vorschläge des Alternativentwurfes eines deutschen Strafgesetzbuches, in: Neue Zürcher Zeitung Nr. 109 vom 5. März 1972, S. 37.

Grenzen für das politische Strafrecht. Ziele und Möglichkeiten einer Reform, in Frankfurter Allgemeine Zeitung, Nr. 32 vom 7. Februar 1967, S. 10.

Strafe ohne Metaphysik: erster Teil eines Beitrags unter diesem Titel in: Misslingt die Strafrechtsreform?, hsgg. von Jürgen Baumann, Neuwied 1969, S. 48 ff.

Der Mensch und die Gesetze Gekürzte Wiedergabe eines Referates, gehalten am 3. Dezember 1968 vor der Basler Arbeitsgemeinschaft für Kulturanthropologie, in: Basler Nachrichten Nr. 4 vom 5. Januar 1969, S. 12.

Prinzipien der Gesetzgebungstechnik: gekürzt aus den ersten zwei Seiten des so betitelten Beitrags in: Rechtsfindung. Beiträge zur juristischen Methodenlehre. Festschrift für Oscar Adolf Germann zum 80. Geburtstag, hsgg. von Peter Noll und Günter Stratenwerth, Bern 1969.

Ideologie als Entwurf und Wertkritik: Abschnitt VI aus: Ideologie und Gesetzgebung. Vortrag gehalten an der Kölner Tagung der deutschen Sektion der Internationalen Vereinigung für Rechts- und Sozialphilosophie vom 9.–11. 3. 1966, in: Ideologie und Recht, hsgg. von Werner Maihofer, Frankfurt a. M. 1969, S. 63–82.

Freiheit und Gleichheit: die deutsche Zusammenfassung von: Liberté et égalité en tant que problème législatif, Archiv für Rechts- und Sozialphilosophie 53 (1967), 215 ff. Nach einem in Dijon gehaltenen Vortrag.

Gesetzgebung. Ihre politischen, sozialen und idealen Strukturen. Abschnitte II und III aus: Von der Rechtsprechungswissenschaft zur Gesetzgebungswissenschaft, in: Rechtstheorie als Grundlagenwissenschaft der Rechtswissenschaft. Jahrbuch für Rechtssoziologie und Rechtstheorie Bd. II. Düsseldorf 1972, S. 524 ff.

Wir und die anderen, in: ZW-Sonntags-Journal Nr. 20 vom 17./18. Mai 1969, S. 7.

Soll Völkermord verjähren? in: ZW-Sonntags-Journal Nr. 25 vom 21./22. Juni 1969, S. 9.

Gangstergeld in der Schweiz, in: ZW-Sonntags-Journal Nr. 28 vom 12./13. Juli 1969, S. 9.

Der Brief von Frau Axmann. Politische Meditationen I, in: ZW-Sonntags-Journal Nr. 37 vom 13./14. September 1969, S. 9.

Von der industriellen zur wissenschaftlichen Zivilisation. Vierter Teil und Schluss von Selbstmord in Raten, in: Sonntags Journal Nr. 46 vom 14./15. November 1970, S. 19.

Recht und Ruhe und Ordnung, in: Sonntags Journal Nr. 5 vom 29./30. Januar 1972 S. 8.

Ist die Schweiz ein Rechtsstaat? in: Tages-Anzeiger Magazin Nr. 39 vom 30. September 1972, S. 29—35.

Fernsehgespräch 1975: nach einem unveröffentlichten Manuskript.

Das geheime Gewissen, in: Die Weltwoche Nr. 12 vom 24. März 1976, S. 2.

Marx contra Hegel, in: Die Weltwoche Nr. 25 vom 23. Juni 1976, S. 2.

Damen mit Unterleib, in: Die Weltwoche Nr. 32 vom 11. August 1976, S. 2.

Mechanismen der Freiheitszerstörung, in: Die Weltwoche, Nr. 47 vom 24. November 1976, S. 2.

Skeptische und naive Fragen, in: Die Weltwoche Nr. 2 vom 12. Januar 1977, S. 2.

Terror von unten, Terror von oben, in: Die Weltwoche Nr. 8 vom 23. Februar 1977, S. 2.

Legende Schweiz, in Tages-Anzeiger Magazin Nr. 30 vom 30. Juli 1977, S. 12—23.

Rechtsphilosophische Aspekte der Sterbehilfe: unveröffentlicht. Vortrag im Rahmen der 500-Jahrfeier der Johannes Gutenberg Universität Mainz. 29. Jahrestagung am 5. 6. 1977 «Zur Philosophie des Überlebens».

Attacke auf Johannes Gutenberg: für Peter Schneider zum 60. Geburtstag, 1980, S. 218.

Aus der Reihe **pendo-sauerteig** im Buchhandel, u. a.:

Heider Camara — *Mache aus mir einen Regenbogen*

Hier kann jeder erleben, welch ein geistlicher Mann dieser aktive, mutige und auch politische Bischof ist, und man wünscht sich, dass auch jene das Buch lesen, die so vorschnell vom «roten Bischof» sprachen. Sie könnten einen «neuen» Camara entdecken, der in Wirklichkeit unverfälscht der «alte» geblieben ist.   Heinz Wilhelm Brockmann in Publik Forum

Mario von Galli — *Unser Vater Unser*

Galli bringt eine Ökumene zusammen, in der auch die schlechten Katholiken und schlechten Protestanten Platz haben, insofern sie bereit sein können, die antireligiösen Vorurteile zu überwinden und in der Tat ein so frech-frommes Werklein über das Gebet studieren, welches offensichtlich mit dem Zentrum des Glaubens viel zu tun hat.
                  Max Schoch in der Neuen Zürcher Zeitung

Arnold Hottinger — *Allah heute*

Der vorliegenden Sammlung theoretischer Texte aus einem guten Jahrtausend muss eine umfassende Sichtungsarbeit vorausgegangen sein, doch dann hat Hottinger mit souveränem Mut zur Knappheit einige wenige aussagekräftige Aufsätze einander gegenübergestellt ... von den zahlreichen Islam-Büchern eines der ganz wenigen dringend nötigen und unverzichtbaren ...   Samuel Plattner im Tages-Anzeiger

Dorothee Sölle/Peter Frey — *Revolution ohne Todesstrafe*

Peter Frey, Redaktor am Zürcher Tages-Anzeiger, und Dorothee Sölle reisten unabhängig voneinander nach Nicaragua, um die Wahrheit zu erfahren, gerade, weil man bei uns, in der «ersten» Welt, die Wahrheit über die «dritte» Welt nicht wissen will: «Es gehört schon Glauben dazu zu denken, dass Gewaltfreiheit stärker ist als alle Waffen ...» Von der Betroffenheit darüber, diesem Glauben in der politischen Realität Nicaraguas zu begegnen, zeugt dieses Buch. Es stellt auch uns in Frage und ‹unseren› Gott, wenn dieser in der Gesellschaft der Companeros entdeckt wird.

Joseph Weizenbaum — *Kurs auf den Eisberg*

Joseph Weizenbaum, Professor für Informati am M.I.T. in Cambridge/USA, ist ein weltweit anerkannter Fachmann der Computer Technologie — aber auch einer der wenigen führenden Wissenschaftler, die sich als Ketzer bekennen. Der Computer ist für ihn ein Symbol der modernen Wissenschaft und Hochtechnologie, die unweigerlich in den Abgrund führen muss. Nur ein Wunder kann die Welt noch retten — ein Wunder wie jenes von Rosa Parks in Alabama/USA, das die amerikanische Bürgerrechtsbewegung von Martin Luther King ausgelöst hat. — Weizenbaum hofft und glaubt an ein solches Wunder.